LA PATRIA
Y LA MUERTE

LA PATRIA Y LA MUERTE

Los crímenes y horrores del nacionalismo mexicano

JOSÉ LUIS TRUEBA LARA

Grijalbo

La patria y la muerte
Los crímenes y horrores del nacionalismo mexicano

Primera edición: julio, 2019

D. R. © 2019, José Luis Trueba Lara

D. R. © 2019, derechos de edición mundiales en lengua castellana:
Penguin Random House Grupo Editorial, S. A. de C. V.
Blvd. Miguel de Cervantes Saavedra núm. 301, 1er piso,
colonia Granada, delegación Miguel Hidalgo, C. P. 11520,
Ciudad de México

www.megustaleer.mx

Penguin Random House Grupo Editorial apoya la protección del *copyright*.
El *copyright* estimula la creatividad, defiende la diversidad en el ámbito de las ideas y el conocimiento, promueve la libre expresión y favorece una cultura viva. Gracias por comprar una edición autorizada de este libro y por respetar las leyes del Derecho de Autor y *copyright*. Al hacerlo está respaldando a los autores y permitiendo que PRHGE continúe publicando libros para todos los lectores.

Queda prohibido bajo las sanciones establecidas por las leyes escanear, reproducir total o parcialmente esta obra por cualquier medio o procedimiento así como la distribución de ejemplares mediante alquiler o préstamo público sin previa autorización.
Si necesita fotocopiar o escanear algún fragmento de esta obra diríjase a CemPro (Centro Mexicano de Protección y Fomento de los Derechos de Autor, https://cempro.com.mx).

ISBN: 978-607-318-074-0

Impreso en México – *Printed in Mexico*

El papel utilizado para la impresión de este libro ha sido fabricado a partir de madera procedente de bosques y plantaciones gestionadas con los más altos estándares ambientales, garantizando una explotación de los recursos sostenible con el medio ambiente y beneficiosa para las personas.

Penguin
Random House
Grupo Editorial

Índice

Introducción 13

I. La misa negra y la invención de México 25

II. La siniestra pureza de la raza mestiza 73

III. Un mexicano a la altura de la Revolución 123

IV. El indio bueno es el indio imaginado 171

V. Una revolución de machos 215

VI. Las vanguardias y el autoritarismo 263

Epílogo 309

Fuentes 313

*Este libro es para Patty y Demián,
ellos son la única luz que derrota a la oscuridad*

Sé que usted comprende cosas bellas.
Creo que debemos hacer un fascismo a la mexicana.

Antonin Artaud a George Bataille

[...] *el nacionalismo se funda siempre en un culto a la muerte.*

Claudio Lomnitz,
Idea de la muerte en México

Introducción

*La verdad de México es una larga obra
de las mentiras mexicanas.*

Rodolfo Usigli,
Las máscaras de la hipocresía

A finales de los años treinta del siglo pasado, la gran creación casi estaba terminada: México y los mexicanos habían sido inventados por los caudillos y su régimen autoritario. La gente, a pesar de los horrores que ocurrieron durante casi dos décadas de balaceras, saqueos, violaciones y epidemias, ya asumía como verdaderos los mitos que le otorgaban una identidad y le revelaban la tierra prometida que, ahora sí, estaba a la vuelta de la siguiente esquina. El tigre que en 1910 había soltado Panchito Madero no fue poca cosa: cerca de un millón de personas besaron a la huesuda, y los sobrevivientes de la gran rebelión necesitaban un clavo para agarrarse. Para seguir vivos y cuerdos, necesitaban una esperanza. Las matanzas no podían ser en vano.

Después de 20 años de prédicas, leyes estrambóticas y acciones terribles, era claro que los caudillos no podían estar equivocados: el pueblo tenía que ser idéntico a las imágenes que brotaban de sus sueños. Las marcas de la guerra ya habían sido cuidadosamente borradas o se transformaban en parte del drama que justificaba los sacrificios que se tuvieron que realizar para llegar al final de la historia, al edén donde el mexicano doliente y jodido por fin sería recompensado gracias al extraño sentido de la justicia que animaba al nuevo régimen que, por supuesto, se revelaba como un ogro filantrópico. Costara lo que costara, la Revolución (con mayúscula, como debe ser en estos casos) terminaría por hacerles justicia a todos los mexicanos gracias a los hombres todopoderosos que podían sanar sus almas, y operar los milagros que fueran necesarios para redimirlos. El recuento de los daños vendría más tarde.

La ruta al paraíso era clara y los caudillos mesiánicos la señalaban en sus discursos que siempre guardaban silencio sobre los hechos terribles. Según ellos y sus empleados más leales, la revolución había corrido por cuenta de los grandes hombres que guiaban al pueblo irremediablemente vestido con manta blanquísima, sombreros inmensos y cananas terciadas. Esos valientes —que merecían el bronce, el corrido y una foto de los Casasola— siempre estaban acompañados por las soldaderas que, tal vez sin saberlo ni imaginarlo, se convertían en el más puro ejemplo de la mujer mexicana. Una hembra enrebozada que, además de echar las tortillas, se jugaba la vida con su Juan con tal de llegar a la tierra que mana leche y miel.

En aquellos años, el mito de la revolución también había sido creado y la historia se convertía en una narración casi idéntica al Éxodo: un pueblo elegido que era liberado del terrible faraón que

Tres víctimas de la revolución que forman parte del silencio y la ceguera. Ninguno de ellos es uno de los muertos heroicos de la gran rebelión en la que sólo participaba el pueblo vestido de manta blanquísima.
Fuente: Elmer and Diane Powell Collection on Mexico and the Mexican Revolution, DeGolyer Library, Southern Methodist University.

lo esclavizaba sin miramientos. Sin embargo, esta novela no era del todo nueva: los mexicanos ya habían estado en manos de otros faraones y siempre aparecía un nuevo Moisés que estaba dispuesto a llevarlo a la tierra de la gran promesa. En algún momento Hidalgo, Morelos, Juárez, Díaz y los caudillos de la gran rebelión se habían enfrentado a los egipcios y todos se postraron ante la zarza ardiente que les reveló el futuro perfecto: el país independiente que le haría justicia al sueño del cuerno de la abundancia, la nación que rompía con la Iglesia y seguía la ruta de los gringos, el lugar donde el orden y el progreso avanzarían sin límites y, por supuesto, el México de la redención que sería adornado con la retórica de barriada. Si la realidad mostraba otra cosa, era claro que ella estaba completamente equivocada. El país sólo podía ser como lo imaginaban los caudillos.

En ese mundo maravilloso, cada uno de los mexicanos tenía un destino y una apariencia precisa. Los indígenas tenían la sagrada obligación de

ser idénticos (o por lo menos parecerse muchísimo)

a los que estaban retratados en los murales que adornaban las oficinas de los meros meros. Diego Rivera y sus secuaces tampoco podían estar equivocados. La indiada piojosa y miserable que no se parecía a los retratos apenas podía merecer el asco y la vergüenza. Los indios perfectos quebraban piñatas, jugaban con trompos, hacían fiestas a la menor provocación, montaban tianguis apantallantes y, de puritito pilón, se sentaban a escuchar a la maestra rural que los volvería unos mexicanos por los cuatro costados. Ellos, quisiéranlo o no, estaban destinados a convertirse en los seres que estarían a la altura del reparto agrario y los tractores que algún día llegarían. Y, mientras esto ocurría, no tenían más remedio que conformarse con las tierras flacas y polvosas que les habían tocado. La revolución siempre hacía justicia, aunque algo se tardara en llegar al lugar donde vivían. En el fondo, todo era cosa de aguantar vara. Por fortuna, a los pintores y los fotógrafos del nacionalismo les encantaba mostrarlos con sus rostros hieráticos y la mirada que adivinaba el futuro luminoso. Estos seres, por donde quiera que se le vea, estaban condenados a tener una paciencia tan grande como sus esperanzas.

Ellos, los hijos consentidos de la revolución, sí eran el nexo que unía a la patria con su pasado heroico, exótico y presumible; en cambio, los que pedían limosna en la calle sólo eran una afrenta al gobierno de los alzados. Con cada una de sus acciones, ellos demostraban que nada tenían que ver con los habitantes de las antiguas arcadias que profanaron los conquistadores y los clérigos. Esa indiada seguía necia en ser antinacionalista y revolcarse en las heces del pasado, en las taras que les heredaron los viejos faraones. Las marcas de los guerreros y los frailes que los estupidizaron a fuerza de cadenas y misas, las de los conservadores y los vendepatrias que osaron enfrentarse al zapoteco vestido de frac y las del abominable Porfirio Díaz seguían tatuadas en sus cuerpos y sus almas. Ellos, para acabarla de fregar, eran unos empulcados perdidos y unos fanáticos religiosos que ponían en riesgo el futuro de la raza y la patria. Por fortuna, la revolución era piadosa y, aunque no quisieran, los llevaría a la tierra de la gran promesa a fuerza de chicotazos. A como diera lugar, sus cuerpos y sus mentes debían ser transformados para que se adecuaran a los sueños de los caudillos.

La situación de los mestizos casi era mejor, aunque tampoco le faltaban los prietitos a su arroz. Ellos, desde el siglo XIX, se habían convertido en

los seres idolatrados

que mostraban las maravillas de ser mexicanos a carta cabal. Los varones de la impoluta raza de bronce tenían que ser pachangueros a toda prueba, valientes hasta el suicidio y lo suficientemente machos para nunca dejar mal parada a la gesta revolucionaria. Su apariencia y sus preferencias eran claras e indudables: tenían la obligación de preferir a los mariachis sobre cualquier otra música, debían posar como charros con sarape en el hombro y, por si esto no fuera suficiente, tenían que ser absolutamente ateos, sanos, fortachones. Si acaso vivían en las ciudades, habrían de mostrarse como proletarios o burócratas a toda prueba. En ambos casos, su única fe serían la revolución y la patria, su única adoración se encarnaría en los caudillos que eran idénticos a los dioses todopoderosos. Ellos, a como diera lugar, tenían que aprender a curvar el lomo ante el Señor Presidente, el Señor Secretario o el Preclaro Líder que sí las podían. Ellos, sin duda alguna, tenían que ser mexicanos hasta la ignominia. El mínimo atisbo de lo extranjerizante y la jotería tenía que ser amputado antes de que se volviera un cáncer que pusiera en riesgo al sagrado nacionalismo.

Aquí tenemos a una pareja mestiza del campo casi perfecta, si ellos hubieran nacido en la ciudad tendrían que posar como proletarios absolutamente revolucionarios.
Fuente: Elmer and Diane Powell Collection on Mexico and the Mexican Revolution, DeGolyer Library, Southern Methodist University.

Las mestizas también debían tener claras sus señas de identidad y sus destinos irremediables: ser las madres que la revolución reclamaba o convertirse en pirujas que terminarían podridas en cuerpo y alma. En buena medida, el futuro de la patria dependía de lo que ocurriera en sus entrañas y su conciencia. Por esta razón, también debían ser desfanatizadas y, mientras esto ocurría, sus derechos quedarían pospuestos hasta tiempos mejores. Las viejas del misal y el confesionario no merecían la piedad ni el voto: sus sufragios contrarrevolucionarios podían empañar las victorias casi absolutas de los hombres que contaban con la decisión del elector que realmente contaba y, de pilón, ellas —debido a su fanatismo— también eran capaces de seguir embruteciendo a los hijos de la rebelión con las ideas que los alejaban de la misa negra que oficiaban los mandamases. Sin embargo, si esas mujeres ya eran lo suficientemente revolucionarias, podían convertirse en feministas sumisas y obedientes, o en las profesoras rurales que (sin ser tan bragadas) ya presagiaban a María Félix en *Río escondido*. Ellas, en este caso, eran las mensajeras de la bola y tenían el sagrado derecho de ser retratadas en los murales de Diego.

Por desgracia, al igual que en el caso de los indígenas y los mestizos que no bebían el cáliz del nacionalismo, también existían mujeres que se negaban a caminar por la ruta que conducía a la tierra de la gran promesa. Las *flappers*, las pelonas y las mujeres que trocaban en seres andróginos debido a las modas extranjerizantes tenían que ser condenadas y castigadas por atentar en contra de México. Ellas, para no ser expulsadas del paraíso anunciado, debían disfrazarse de mexicanas y asumir la sumisión como única posibilidad para sus vidas. Incluso, de ser posible, debían ser un poco feúchas. La belleza sobrada siempre provoca suspicacias. Todos lo sabemos: «Caballo manso tira a penco, hombre bueno tira a pendejo, y mujer bonita tira a puta». Quizá sólo las indias bonitas que concursaban en el certamen que se organizó para celebrar el centenario de la consumación de la independencia eran las únicas que podían salvarse de esta ley; ellas, por donde quiera que se les viera, eran las mejores representantes de la raza indígena y, para terminar de adornarlas, tenían un himen de hierro y se convertirían en las hembras que parirían a los nuevos mestizos. Su belleza, por lo menos en este caso, era una atenuante que permitía a los blancos perderle el asquito a las pieles morenas. Copular con una india bonita era una manera de rescatar a los indígenas de la abyección en la que vivían. La mestizofilia tenía que llevarse hasta sus últimas consecuencias, aunque esto implicara algunos sacrificios.

El mundo perfecto de los caudillos ya estaba perfectamente delineado; sin embargo —y como ya es de sospecharse—, desde que los mandamases se bajaron de sus caballos y comenzaron a inventar un país a la altura de su imaginación, nada se tardaron en descubrir una verdad de a kilo:

el pueblo (por más que quisieran) no se ajustaba a sus sueños,

a los anhelos del paraíso que revelaba en sus prédicas. La religión de los conquistadores seguía firme y sus fieles no la abandonaban para sumarse a la patriótica fe de los rebeldes; los mestizos y los indígenas seguían poniéndose hasta el dedo y aún se jugaban todo su dinero en una sola carta o lo apostaban al navajazo de un gallo colorado en un palenque de mala muerte. Y, para horror de los médicos nacionalistas, algunos seguían acudiendo a los burdeles o practicaban el maléfico onanismo que degeneraba sus semillas y ponía en grave riesgo el futuro de la raza. Por su parte, las mujeres de las ciudades se mantenían tercas en parecerse a las actrices que miraban en el cine, y los indígenas persistían en su osadía de no ser idénticos a los que aparecían en los murales que Diego comenzaba a pintar. Así, a comienzos de los años veinte, era perfectamente claro que la realidad les había jugado una mala pasada a los mandamases: el pueblo no era como ellos querían y, para acabarla de fregar, tampoco se le veían ganas de estar a la altura de sus sueños. Su amor populachero apenas fue flor de un día.

Ante estos hechos, a los caudillos mesiánicos sólo les quedaba una posibilidad: asumir que la fiesta de las balas no fue suficiente para crear un pueblo a la altura de la gran rebelión. Por esta causa, los mexicanos —quisiéranlo o no— debían enfrentarse a dos nuevas gestas marcadas por el nacionalismo más fervoroso: una revolución antropológica que transformaría sus cuerpos y una revolución cultural que moldearía sus almas. Efectivamente, los meros meros estaban obligados a

crear un hombre nuevo,

un ser que mostrara las mejores cualidades de la raza mestiza, que no tuviera vicios y que, por supuesto, fuera dueño de una virilidad a toda prueba; en el caso de las mujeres la situación era muy parecida: ellas, como receptáculos de los nuevos mexicanos, no podían poner en riesgo el futuro de la patria al heredar a sus hijos las taras del pasado.

Estas nuevas revoluciones reclamaban acciones fulminantes y a los caudillos no les tembló la mano para llevarlas a cabo: los extranjeros lujuriosos que provocaban la degeneración de la raza —como los chinos, los negros, los judíos y los gitanos— debían ser exterminados o, por lo menos, tenían que ser expulsados del país. Incluso, para proteger a los mexicanos indefensos, se debían dictar medidas que impidieran su llegada. Contra lo que pudiera pensarse, estos seres abominables no sólo ponían en riesgo el futuro biológico de la patria, pues algunos de ellos —como los chinos y los judíos— también se habían transformado en los vampiros que les chupaban la sangre y la vida a los mexicanos. Ellos eran los propagadores de los vicios, de las enfermedades nefandas y la putería, del juego y las actividades comerciales que les quitaban el pan de la boca a los hijos de la bola. Las acciones en contra de estos parásitos no se hicieron esperar: algunos fueron masacrados, otros terminaron expulsados, y unos más fueron objeto de persecuciones. El nacionalismo de los caudillos reclamaba estos crímenes y no había más remedio que perpetrarlos con tal de salvar a la raza.

Si bien es cierto que las nuevas revoluciones tenían en la mira a los extranjeros perniciosos, también lo es que los mexicanos debían padecerlas: las campañas desfanatizadoras quedaron en manos de los fanáticos más atrabancados que no se tentaron el alma para tratar de destruir a la vieja religión y enfrentar a sus creyentes. La

estupidez ancestral tenía que ser extirpada

a toda costa: los templos debían transformarse en escuelas y cuarteles, las campanas de las iglesias tenían que fundirse para crear las estatuas de los héroes o las herramientas que reclamaban los campesinos, y los curas —de ser posible— habrían de sufrir la amputación de todo aquello que les sobraba, empezando por las orejas y la lengua. Según los caudillos, la única herejía era no sumarse en cuerpo y alma a la nueva fe que anunciaba la tierra prometida.

Además de esto, la revolución cultural tenía que cumplir otro objetivo: las artes y el pensamiento tenían que ser administrados y controlados por el gobierno de los caudillos. El camino era claro: los pintores —que chambeaban como los empleados públicos más fieles— estaban obligados a seguir el apotegma de Siqueiros («no hay más ruta que la nuestra») y los escritores tenían la sagrada obligación de sumarse a la virilidad que se encarnaba en literatura de la revolución. Los cuadros y los murales nacionalistas les encantaban a los mandamases: los viejos edificios religiosos en los que se pintaban eran profanados por la nueva fe y, de puritito pilón, lo que ahí se contaba rimaba con sus sueños y sus discursos. A ninguno le importaba que esas pinturas sólo fueran para los políticos, los burócratas y los fuereños que venían a descubrir el país bronco y exótico, sus supuestos destinatarios andaban en otros lugares y tenían la terrible costumbre de no sentirse arrobados, ni de experimentar violentísimas transformaciones revolucionarias cuando los miraban. El pueblo, ya lo he dicho antes, seguía necio en no estar a la altura de los anhelos de los caudillos.

Con la literatura la situación no era muy distinta. A los meros meros, aunque pocas veces abrían un libro, les parecía sensacional que existieran novelas y cuentos que hablaran sobre ellos y que narraran los hechos más chipocludos de la gran rebelión. Ellos, como no leían ni en defensa propia, jamás se enteraron de que esos autores criticaban brutalmente a la bola; pero eso no tenía ninguna importancia, a la hora de la hora, nadie los leería aunque se convirtieran en libros de texto. El analfabetismo, tantito menos que funcional, era su aliado. Sin embargo, lo que sí debía quedar en claro era que la bola era sagrada y que, aquellos que intentaran adentrarse en otros caminos, debían ser perseguidos y condenados a sangre y fuego. Los escritores que miraban al extranjero y tenían una «dudosísima sexualidad» (que en realidad era bastante clara) fueron atacados hasta que se convirtieron en dóciles servidores de los poderosos. La duda es imposible: la literatura tenía que ser viril, absolutamente macha y nacionalista hasta lo panfletario.

A pesar de estas acciones estrambóticas y atrabancadas, también era claro que las nuevas mentes requerían nuevos cuerpos. Por esta causa, los caudillos también la emprendieron en contra del juego, el alcohol, la putería, el tabaco, las drogas y los vicios extranjerizantes, como la mariconez que nada tenía que ver con México y que llegaba desde otros países gracias a la emulación de las malas costumbres y la literatura degenerada que encabezaban Gide, Cocteau y Proust. En algunos casos, estas medidas llegaron a límites delirantes, y la protección a la raza terminó proponiendo la castración de aquellos seres que la ponían en riesgo. Si los gringos les mochaban los testículos a los incorregibles, ¿qué de malo podría tener que aquí se hiciera lo mismo con aquellos casos que la ciencia consideraba como irremediablemente perdidos?

El nacionalismo mexicano nació gracias a una serie de crímenes y al culto a la muerte. A fuerza de mitos, su historia se transformó en una narración hipócrita, en una imitación del Éxodo y en un silencio que terminaron por imponerse. Aún hoy, cada vez que alguien se siente orgulloso de ser idéntico a lo que soñaron los caudillos sigue justificando las atrocidades que se cometieron, por eso vale la pena que nos adentremos en algunos de los momentos estelares de su pasado, y tal vez el mejor punto de partida sea la historia del hombre que retó a Dios a un duelo a muerte.

I
La misa negra y la invención de México

> *Será mejor no regresar al pueblo,*
> *al Edén subvertido que se calla*
> *en la fascinación de la metralla.*
>
> Ramón López Velarde,
> *El retorno maléfico*

Lo que se ve no se niega. Por eso, cuando alguien recibía la tarjeta de presentación de Arnulfo Pérez H., la posibilidad de poner en duda sus atrabancadas virtudes quedaba absolutamente cancelada: él era un revolucionario de a deveras, un hombre bragado y dispuesto a llevar «la causa» hasta sus últimas consecuencias. Pasara lo que pasara, don Arnulfo no se iba a tentar el corazón con tal de lograr una de las metas más importantes de los caudillos que habían tomado el poder: desfanatizar a los mexicanos que vivían idiotizados desde los tiempos de la Nueva España, cuando la cruz se adueñó de sus conciencias para condenarlos a la servidumbre y la estupidez. Aunque algunos lo duden, en ese pequeño trozo de cartulina, lejano de la tersura del satín y cercano a la rasposa superficie de la papelería de poca monta, apenas se mostraban unas cuantas líneas que dejaban las cosas en claro:

Arnulfo Pérez H.
Miembro del Partido Nacional Revolucionario
Enemigo Personal de Dios

El pleito de Pérez H. con Dios estaba formalmente declarado. Las quemas y los fusilamientos de santos, los sacerdotes que sobrevivían a la furia desfanatizadora con las orejas cortadas y la lengua mocha, la incesante profanación de los templos, las leyes delirantes en contra de los curas y del culto católico, la transformación de las campanas de las iglesias en herramientas o estatuas heroicas, y las hogueras que se alimentaban con los libros religiosos y contrarrevolucionarios, casi lo tenían satisfecho. Por más que le buscara, no había manera de negar que México seguía el camino correcto. Aquí y allá, las campañas anticlericales —y las que mejoraban la raza mientras luchaban contra los vicios terribles— avanzaban con viento en popa. Algo muy parecido a lo que ocurría con las acciones que transformarían a los indígenas en mexicanos por los cuatro costados, y con las sonadísimas represalias que se emprendían en contra de los jotos que —por lo menos en los discursos— serían condenados al silencio y el hambre por poner en duda la absoluta virilidad y el machismo de los alzados. La gran rebelión que había comenzado en 1910 ya daba paso a dos grandes movimientos: una revolución antropológica que gracias a la xenofobia, la ciencia y la seudociencia crearía a los mexicanos que estarían a la altura de la bola, y una revolución cultural que transformaría la conciencia del pueblo que gracias a la religión de los mandamases dejaría atrás al viejo fanatismo.

Sin embargo, a la hora del corte de caja, nada de esto le parecía suficiente a don Arnulfo. A como diera lugar, él tenía que llegar un poco más lejos que sus compañeros de causa, aunque los hechos que en aquellos momentos protagonizaban Plutarco Elías Calles, Tomás Garrido Canabal y Adalberto Tejeda eran muy difíciles de superar.[1] Ninguno de ellos se andaba con medias tintas ni se tentaba el alma para llevar al pueblo al paraíso anunciado.

Ante tamaña empresa, Pérez H. no tuvo más remedio que retar al mismísimo Dios para que se le enfrentara en un duelo a muerte. El universo no era lo suficientemente grande para que los dos cupieran en él. Las ideas de *El Nigromante* sobre la inexistencia de Dios y el anuncio de su muerte realizado por Nietzsche quizá le venían bastante guangos, tal vez —sólo tal vez— es posible creer que él, en la medida en que estaba absolutamente obnubilado por las prédicas y las acciones de los caudillos, ni siquiera se había enterado de lo que habían dicho Ignacio Ramírez y el autor de *La gaya ciencia*.[2] Su lucha desfanatizadora tenía otros orígenes que no incluían la curiosidad por el pasado ni la filosofía. Los caudillos y sus seguidores eran dueños de un analfabetismo (casi) funcional. Y él, para acabar pronto, sólo era un revolucionario de los buenos y sin problemas se sumaba a lo que decían, pensaban e imaginaban los mandamases.

El caso es que siguió adelante con sus planes y el día del ajuste de cuentas por fin llegó. En uno de los discursos que pronunció en su momento de mayor gloria, Arnulfo levantó la vista al cielo y a grito pelado proclamó su brutal desafío: «Dios, tú no existes. Yo […] te reto a que, si realmente existes, derribes este edificio sobre mi cabeza».

[1] Sobre las acciones contra el fanatismo y a favor de la eugenesia que fueron protagonizadas por Tomás Garrido Canabal y Adalberto Tejeda, *vid. infra* cap. III.

[2] Sobre el «dios no existe» de Ignacio Ramírez, *vid.* Carlos Monsiváis, *Las herencias ocultas de la reforma liberal del siglo XIX*, México, Debate, 2006, pp. 189 y ss., y sobre la muerte de Dios en Nietzsche, *vid.* Friedrich Nietzsche, *La gaya ciencia*, Madrid, Akal, 2001.

Ignoro si algunos de los que estaban ahí se hicieron a un lado con tal de protegerse del posible apachurramiento, o si de plano murmuraron un Padre Nuestro por aquello de las recochinas dudas. Más de uno estaba seguro de que a don Arnulfo ahora sí se le había pasado la mano. Sin embargo, para suerte de los asistentes al mitin revolucionario, el edificio se mantuvo firme, y Pérez H. —después de unos instantes de silencio teatral— dijo sus palabras definitivas: «—Lo ven, señores, no se ha caído el edificio... luego, Dios no existe».[3]

¿Quién puede negarlo? A menos que se acepte que Dios le sacó al parche y se echó para atrás con tal de no enfrentarse con un hereje de los buenos, las bravatas de don Arnulfo parecen ridículas, pero la mera verdad es que no desentonaban con

la nueva religión que estaban creando los revolucionarios.

Efectivamente, algunos años antes del reto de Pérez H. —a comienzos de la década de los veinte, para tratar de ser más o menos preciso— los caudillos sonorenses ya habían descubierto que su herética fe podía transformarse en una de las herramientas más poderosas que permitirían la construcción del nacionalismo y, de puritito pilón, también se percataron de que sus revelaciones

---

[3] John W. Dulles, *Ayer en México. Una crónica de la Revolución (1919-1936)*, México, FCE, 2012, p. 569. *Vid.* también Beatriz Urías Horcasitas (comp.), *Rodulfo Brito Foucher. Escritos sobre la Revolución y la dictadura*, México, FCE / UNAM, 2015, y Carlos Monsiváis, *El Estado laico y sus malquerientes*, México, Debate / UNAM, 2008. La historia de la tarjeta de presentación y del discurso de Pérez H. se refiere en todos estos libros, aunque existen algunas variaciones menores: Dulles, por ejemplo, le agrega otros cargos a la tarjeta y también existe un desacuerdo sobre el lugar donde lanzó su reto: algunos hablan de la Secretaría de Educación Pública y otros señalan que ocurrió en la Cámara de Diputados.

posibilitarían que los horrores de la bola cobraran sentido. Los 10 años de matanzas y desgracias que se habían iniciado a finales de 1910 no podían ser en vano, y el nuevo régimen podía legitimarse a pesar de los cadáveres, las violaciones y la rapiña incesante. El famosísimo millón de muertos tenía que servir para algo, y sus difuntos debían transformarse en la savia del mito, en el alimento de la fe que sustituiría a una ideología precisa y claramente definida.

A pesar de lo que se cuenta en los infinitos murales de los edificios públicos y en las páginas de la historia que deben leerse como si fueran un libro sagrado, los revolucionarios no fueron capaces de crear una ideología que los caracterizara como un bloque homogéneo: sus ideas políticas eran absolutamente dispares, sobradamente flexibles y, por supuesto, muy poco sistemáticas.[4] Entre los alzados jamás existió un intelectual que pudiera ofrecer una mirada única y capaz de guiar a todos los bandos y los caudillos. No por casualidad Luis Cabrera —uno de los pensadores más sonados de la bola— pudo urdir una definición tautológica de la rebelión que, por lo menos, trataba de dejar las cosas en claro: «La revolución es la revolución», afirmó muy seguro de sus palabras, y los caudillos quedaron plenamente convencidos de su arrebato de inteligencia.[5] La frase sonaba muy bien y eso bastaba para darla por buena. A diferencia de los bolcheviques, los triunfadores de la matanza no contaban con una utopía precisa. El futuro aún tenía que ser inventado, aunque —en el fondo— ya existía la revelación de una tierra prometida.

[4] Alan Knight, «El utopismo y la Revolución Mexicana», en Alan Knight, *La revolución cósmica. Utopía, regiones y resultados, México 1910-1940*, México, FCE, 2015, pp. 98-99.
[5] *Vid.* Eugenia Meyer (comp.), *Revolución e historia en la obra de Luis Cabrera*, México, FCE, 1994.

En las palabras, los hechos y las visiones de los caudillos podían convivir las más distintas propuestas y las más notorias contradicciones —como los puños alzados a favor del socialismo en una sociedad que le apostaba al capitalismo—, al tiempo que también podían materializarse en una religión política que apenas veneraba unos cuantos dogmas: el nacionalismo siempre mutable, la idea de la justicia compensatoria, la fascinación por la raza y el machismo, la no reelección que cobró su víctima definitiva con el asesinato de Álvaro Obregón, el comecurismo salvaje, el odio a los extranjeros que en muchos casos llegó hasta sus últimas consecuencias y, por supuesto, la necesidad de inventar un país que se iría ensamblando poco a poco para dar respuesta a los desafíos que la realidad les imponía a sus constructores.

Los triunfadores de la revolución eran pragmáticos. Por donde quiera que se le vea, las lucubraciones teóricas no eran lo suyo. Sin embargo, muchos caudillos también estaban marcados por una suerte de milenarismo que —sin darse cuenta de sus alcances— anticipaba una de las ideas de Cioran: «En el Apocalipsis, leemos: "Vi un cielo nuevo y una tierra nueva; porque el primer cielo y la primera tierra pasaron". Tachemos "cielo" y quedémonos únicamente con "una tierra nueva", y tendremos el secreto y la fórmula» de los alzados que tomaron el poder.[6] El anuncio de la tierra de la gran promesa, del paraíso que estaba a unos cuantos pasos se convirtió en una de las características de los discursos y las acciones que pretendían arrasar todo el pasado, aunque jamás pudieron librarse de él. Los caudillos, en cierto sentido, eran unos restauradores del antiguo régimen que llevaron al límite algunas de las creencias finiseculares.

[6] E. M. Cioran, *Historia y utopía*, Barcelona, Tusquets, 1988.

A pesar de su impronta bíblica, la «tierra nueva» de los vencedores de la rebelión tenía que distanciarse de la vieja fe;

la religión del crucificado era el principal obstáculo

para que ellos llevaran a cabo la revolución cultural que transformaría las conciencias. El México que soñaban implicaba la salvación del pueblo que comulgaba con la fe de los triunfadores de la gran rebelión y, además de esto, ese país era absolutamente terrenal, pues no se materializaría en el más allá. Incluso, según los nuevos chipocludos, su llegada era inminente y modificaría por completo a la patria. En efecto, la tierra de la gran promesa se revelaría como el milagro que sólo podría lograrse gracias a los nuevos mesías que establecerían un pacto con la deidad que ya se miraba en el horizonte: la revolución sacralizada.[7]

El camino hacia la tierra que manaba leche y miel tenía que ser recorrido, y los horrores de la bola eran el primer reto que debían enfrentar para instaurar la fe que se transformó en una serie de creencias que aún son aceptadas y veneradas, a pesar de que nunca existieron en este mundo con la apariencia que asumieron. Los mestizos idealizados, las chinas poblanas y los charros que bailan el jarabe tapatío; las fiestas populares y los indígenas que tienen la sagrada obligación de parecerse a las pinturas de Diego Rivera o al Tizoc encarnado por Pedro Infante; el feminismo sufridor a la manera de Frida Kahlo y sus farolazos de tequila aderezados con trompetazos de mariachi son algunas de estas imágenes. Y exactamente lo mismo sucede con el Zapata canonizado, el Pancho Villa

---

[7] *Cfr.* John Gray, *Misa negra. La religión apocalíptica y la muerte de la utopía*, Barcelona, Paidós, 2008, y Norman Cohn, *En pos del milenio: revolucionarios milenaristas y anarquistas místicos en la Edad Media*, Madrid, Alianza Editorial, 1981.

que no desmerece ante Pedro Armendáriz, o con los revolucionarios que inexorablemente andan vestidos con manta, sombrerotes y cananas terciadas. Éstos, sin duda, son algunos de los iconos de la religión de los caudillos que nos marcaron y se transformaron en una verdad talmúdica.[8] La revolución nos inventó, y nosotros aún purgamos la condena de tratar de parecernos a sus protagonistas y sus imaginarios. Ni modo, qué le hacemos... así es la vida.

Sin embargo, a comienzos de los años veinte —cuando ese mundo aún no se creaba y los sobrevivientes de la bola sólo podían lamerse las heridas del cuerpo y del recuerdo— era imposible mirar hacia otro lado: durante poco más de una década

la huesuda y las desgracias

se habían apoderado del país. Los jinetes que llegaban con el apocalipsis se volvieron un asunto de todos los días y las garras de la siriquiflaca le arrancaron la vida a millares. En muchas de las batallas que libraron los revolucionarios —como ocurrió en la toma de Zacatecas o en los combates de Celaya que marcaron el declive de las fuerzas villistas—, la muerte mecanizada se adueñó de las ciudades y los campos. La artillería a veces precisa,[9] el incesante traqueteo de las ametralladoras y los tiradores que se agazapaban en las loberas enfrentaban a los mexicanos a lo que jamás habían visto: ninguna de las guerras anteriores había dejado tantos

---

[8] *Vid.* Ricardo Pérez Montfort. «"La Noche Mexicana". Hacia la invención de lo "genuinamente nacional": un México de inditos, tehuanas, chinas y charros», en Leonardo Martínez Carrizales (coord.), *El orden cultural de la Revolución Mexicana*, México, UAM, 2010.

[9] Sobre los problemas de la precisión en la artillería en esos tiempos, *vid.* Felipe Ángeles, *Teoría del tiro*, México, Talleres del Departamento de Estado Mayor, 1908.

muertos y mutilados como la bola.[10] Los enfrentamientos religiosos, los golpes de Estado, las intervenciones extranjeras, la lucha de los republicanos contra el imperio de Maximiliano y las asonadas del siglo XIX palidecían ante la revelación de la calaca implacable que se ganó varios corridos, como éste que narra las matazones de Celaya:

> Todos los carabineros
> y también la artillería
> peleaban toda la noche
> y también todito el día.
>
> Pelearon los carrancistas,
> pelearon sin compasión,
> que a tres leguas de distancia
> trascendía la corrupción.

En 10 años México se había desangrado y el olor de los cadáveres se sentía más allá de las tres leguas: según el censo de población que se llevó a cabo en noviembre de 1921, los varones que tenían de 20 a 29 años apenas representaban poco más del 8% de la población, y por si esto no bastara para revelar el costo de la desgracia, en el país —al decir de las cifras oficiales que resultaron de un conteo bastante dudoso—[11] había 15 000 cojos, 10 000 mancos, una cantidad idéntica de tullidos y, nomás para redondear la

---

[10] *Vid*. Claudio Lomnitz, *La idea de la muerte en México*, México, FCE, 2006, pp. 370 y ss.
[11] Sobre las peripecias que ocurrieron en este censo, *vid*. Rodrigo Pimienta-Lastra *et al.*, «Evolución histórica de la población del Estado de México», *Quivera*, vol. 17, núm. 2, julio-diciembre de 2015.

cifra, la nación también contaba con cerca de 9000 ciegos.[12] Un hecho que claramente demuestra que las balas de los revoltosos y los pelones tenían un retorcido sentido del humor. Todo parece indicar que no siempre seguían una trayectoria recta, precisa y capaz de llevarse una vida con una puntería piadosa, a veces se volvían caprichosas y descubrían el trayecto que provocaba los mayores daños gracias a los extraños recorridos que seguían en los cuerpos.[13]

Un grupo de pelones que fueron fusilados por los revolucionarios.
Fuente: Elmer and Diane Powell Collection on Mexico and the Mexican Revolution, DeGolyer Library, Southern Methodist University.

Aunque la danza de la muerte ya casi estaba sosiega a comienzos de los años veinte, el triunfo de los caudillos sono-

---

[12] *Estados Unidos Mexicanos. Resumen del Censo General de Habitantes del 30 de noviembre de 1921*, México, Talleres Gráficos de la Nación, 1928.

[13] Martín Luis Guzmán, *El águila y la serpiente*, México, Academia Mexicana de la Lengua, 2016, pp. 150 y ss.

renses no bastaba para borrar las imágenes del horror que brotaban de los cadáveres que se quedaban tirados o las que nacían de los mutilados que mostraban sus despojos para mendigar unos centavos. La huesuda, que aún no había sido santificada en las pinturas de los muralistas, acariciaba a todos con sus manos heladas para condenarlos a la locura brutal o a una demencia sutil.[14]

En *Cartucho*, Nellie Campobello cuenta la historia de una niña que miraba un muerto desde la ventana de su habitación: ese cuerpo, al que todavía no se lo tragaban los perros ni lo picoteaban los zopilotes que perseguían el ferroso aroma del hígado, había dado «un salto terrible al recibir los balazos». Poco a poco, la niña lo fue haciendo suyo. Ese cadáver era su muerto, su compañero silente, su juguete intocable. Pero un día se asomó para verlo y descubrió que ya no estaba. «El muerto tímido había sido robado por alguien.» Por fortuna, al llegar la noche, la niña se durmió soñando en que pronto fusilarían a otra persona junto a su casa.[15] Ella, sin duda alguna, podría recuperar a su juguete intocable y asomarse a la calle para comprobar que el mundo aún mantenía su rumbo enloquecido.

La niña de Nellie Campobello no es el único ejemplo de la muerte que a muchos les ardía en los ojos. Durante 10 años lo espeluznante también se quedó tatuado en las pupilas. En las memoriosas palabras de los testigos a las matanzas, los recuerdos del horror se revelan a la menor provocación:

---

[14] *Vid.* p. e. Andrés Ríos Molina, *La locura durante la Revolución mexicana*, México, El Colegio de México, 2009, caps. IV y V.

[15] Nellie Campobello, "Cartucho», en Antonio Castro Leal (comp.), *La novela de la Revolución Mexicana*, México, Aguilar, 1974, t. I, p. 942.

[Cuando] se avisaba de una tregua de una o dos horas —escribe Eduardo Vargas Sánchez— [se abría la posibilidad] para que los habitantes salieran de sus casas a buscar alimentos y pudieran incinerar los montones de muertos que había en muchas calles […]. Los estudiantes de trece años o menos que nos escapábamos de la casa durante las treguas, pudimos ver cómo los montones de cadáveres se movían al ser incinerados lentamente con petróleo o gasolina. Abrían los ojos, movían los brazos y piernas, los dedos de las manos […]. A los tres días comenzaba a herir el olfato la carne a medio incinerar de los montones de muertos tirados en la vía pública; cadáveres de combatientes y no combatientes, estos últimos padres o madres de familia que habían salido a buscar alimentos en las treguas que se interrumpían intempestivamente.[16]

Los sentidos heridos no sólo nacían de los muertos que se incineraban después de las batallas y durante las frágiles treguas. La mirada y la piel también quedaron marcadas por la furia de la rebelión. En los postes y los árboles no faltaban los colgados, y al pie de los muros más insospechados se veían los cuerpos de los enemigos reales e imaginarios. Muchos habían sido fusilados por quítame estas pajas. La muerte andaba suelta y casi siempre era acompañada por otras desgracias: el número de mujeres que fueron violadas por los pelones y los revolucionados (quienes obviamente son distintos de los revolucionarios), y el de las personas que fueron torturadas para que entregaran el dinero o los bienes que reclamaba «la causa» —al igual que a la mayoría de los que padecieron la leva—, también formaban parte de la cifra negra de la bola. Esos 10 años

---

[16] Eduardo Vargas Sánchez, «La Ciudad de México de 1900 a 1920», en Guillermo Bonfil Batalla *et al.*, *Mi pueblo durante la Revolución*, México, INAH, 1985, t. I, pp. 153 y 155.

sólo fueron una larga tragedia que impedía mirar a la gran rebelión como una sucesión de acontecimientos heroicos.

El horror no podía ser borrado por los caudillos, pero ellos sí podían transformarlo: al final de la guerra los sonorenses ya habían aplastado a sus enemigos y también habían traicionado a muchos de sus aliados, aunque jamás negaron que la muerte fuera un drama significativo que remplazaría a las pruebas de Dios con los sacrificios que debían hacerse para llegar a la tierra de la gran promesa.[17]

Un cadáver incinerado en las calles de la Ciudad de México durante una tregua de la Decena Trágica.
Fuente: Elmer and Diane Powell Collection on Mexico and the Mexican Revolution, DeGolyer Library, Southern Methodist University.

Si bien es cierto que los muertos en los combates y los mutilados por la guerra eran mucho más que numerosos, sus cuerpos

---

[17] *Vid.* Carl L. Becker, *La ciudad de Dios del siglo XVIII*, México, FCE, 1943.

apenas revelaban una cara del volado que invocaba a la muerte y la desgracia. El negro caballo del hambre también cobró su cuota de

cuerpos esqueléticos

y males que pegaban las tripas al espinazo. El deseo de llevarse algo a la boca apenas podía ser satisfecho. En más de una ocasión, en el campo y en las ciudades, los alimentos se volvieron una rareza que seguía la ruta de la rapiña. Las tropas eran idénticas a las plagas bíblicas, y las tiendas —cuando no eran saqueadas— permanecían cerradas con tres candados y cuatro rezos que trataban de ahuyentar a los ladrones. Nunca sobra un ejemplo de estas hambrunas. En sus recuerdos sobre los tiempos del mal, Marcial Martínez Becerril narra una escena que seguramente se repitió hasta la náusea:

> A veces comíamos y a veces no, porque mi padre, al regresar de los combates, generalmente no traía nada de comer [...]. Entonces comíamos hierbas, a veces no comestibles, y de milagro no nos envenenamos. El agua también nos faltó; hubo ocasiones en que saciábamos nuestra sed en los charcos donde bebían y orinaban los caballos [...]. Morir de hambre creo que no es doloroso. Se sufre cuando se siente hambre [...] pero cuando el cuerpo ya no soporta más, todo disminuye: la luz ya no es luz y hasta no se siente dolor.[18]

---

[18] Marcial Martínez Becerril, «San Miguel Xicalco en la Revolución», en Guillermo Bonfil Batalla *et al.*, *op. cit.*, t. I, pp. 21 y 23.

El hambre era terrible y todo se valía para tratar de derrotarla: algunos hurgaban en los basureros sin sentir las arcadas que provocaba el dulce miasma de la podredumbre, otros dieron cuenta de los perros callejeros, y unos más —como Juan y Edmundo O'Gorman— probaron la carne de los gatos y las mulas que se quedaban tiradas en los caminos.[19] La metralla que caía sobre las monturas era la proveedora del sustento. En esos momentos, sobrevivir era lo único que importaba y las viejas normas culinarias podían posponerse para mejor ocasión.

La revolución le abrió la puerta al hambre y desató los saqueos. Las heroicas adelitas y los juanes inmaculados —al igual que los pelones y los alzados de todos los bandos— fueron los protagonistas de una larguísima serie de rapiñas a las cuales también se sumó la gente de a pie. Las tiendas, las casas que lindaban con lo fifí, las iglesias que se soñaban intocables y los graneros de las haciendas saqueadas eran el augurio de que los gruñidos de las tripas se espantarían por un rato. Gracias al pillaje, los metates de los revolucionados y los comales de los que nada tenían que ver en la matanza abandonaban la soledad absoluta.[20]

---

[19] *Vid.* Juan O'Gorman, *Autobiografía*, México, DGE Ediciones / UNAM, 2007.

[20] Sobre las hambrunas y los saqueos durante estos años, *vid.* p. e. Francisco Ramírez Plancarte, *La Ciudad de México durante la Revolución constitucionalista*, México, Botas, 1941, y, por supuesto, el libro de Berta Ulloa, *Historia de la Revolución Mexicana. La revolución escindida*, Mexico, El Colegio de México, 1981.

Una familia indígena muestra los escasos alimentos de los que dispone.
Fuente: Elmer and Diane Powell Collection on Mexico and the Mexican Revolution, DeGolyer Library, Southern Methodist University.

En el mundo del hambre y la mugre,

las enfermedades tampoco se dilataron

en reclamar una parte de los territorios de la niña blanca. El caballo amarillo que llegaba «para matar con espada, [...] con mortandad y con las fieras de la tierra»[21] también se hizo presente: el añejo tifo era un fiel acompañante de las tropas, y en más de una ocasión sentó sus reales en las ciudades y los pueblos. La fugacidad de los gobiernos y la violencia de la revolución eran más que suficientes para que la higiene y los servicios públicos se sumaran a las bajas provocadas por la contienda. Los dolores de cabeza, los escalofríos, las erupciones rojizas, los vómitos, el chorrillo incontenible y los delirios febriles eran el anuncio de que la mujer de

[21] Apocalipsis 6:7-8.

la guadaña ya rondaba al enfermo.[22] Y, para colmo de males, las personas que huían de las matanzas y llegaban a las ciudades provocaron el hacinamiento que convocó a la viruela, la disentería y la tifoidea. En esos momentos las balas ya no eran las únicas que mataban. La mejor manera de escaparse de la guadaña era quedarse encerrado, «porque afuera rondaba la viruela negra».[23]

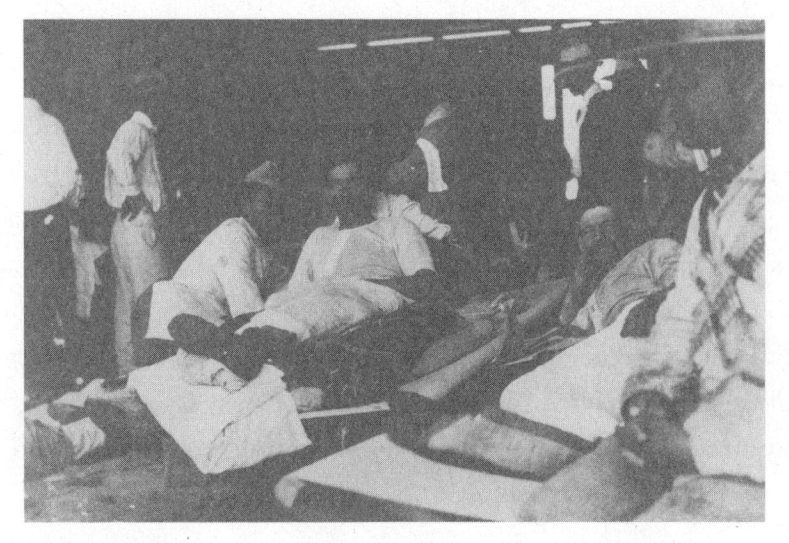

Hospital improvisado en un campo de batalla durante la Revolución.
Fuente: Elmer and Diane Powell Collection on Mexico and the Mexican Revolution, DeGolyer Library, Southern Methodist University.

Por si esto no fuera suficiente, la fauna también se ensañó con los sobrevivientes y los soldados de todos los bandos. Francisco Villa, en la entrevista que tuvo con uno de los reporteros del *New York American*, fue más que mucho más que claridoso sobre estas plagas:

[22] América Molina del Villar, *Guerra, tifo y cerco sanitario en la Ciudad de México*, México, Publicaciones de la Casa Chata, 2016.
[23] Federico Silva, *México por Tacuba. Pasajes autobiográficos*, México, Conaculta, 2000, p. 22.

nuestros peores enemigos son las moscas, los piojos y las ratas. Las moscas son preciosas, verde pavorreal, y hay millares que, [después de pararse] en los ojos y las bocas de los cadáveres, vuelan a posarse en nuestra comida. Las ratas son tan voraces que, a pesar de estar panzonas de carne de muertos, [delante de] nosotros van a morder nuestras provisiones.[24]

La negación es imposible: la saliva de los roedores y las patas de los insectos también invocaban a la calaca.

A pesar de su cuantía, aquellos muertos apenas eran el anuncio de la terrible epidemia que estaba a punto de estallar: la influenza española que muy probablemente cobró más vidas que las balas y los cañonazos de los alzados y los federales. En 1918 en Nuevo León fallecieron más de 5 000 personas, mientras que en la Ciudad de México las defunciones por enfermedades respiratorias llegaron a 7 375.[25] En este caso, las memorias de los testigos también son reveladoras y nos muestran lo que ocurría en otras regiones:

[la influenza] empezaba como un simple catarro, después [venía] una calentura por unos tres a cinco días; si durante este lapso el enfermo tenía hemorragia nasal [...] no sanaba, [y ya mejor] lo esperaban en el panteón. Si [la persona] no sangraba, sanaba. En Michoacán sangró como un cincuenta por ciento de la población. A mí me tocó,

---

[24] *Apud* Friedrich Katz, *Pancho Villa*, México, Era, 2012, t. II, p. 76.

[25] Lourdes Márquez Morfin, «Efectos demográficos de la pandemia de influenza en 1918-1920 a escala mundial», en América Molina del Villar *et al.* (eds.), *El miedo a morir. Endemias, epidemias y pandemias en México: análisis de larga duración*, México, CIESAS / BUAP / Instituto de Investigaciones Dr. José María Luis Mora, 2013.

pero benigna, perdí un hermano y una hermana mayores que yo; [sin embargo,] muchas rancherías desaparecieron totalmente. No había medicinas con qué curarse. La gente tomaba lo único que había: tequila con limón. [Los muertos] pasaban frente a mi casa, a mañana y tarde, primero en cajas de madera, y después, como no había ya quién hiciera las cajas de madera, [pasaban] envueltos en un petate [...]. Ya no había ni sepultureros que auxiliaran en los sepelios. Hubo casas en las que todos sus moradores murieron, y quedaban todavía muertos por enterrar. Esa epidemia mató tanta gente como la revolución.[26]

Aunque las enfermedades del cuerpo eran terribles, las del alma también se mostraron durante la guerra: las borracheras que terminaban en asesinatos por cualquier causa, las ropas que las chimiscoleras les arrancaban a las imágenes religiosas para usarlas en las fiestas enloquecidas, las violaciones que afirmaban el poder y cobraban las cuentas pendientes, al igual que los cigarros de mariguana o los farolazos de aguardiente que espantaban al miedo a la muerte no eran extraños entre los combatientes. El más siniestro de los carnavales marcaba los días de la bola. La certeza de las vidas que pendían del hilo más delgado obligaba a los federales y los revolucionados a celebrar y sentir la existencia que aún les quedaba por delante. Nada de esto es extraño: la violencia pudre las almas. En Europa, la Segunda Guerra Mundial también provocó una peste orgiástica que celebraba la vida y hacía lo que fuera con tal de sentir y mantener la existencia.[27] Y exactamente lo mismo

[26] Eliseo Palafox del Río, «Semblanzas de Michoacán durante la Revolución», en Guillermo Bonfil Batalla *et al.*, *op. cit.*, t. III, p. 229.
[27] Algunos ejemplos de la degradación moral que provocan las guerras pueden verse en dos de las obras más polémicas de Curzio Malaparte: *Kaputt* (Barcelona, Galaxia Gutenberg, 2009) y *La piel* (Barcelona, Galaxia Gutenberg, 2010).

podría decirse de las otras conflagraciones que envilecieron a los sobrevivientes.

Así pues, a comienzos de los años veinte,

las heridas provocadas por la bola aún estaban abiertas,

y el país se enfrentaba al paisaje que dejaron las batallas, los saqueos y las enfermedades. En ciertos casos —como ocurrió tras la caída de la Alemania nazi o como aún sucede en Ucrania—,[28] algunas personas prefirieron optar por la desmemoria. Las ruinas materiales y morales se convirtieron en un silencio casi absoluto, en una mudez que no podía ser profanada so pena de invocar a los demonios del recuerdo. Lo mejor era olvidar, volverse ciego y quedarse con la lengua casi trabada para convertir a las evocaciones en un asunto arbitrario.[29] Según ellos, el pasado y la realidad debían ser ignorados. No por casualidad, la revolución era vista como un fenómeno de la naturaleza: ella era un huracán, un río desbordado, un terremoto que por fin habían pasado. Tras la gran rebelión, ya sólo quedaba la posibilidad de curarse las heridas, de apostar a la amnesia y seguir adelante. En algún momento, el mundo volvería a recuperar su antiguo rumbo.

Otros, en cambio, siguieron rumiando los horrores de la guerra hasta que el alma se les volvió negra: las profanaciones de la carne y la fe pronto los harían tomar las armas para enfrentarse a los herejes en la cristiada, y lo mismo sucedería con los levantamientos que chocaron contra los triunfadores de la rebelión. Sin embargo, todos los sobrevivientes necesitaban un asi-

[28] *Vid. infra* cap. II.
[29] *Vid.* W. G. Sebald, *Sobre la historia natural de la destrucción*, Barcelona, Anagrama, 2003.

dero, algo en lo que pudieran creer para mantener el norte en sus vidas: un drama significativo que fuera capaz de otorgar sentido a su tragedia. A ellos les urgía una esperanza para recuperar la brújula de sus vidas. Fuera como fuera, la década tatuada por la desgracia tenía que servir para algo. La vieja fe en el crucificado ofrecía consuelo para las desgracias que se transmutaban en pruebas divinas y ansias de venganza, mientras que la religión de los caudillos las convertía en una narración casi idéntica al Éxodo que terminaba con la llegada a la tierra de la gran promesa. Sus diferencias eran precisas, pero ambas anunciaban el camino al paraíso.

Durante la revolución no todo el pueblo estaba a favor de los alzados. En muchos lugares, en este caso Torreón, también se llevaron a cabo manifestaciones a favor de los pelones y el gobierno constituido.
Fuente: Library of Congress.

Por esta razón, los constitucionalistas y los sonorenses debían llevar a cabo distintos rituales para

instaurar un régimen autoritario,

imponer su herética fe y guiar al pueblo hacia el paraíso que estaba a punto de alcanzarse. Para comenzar, ellos tenían que aniquilar a sus enemigos que aún estaban vivos. Cuando menos en principio, la necedad de sobrevivir era inaceptable. Mientras sus rivales siguieran en este mundo, sus ansias de dominio y sus sueños jamás podrían convertirse en realidad: el poder no tolera el vacío, y sus contrincantes aún mantenían la posibilidad de desafiarlos gracias a los espacios que ocupaban. La versión más siniestra del quítate tú para que me ponga yo debía ponerse en marcha. El aroma de la pólvora y la muerte todavía flotaban en el ambiente.

Zapata, Carranza y Villa se transformaron en las víctimas sacrificiales que se ofrendaron en el altar del paraíso que estaba a punto de anunciarse.[30] Sin una oposición digna de ser considerada, los caudillos podrían seguir con sus planes y fundar la religión que daría paso al nacionalismo y otorgaría sentido a los horrores. Los muertos sin nombre —como los juanes y las adelitas— y los cadáveres de los grandes oponentes eran indispensables: en muy pocos años todos mutarían en reliquias, en los símbolos de la revolución que fundía a los enemigos irreconciliables en una sola causa, en un fenómeno inexorable que rescataría a los mexicanos de la ignominia.[31] Incluso, la bola extendió esta

---

[30] *Vid.* Gerardo Villadelángel Viñas (coord.), *El libro rojo. Continuación. 1868-1928*, México, FCE, 2008.

[31] Sobre la santificación de los enemigos muertos, *vid. infra.* En el capítu-

transmutación a sus primeras víctimas; tal es el caso de Madero, quien según Isidro Fabela —uno de los intelectuales más mentados de «la causa»— no había nacido para ser presidente, sino para ser un símbolo.[32]

«El problema» de México. Dibujo de Oscar Edward Cesare (*ca.* 1920).
Fuente: Elmer and Diane Powell Collection on Mexico and the Mexican Revolution, DeGolyer Library, Southern Methodist University.

Aunque aquellos muertos eran fundamentales, la revolución también debía enfrentarse a otro de sus enemigos más acérrimos:

lo VI se muestra, en sus líneas más generales, este ritual y se hace énfasis en el caso de Emiliano Zapata.

[32] *Apud* Thomas Benjamin, *La revolución mexicana. Memoria, mito e historia*, México, Taurus, 2003, p. 76.

la vieja fe que aún era dueña de millones de conciencias. El porvenir de la nueva religión —por lo menos desde la perspectiva de los triunfadores más radicales— dependía de la desfanatización de los mexicanos. Por esta razón, tras el triunfo de los sonorenses y sus aliados, la lucha por las conciencias que se anunciaba desde la fiesta de las balas se volvería aún más violenta. La transmutación de las almas exigía acciones más que radicales. Debido a esto, los acontecimientos que Genaro Licastro anotó en su diario el 8 de agosto de 1914 sólo pueden leerse como el augurio de lo que estaba por llegar:

> Hoy, desde temprano, los constitucionalistas comenzaron [...] a sacar de San Francisco todos los confesionarios, colocándolos en la esquina [...], después trajeron los de la Parroquia y de otras iglesias [...]. A las diez de la mañana algunos soldados dieron principio a llenar con petróleo y gasolina los confesionarios y, momentos antes de prenderles fuego, un oficial constitucionalista echó una perorata de lo más blasfema que puede darse y [los muebles sagrados] comenzaron a arder produciendo por el petróleo grandes llamas. [...] La sociedad en general ha protestado por este acto más en contra de la religión y sigue alarmada por los mil atropellos que siguen cometiéndose en la iglesias.[33]

Los hechos que ocurrían en Querétaro y en otros lugares apenas anunciaban el inicio de las campañas desfanatizadoras. En aquellos momentos, el eco del mensaje de Danton ya se escuchaba en esas acciones: los revolucionarios mexicanos estaban

---

[33] Genaro Licastro, *Querétaro en la Revolución, 1914-1915. Diario*, México, Comisión de Historia de la Diócesis de Querétaro / Asociación de Libreros de Querétaro / Miguel Ferro Editor, 2010, p. 32.

convencidos de que era necesario «ser terribles para que el pueblo no tenga que serlo».[34]

Tras la llegada de Álvaro Obregón a la presidencia,

los grandes enfrentamientos con la Iglesia

no se hicieron esperar, aunque la revolución de las conciencias jamás logró la victoria absoluta: el catolicismo resistió la embestida a pesar de las muertes, las leyes y las acciones que se autoproclamaban como fulminantes. La paz que se firmó con la jerarquía eclesiástica para lograr la paz con los cristeros que fueron abandonados a su suerte, la resistencia de algunos caudillos y políticos (como Adolfo de la Huerta, Saturnino Cedillo, los Ávila Camacho o los grupos de alzados de Guanajuato), y la firmeza de los fieles, llevaron al fracaso a la lucha desfanatizadora. Incluso, puede pensarse que el asesinato de Obregón fue una de las causas que abrieron el camino a la paz con los curas.

La lucha contra la vieja religión tampoco logró la victoria en los hogares de los caudillos: las esposas de los comecuras más afamados organizaban misas en sus casas, y ellos —a pesar de su declaradísimo ateísmo— tampoco dudaban en presentarse a muchas ceremonias donde se bendecía a las parejas. Es más, muchos de los hijos de los nuevos poderosos fueron enviados a estudiar a las escuelas católicas de nuestro país y el extranjero. En los hogares de muchos mandamases la herejía sólo era un asunto de dientes para afuera,[35] aunque en otros —como el de Tomás Garrido Canabal— era una práctica cotidiana que se acercaba al delirio.

[34] *Vid.* Slavoj Žižek, *Robespierre. Virtud y terror*, Madrid, Akal, 2010, p. 36.
[35] Pedro Castro, *Álvaro Obregón. Fuego y cenizas de la Revolución mexicana*, México, Era / Conaculta, 2009, p. 128.

El miedo y la violencia —al igual que las obras públicas y las prédicas redentoras— no fueron suficientes para que todos los católicos se transformaran en fervientes ateos y revolucionarios.[36] Ellos, al igual que una buena parte de la gente, no estaban a la altura de los sueños de los caudillos. El pueblo que nunca se equivocaba y era incapaz de traicionar a «la causa» jamás había existido. Al paraíso de los mandamases sólo podría llegarse gracias a los latigazos, la cooptación de las masas o al sueño de crear un mexicano a la altura de la revolución. Sin embargo, el brutal comecurismo de los meros meros terminó por dejar una impronta: como los hijos de la bola aprendieron a mirar con suspicacia a los sacerdotes y a desconfiar de Dios, pronto comenzaron a postrarse ante cualquier pelagatos que tuviera la apariencia de redentor. Ya lo dice el refrán: «El que no conoce a Dios a cualquier palo se le hinca».

Una vez que los enemigos estuvieron enterrados, y mientras se emprendía la fallida lucha contra la religión del crucificado, el ritual pudo seguir adelante gracias a

la irrupción de los nuevos mesías,

de los caudillos que asumirían tres papeles fundamentales que llegarían a su clímax con el señorío de la cooptación, el presidencialismo y la incesante presencia de las ansias de redención que, en algunos casos, serían cumplidas por el ogro filantrópico que encarnaba al régimen revolucionario.[37] A pesar de que la vieja religión no estaba derrotada, los triunfadores de la guerra se autoproclamaban como los únicos que podían salvar a las víctimas y redimir a los jodidos

---

[36] Alan Knight, «¿Fue un éxito la Revolución Mexicana?», en Alan Knight, *op. cit.*, pp. 186-187.

[37] *Vid.* Octavio Paz, *El ogro filantrópico*, México, Joaquín Mortiz, 1979.

gracias a la edificación de un Estado que era lejano del Leviatán y muy cercano a Behemoth, el monstruo bíblico que marcaba el inicio de los caminos de Dios.[38] Un ser inmenso y poderosísimo que podía destruir a sus oponentes y, tal vez, señalar la ruta al paraíso.

Los nuevos mesías tenían que ser sacerdotes, profetas y soberanos.[39] Estamos ante una trinidad que nacía para reclamar sus primeros fueros, pues nunca antes habían existido seres con estas cualidades, ni siquiera el marmóreo Juárez podía aspirar a tener estos dones. Las manchas que Francisco Bulnes le había descubierto al Benemérito ya eran imborrables.[40] No por casualidad José Vasconcelos estaba completamente convencido de que, desde siempre, los mexicanos habían anhelado la aparición de un «hombre extraordinario, [de] un Moisés [que] levanta de pronto el nivel de todo un pueblo».[41] Sólo alguien salido del Éxodo podía dar sentido a la década de horrores y conducir al pueblo elegido a la tierra donde la leche y la miel manarían sin límites.

Si bien es cierto que a ojos de sus contemporáneos los sonorenses no tenían un carácter quijotesco y tampoco estaban interesados en el bien de los demás sin acordarse del suyo,[42] la distancia nos revela otra imagen: ellos habían estado frente a la zarza ardiente que les permitiría conjugar el patrimonialismo con los sueños de redención

---

[38] *Vid*. Job 40:15-24.

[39] *Cfr*. Enrique Krauze, «México en clave bíblica», en Enrique Krauze *et al.*, *El éxodo mexicano. Los héroes en la mira del arte*, México, Museo Nacional de Arte / UNAM, 2010, p. 25.

[40] Sobre las críticas a Juárez que realizó Francisco Bulnes, *vid*. *El verdadero Juárez y la verdad sobre la intervención y el imperio*, México / París, Librería de la Viuda de Ch. Bouret, 1904, y *Juárez y las revoluciones de Ayutla y de reforma*, México, Antigua Imprenta de Murguía, 1905.

[41] José Vasconcelos, *Breve historia de México*, México, Botas, 1937.

[42] *Vid*. p. e. Vicente Blasco Ibáñez, *El militarismo mejicano. Estudios publicados en los principales diarios de los Estados Unidos*, Valencia, Prometeo, 1920, p. 48.

popular, y lo mismo ocurría con el poder autoritario que le daba palmadas y consentía a sus más leales opositores. De alguna manera, la idea de la dictadura perfecta había nacido, y en los discursos y las acciones de los meros meros podía advertirse la vieja impronta bíblica que anunciaba la liberación, el camino al paraíso terrenal y el nuevo pacto con Dios. Entre lo que ellos soñaban, decían y hacían y la «Oda guadalupana» de José Joaquín Pesado había poca diferencia:

> El buen Jehová, magnífico y tremendo,
> escogió a un pueblo a quien llamar amigo
> los sacó de Egipto con estruendo,
> en turbulenta y pavorosa noche
> tocó Moisés el mar con una vara,
> y el mar se abrió presentándose sendero
> la gente de Jacob pasó adelante,
> el Señor la cubrió bajo sus alas
> como el águila cubre a sus polluelos;
> tierras le dio, victorias y despojos;
> ¡Nación feliz que el dueño de los cielos
> amó como a la niña de sus ojos![43]

Efectivamente, los caudillos eran los únicos que podían llevar al pueblo elegido a la tierra de la gran promesa. Por esta razón, como sacerdotes,

los hombres que encarnaban a Moisés

se revelaban como los genuinos intermediarios entre Dios y los

---

[43] José Joaquín Pesado, *Poesías originales y traducidas*, México, Imprenta Escalante, 1886.

humanos. Los seres que se hablaban de tú a tú con la deidad, y que gracias a sus artes la controlaban, eran los únicos que podían lograr que la revolución sacralizada bendijera al pueblo elegido para hacerle justicia. Ellos, gracias a ese don sobrenatural, eran capaces de lograr lo que ninguno había conseguido: una palabra suya bastaba para sanar las almas, para solucionar todas las desgracias y redimir a todos los caídos. El Señor Presidente, el Señor Gobernador, el Señor Secretario, el Señor Líder o el Jefe Máximo eran vistos como criaturas todopoderosas. Por eso valía más estar de su lado y lamerles las patas para rogar por los milagros que —en más de un caso— dependían de la cercanía que tuvieran con el sumo sacerdote que podía ser sobradamente veleidoso. Ante ellos apenas existía una acción posible y aceptable: curvar el espinazo y rogar. Los que estuvieran en contra de sus prédicas y sus actos tendrían destinos precisos: algunos recibirían fortísimos cañonazos de 50 000 pesos, otros besarían a la huesuda, y unos más —como los partidos políticos, los sindicatos y las organizaciones de masas— venderían caros sus amores.

El poder que invocaba a la deidad revolucionaria para operar los milagros permitía que los caudillos tuvieran un código distinto al que regía al resto de los mortales. Ellos —como lo hacía Álvaro Obregón— podían justificar la existencia de una latrocracia diciendo que, como él sólo tenía una mano, seguramente robaría menos que sus adversarios y por eso lo quería la gente.[44] O, a la manera de Gonazalo N. Santos, podían proclamar que la «moral es un árbol que da moras o sirve para una chingada».[45] Sus actos, en la medida en que eran los intermediarios con la divinidad, tenían

---

[44] Vicente Blasco Ibáñez, *op. cit.*, p. 92.
[45] Sobre Gonzalo N. Santos y sus sonadísimas *Memorias*, *vid.* Carlos Monsiváis, «La moral es un árbol que da moras», *Letras libres*, diciembre de 2000.

que ser aceptados, justificados y festejados hasta que se convirtieran un apotegma populachero o en un refranero que bendecía el saqueo del erario. El mensaje era claro: se valía ser ladrón o corrupto, siempre y cuando se salpicara a los otros con las migajas del botín. Una acción que era mucho más que posible, pues los sacerdotes caudillos —gracias a sus oráculos infalibles— también conocían los anhelos del pueblo y, por supuesto, estaban dispuestos a cumplirlos, siempre y cuando las masas se comportaran como los espejos que los reflejaban sin ninguno de sus defectos.[46]

Además de esto, como las palabras de los nuevos mesías nacían de la revelación y del contacto con lo divino, jamás podían estar equivocadas. Ellos también poseían los poderes que el dios bíblico le entregó a Jeremías: «Entonces alargó Yahvé su mano y tocó mi boca. Y me dijo Yahvé: "Mira que he puesto mis palabras en tu boca. Desde hoy mismo te doy autoridad sobre las gentes [...] para arrancar y destruir, para arruinar y derribar, para edificar y plantar"».[47]

Por esta causa, quienes dudaran de las palabras sagradas, sólo podían merecer los peores castigos: el ostracismo, el ninguneo, la cárcel y la muerte apenas eran las justas reprimendas que les tocarían, a las que también podían sumarse la confiscación o la expropiación de sus bienes por causas de utilidad pública, o para satisfacer los reclamos de justicia y la reciprocidad con el pueblo elegido. Los tiempos en que la Secretaría de Hacienda podría fungir como brazo armado aún no comenzaban. Un decreto del presidente bastaba y sobraba para ejercer el derecho al castigo. Ante esto, la duda es casi imposible: en muchos casos —como el del

---

[46] *Vid*. Elías Canetti, *Masa y poder*, Madrid, Alianza Editorial, 2013.
[47] Jeremías 1:9-10.

Señor Presidente— la infalibilidad, la destrucción y la creación eran otros de los dones de los nuevos mesías.

Si bien es cierto que gracias a sus poderes los caudillos podían transformarse en la encarnación de una deidad iracunda, también lo es que eran capaces de ser comprensivos con sus fieles casi descarriados: si los vociferantes no se pasaban de la raya, los nuevos sacerdotes toleraban sus discursos casi apóstatas, y en muchas ocasiones los alentaban con tal de mostrar su bondad y apuntalar su legitimidad, tal como ocurrió con la izquierda que —mientras anunciaba el fin del capitalismo— se sumaba al régimen capitalista que la apapachaba y le prodigaba sus bienes.[48] La oposición dentro del sistema podía ser bendecida y, en algunos casos, le otorgaba la bendición de una breve estancia en la cárcel con tal de que confirmara su condición alebrestada. En una religión que poseía la virtud de lo informe y lo indeterminado, casi todos tenían cabida al momento de la comunión.

La mediación entre la divinidad y los seres humanos era imprescindible para los nuevos mesías, pero ellos no podían subsistir sin

el don de la profecía que auguraba el destino del pueblo

y el final la historia. La promesa religiosa que hablaba del cautiverio y los faraones, al tiempo que enaltecía las acciones que pagaban con sangre la conquista de la libertad y el avance hacia la tierra de la gran promesa eran dos de los ingredientes de la nueva fe.[49]

Gracias a la revelación, los hombres que encarnaban a Moisés eran los únicos que conocían el futuro que estaba a la vuelta

---

[48] *Vid. infra*, cap. VI.
[49] *Cfr.* Gero von Randow, *Revoluciones. Cuando el pueblo se levanta*, Madrid, Turner, 2018, p. 120.

de la esquina y, de pilón, eran los dueños del mapa que conduciría a la tierra donde la leche y la miel manaban sin límites: la Atlántida morena,[50] donde los mestizos se transformarían en ídolos dignos de adoración, donde la raza florecería sin ser corrompida por los extranjeros perniciosos o las enfermedades y los vicios nefandos, donde los indios por fin se convertirían en mexicanos y serían idénticos a los retratos creados por la escuela mexicana de pintura; el sitio donde los jotos no tendrían cabida y donde también se materializarían las arcadias que se revelaban en los muros pintados por Diego Rivera y sus discípulos. Ese lugar paradisiaco —que jamás existió y sólo se imaginó de una manera casi imprecisa y siempre veleidosa— era el destino final de los hijos de la revolución. El rumbo hacia una utopía cambiante e inalcanzable ya estaba señalado.

Por supuesto que esta revelación no fue aceptada por todos los sobrevivientes, también existían los fanáticos y los contrarrevolucionarios que pensaban en otros caminos y se negaban a la conversión. En algún momento los «místicos del voto» levantaron la voz para ser ignorados y los católicos ya lo habían hecho para ser masacrados en la cristiada. Y además de ellos estaban algunos caudillos y los políticos que no necesariamente estaban dispuestos a seguir la ruta de la revelación o los maricones que se sentían atraídos por las ideas extranjerizantes que vulneraban a la patria y al machismo. Sin embargo, el discurso mesiánico era preciso: si el pueblo elegido renegaba de la nueva fe y si los apóstatas atentaban contra ella, la revolución sacralizada se transformaría en un dios iracundo que tarde o tempra-

---

[50] *Vid.* el ensayo de Maurio Tenorio Trillo en Salvador Albiñana (ed.), *México ilustrado. Libros, revistas y carteles 1920-1950*, México, Editorial RM / Conaculta, 2015.

no los pondría en su lugar o, ya encarrerado, le pagaría el pasaje al mismísimo infierno.

Desviarse de la ruta era imposible: los primogénitos morirían, los ríos se transformarían en sangre y del cielo llovería fuego y azufre. Valía más seguir avanzando por ese camino, la furia de los dioses y el miedo a que las profecías se cumplieran eran dignos de tomarse en cuenta. «En la mentalidad mexicana —dice Anita Brenner— el mesías va siempre acompañando el desastre [...]. En consecuencia, todas las profecías [...] se complementan con anuncios de catástrofes.»[51]

A pesar de que los dones del sacerdocio y la profecía eran imprescindibles, los nuevos mesías también estaban obligados a

transformarse en soberanos:

los caudillos se asumieron como la materialización del Estado, como los únicos y legítimos dueños del poder que premiaba o castigaba sin más límite que su voluntad, como los poseedores de una palabra que —por lo menos en apariencia— jamás podía ser desafiada. Ellos querían ser vistos como las personas irremplazables que conducirían al pueblo al paraíso y, por supuesto, como los únicos que eran capaces de designar a su sucesor sin que importara el tamaño del enfrentamiento.[52] Incluso, ellos caerían en las tentaciones más grandes: algunos hicieron todo lo posible —y también lo imposible— para tratar de extender su mandato gracias al control de la silla presidencial y, por supuesto, por medio de la reelección que en una ocasión se intentó con resultados mortales. En este mundo perfecto la democracia estaba muerta, tal como lo

---

[51] Anita Brenner, *Ídolos detrás de los altares*, México, Domés, 1929.

[52] *Vid.* p. e. Daniel Cosío Villegas, *El sistema político mexicano*, México, Joaquín Mortiz, 1972.

señaló Vicente Blasco Ibáñez en uno de los artículos que publicó en Estados Unidos durante la crisis que anunciaba el asesinato de Venustiano Carranza y el advenimiento de Obregón:

> En Méjico, el que vota sabe que ejecuta una función inútil. Siempre será, finalmente, lo que quieran los de arriba. Además, resulta una función peligrosa. Si el que está en el poder se entera de que el que se halla abajo pretende hacerse independiente y tener iniciativas propias, el golpe advertidor no tarda en caer sobre él [...]. ¿Qué puede ocurrir en un país donde no ha existido nunca un cuerpo electoral como algo permanente y respetado, y donde los que perdieron en las urnas electorales apelaron siempre a las armas?[53]

La respuesta al interrogante que planteaba Blasco Ibáñez es clara y precisa: el poder y la legitimidad del caudillo mesiánico jamás dependieron de los votos. Las elecciones apenas eran un mecanismo que parecía respetar las leyes y permitía mantener las apariencias. Los comicios eran un ritual que debía cumplirse cada cierto tiempo, y que permitía renovar las promesas y recibir un baño de pueblo. Una forma con muy poco fondo.

Debido a esto, el poder y la legitimidad tenían un origen distinto: ambos provenían del control de los grupos y las instituciones, de la capacidad para otorgar dádivas y redenciones, de la posibilidad de administrar la muerte real o simbólica a los enemigos y los oponentes. Efectivamente, los mandamases eran soberanos casi indiscutibles y la gran rebelión suponía un nuevo pacto con el pueblo elegido. Además, ellos no estaban dispuestos a seguir el pésimo ejemplo de Madero, quien no tuvo los tamaños para arrasar y distanciarse

---

[53] Vicente Blasco Ibáñez, *op. cit.*, pp. 70-71.

del antiguo régimen. Ellos eran el gobierno, el pueblo, la razón irrebatible, la verdad absoluta, la redención de los jodidos, el castigo de los impíos, la certeza de que el futuro estaba al alcance de las manos.

Debido a estas causas, la revolución de los triunfadores se transformó en

un acto de reciprocidad,

en el pago de las ofensas reales o imaginarias que se habían padecido desde el principio de los tiempos. Gracias a los caudillos mesiánicos, todas, absolutamente todas las cuentas pendientes y los horrores que habían perpetrado los viejos faraones —desde los conquistadores y los clérigos hasta Porfirio Díaz y los contrarrevolucionarios— serían cubiertos y sanados a cambio de que el pueblo y sus líderes aceptaran las nuevas reglas de subordinación.[54] Sin el intercambio de bienes y apoyos con el régimen revolucionario, la redención y la supervivencia serían prácticamente imposibles.

Aunque al momento en que fue publicada algunos párrafos de la Constitución de 1917 parecían sobradamente radicales y capaces de entregar el maná al pueblo elegido sin mayores esfuerzos que la paciencia y los rezos, también era claro que México no variaría su destino capitalista ni destruiría por completo la propiedad privada. Entre el socialismo a la manera de la Unión Soviética y el reparto agrario, el cooperativismo y las expropiaciones existía una distancia que no puede ser minimizada. En realidad estos preceptos —los artículos 3º, 27 y 123, que siempre son los más sonados cuando se toca este asunto— sólo revelaban la existencia de un nuevo pacto con los hombres que comulgarían con la fe de los soberanos.

---

[54] *Cfr.* Claudio Lomnitz, *op. cit.*

Y por si lo anterior no fuera suficiente, en la carta magna también se mostraban las primeras huellas del nuevo ser todopoderoso, del hombre que gobernaría de una manera casi absoluta. Ese ser, en el mismo instante en que era ungido con la banda tricolor, adquiría los dones que transformaban al Estado en un ogro filantrópico, en el Behemoth bíblico, y, gracias a esto, él podría mostrarse ante los ojos de la mayoría como el gran dador de todos los bienes y todos los males. Incluso durante el maximato —cuando se afirmaba que «el que manda vive enfrente»— los presidentes no se sometieron de una forma absoluta a los dictados y las órdenes de Plutarco Elías Calles.[55] La seda con los colores de la bandera tenía un poder que iba más allá de lo simbólico.

Mesa directiva del Congreso Constituyente.
Fuente: Elmer and Diane Powell Collection on Mexico and the Mexican Revolution, DeGolyer Library, Southern Methodist University.

[55] *Vid.* p. e. Tzvi Medin, *El minimato presidencial. Historia política del maximato (1928-1935)*, México, Era, 1982.

El nuevo pacto entre el pueblo elegido y sus caudillos no sólo significaba la llegada del maná y el surgimiento del mero mero petatero, la reciprocidad con los fieles era ineludible. Por esta causa, durante los últimos años de la matazón, y a lo largo de la década de los veinte, los ejemplos de este intercambio son una legión y vale la pena que nos asomemos a algunos de ellos.

En 1914, cuando Obregón era dueño de la Ciudad de México, amarró

los primeros lazos con el movimiento obrero organizado:

la Casa del Obrero Mundial suscribió un pacto con los constitucionalistas y sumó sus fuerzas a la lucha contra los reaccionarios y los traidores de «la causa». Ellos, aunque jamás lo dijeron de manera abierta, seguramente estaban convencidos de que los caudillos seguirían la máxima de «pan o palo». En este caso, como en muchos otros, Obregón supo corresponder y pagar sus amoríos proletarios: los líderes de esta organización recibieron la Casa de los Azulejos —que durante el porfiriato fue uno de los símbolos de lo más fifí cuando funcionaba como el Jockey Club—[56] y, de puritito pilón, también les entregó los conventos de Santa Brígida y San Juan de Letrán, así como el inmueble del Colegio Josefino y todo lo necesario para que publicaran un periódico que se autoproclamaba como absolutamente revolucionario: *La Tribuna*.[57] Y unos cuantos meses más tarde a estas páginas se sumaría *La*

---

[56] Sobre la Casa de los Azulejos como un ejemplo de lo más fifí, *vid*. William Beezley, *Judas en el Jockey Club*, México, El Colegio de San Luis / CIESAS, 2010.

[57] John M. Hart, *El anarquismo y la clase obrera mexicana, 1860-1931*, México, Siglo XXI Editores, 1984; Barry Carr, *El movimiento obrero y la política en México. 1910-1929*, México, Era, 1982, y Ramón Eduardo Ruiz, *La revolución mexicana*

Vanguardia, cuyo principal objetivo era reforzar la propaganda a favor de los constitucionalistas, y donde el *Dr. Atl* y José Clemente Orozco volverían a encontrarse tras las aventuras que habían vivido durante el centenario de la independencia. En este impreso, aquél ratificaría sus prédicas anarquistas, y Orozco ensayaría en sus dibujos todo aquello que se aclararía en sus obras posteriores: la intransigencia ante el fanatismo, la crítica a las creencias inmóviles, el desprecio a los símbolos del poder y la creación de un cristianismo sin Cristo.[58] Aunque también presagiaba al dibujante que enaltecería al machismo para denunciar y destruir a los homosexuales.[59]

Como el pacto con los constitucionalistas seguramente sería criticado por algunos de los integrantes más radicales de la Casa del Obrero Mundial, sus líderes se apresuraron a publicar un manifiesto en el cual —entre otras cosas— se afirmaba:

> La Casa del Obrero Mundial no llama a los trabajadores a formar grupos de inconscientes para militarizarlos y servir de mesnada que vaya ciegamente a una lucha que no busque más beneficios que el encumbramiento de unos cuantos audaces que los arrojen al matadero para saciar sus desmedidas ambiciones; no quiere incondicionales abyectos, que sólo sigan al mandato del jefe que los fanatiza con sugestiones de valor mal entendido; no: reclama la cooperación de todos sus hermanos para salvar los intereses de la comuni-

y el movimiento obrero. 1911-1923, México, Era, 1981. Además de los libros que se mencionan en esta sección y en la dedicada a los campesinos, es importante señalar que la investigación de Pedro Castro (Álvaro Obregón…) fue definitiva para estas páginas que, en buena medida, siguen sus hallazgos y sus ideas.

[58] Carlos Monsiváis *et al.*, *Sainete, drama y barbarie. Centenario de J. C. Orozco, 1883-1983*, México, INBA, 1883, p. 17.

[59] *Vid. infra*, cap. V.

dad obrera, segura de que sabrá estar en todo tiempo al nivel de su misión redentora, toda vez que su participación revolucionaria ha sido garantizada por un convenio especial.[60]

Una vez que las apariencias quedaron cubiertas, las relaciones entre los caudillos y estos trabajadores casi fueron como miel sobre hojuelas durante varios meses. Sin embargo, muy poco tiempo después, ellos se enfrentaron al gobierno carrancista a causa del hambre y la crisis económica, mientras que Obregón le daría un giro al noviazgo y terminaría poniéndoles los cuernos.[61] Un nuevo amor proletario tocaba a su puerta y le ofrecía apoyos que no podían ser despreciados: el empecinamiento en la acción directa que tenían los integrantes de la Casa del Obrero Mundial palidecía ante la posibilidad de lo que comenzó a llamarse la acción múltiple, pues gracias a ella los trabajadores sumarían sus fuerzas de una manera definitiva con el régimen. La renuncia a la independencia con tal de beber el dulce cáliz de la dependencia era mucho más atractiva que los arranques que tenían los anarquistas.

Los trabajadores de la Casa del Obrero Mundial no fueron los únicos que se beneficiaron con la reciprocidad que caracterizaba al caudillo: la Confederación Regional Obrera Mexicana (CROM) sumó sus fuerzas al obregonismo y, para sellar su pacto definitivo, Luis N.

---

[60] «Manifiesto. El comité revolucionario de la Casa del Obrero Mundial», en Mario Contreras y Jesús Tamayo (comps.), *México en el siglo XX. 1913-1920. Textos y documentos*, México, UNAM, 1989, t. II, pp. 191 y ss.

[61] El pleito con Carranza no fue poca cosa: el *Barbas de Chivo* ordenó el encarcelamiento y el juicio sumarísimo de algunos obreros que andaban de levantiscos, y aniquiló los periódicos de la Casa del Obrero Mundial y de algunos de sus oponentes. *El Pueblo*, *La Vanguardia* y *El Demócrata* fueron cerrados; sus instalaciones y maquinaria se pusieron a cargo de Félix F. Palaviccini, el fundador de *El Universal* (vid. Olga Sáenz, *El símbolo y la acción. Vida y obra de Gerardo Murillo, Dr. Atl*, México, El Colegio Nacional, 2017, pp. 248 y ss.).

Morones —su gran e indiscutible líder— creó el Partido Laborista Mexicano que apoyaría a don Álvaro en sus aventuras electorales. Ellos, aunque no estaban en Huatabampo, también tenían buena vista, y desde lejos habían mirado los beneficios que se obtendrían gracias a su alianza con el caudillo y el parto de la acción múltiple.

Gracias a sus ligas con los triunfadores, la CROM aumentó su membresía hasta convertirse en la organización más poderosa del país: de poco más o menos 50 000 integrantes que tenía a finales de 1920 pasó a 1.5 millones en 1924. Sus dirigentes también fueron premiados sin grandes problemas: no pocos se incorporaron al gobierno en puestos de cierta importancia, mientras que sus enemigos se enfrentaron al poder que haría todo lo posible por anularlos.[62] Más de un anarquista fue condenado a ser expulsado del país gracias al artículo 33, que impedía cualquier apelación.

La reciprocidad por los dones que le entregaron a la CROM también se mantuvo firme cuando los delahuertistas se enfrentaron militarmente a Obregón luego de que impuso a Plutarco Elías Calles como su sucesor en la presidencia. Las brigadas proletarias se incorporaron a las fuerzas que protegían a la verdadera revolución, y algunos de los meros meros de la CROM apoyaron con todo lo que pudieron. La reciprocidad tenía que ser honrada y la legitimidad del caudillo y su sucesor debían ser protegidas.[63] Sin duda alguna,

---

[62] Marjorie Ruth Clark, *La organización obrera en México*, México, Era, 1979, y Rocío Guadarrama, *Los sindicatos y la política en México: la CROM (1918-1928)*, México, Era, 1981.

[63] Según Narciso Bassols Batalla (*El pensamiento político de Álvaro Obregón*, México, El Caballito, 1967), algunos cromistas se destacaron en la lucha contra Adolfo de la Huerta y sus aliados: Celestino Gasca se puso al frente de la Brigada Libertad, Ricardo Treviño comandaba el Regimiento Felipe Carrillo Puerto, mientras que en Puebla fueron movilizados cerca de 10 000 obreros para

los proletarios llegaron mucho más lejos que los pintores revolucionarios que se sumaron en contra de Adolfo de la Huerta.[64]

Luis N. Morones (izq.), el líder obrero que selló el pacto entre el sindicalismo y los caudillos. Sus nexos con el sindicalismo estadounidense representado por Samuel Gompers también ayudaron a enfrentar a los delahuertistas.
Fuente: Library of Congress.

apoyar al gobierno obregonista, algo parecido a lo que ocurrió en Aguascalientes, Chihuahua, Durango, Nuevo León, San Luis Potosí y Veracruz. Además de esto, Ezequiel Salcedo —otro integrante de la organización sindical— quedó a cargo del gobierno militar de Zacatecas. Por si esto no bastara, la CROM también llevó a cabo una serie de acciones internacionales para proteger a sus aliados: gracias a sus contactos con el sindicalismo estadounidense presionaron al gobierno de Washington para que no les vendiera armas a los delahuertistas, y exhortó a las organizaciones gringas y europeas para que se negaran a embarcar las mercancías que recibirían los rebeldes. Si bien es cierto que este apoyo militar no fue definitivo —y quizá también era innecesario— para derrotar a los alzados, lo que sí es un hecho es que cada proletario que exigía su enrolamiento ratificaba la lealtad de la CROM y daba legitimidad al régimen y la designación por parte de Obregón de su sucesor en la presidencia.

[64] *Vid. infra*, cap. VI.

Aunque el movimiento obrero jugó un papel definitivo en la reciprocidad de los caudillos y casi terminó fundiéndose con el gobierno gracias al corporativismo de Cárdenas,[65] los campesinos también desempeñaron un papel de singular importancia en la construcción de la legitimidad del régimen revolucionario. Las ideas de «tierra y libertad» y la transformación de Zapata en una figura crística no sólo eran un asunto del muralismo y un tópico de los discursos. La gente del campo tenía que incorporarse al régimen y venerar a sus mesías.

El caso de Antonio Díaz Soto y Gama —uno de los líderes e intelectuales más importantes del zapatismo— es un espléndido ejemplo de este proceso: durante el gobierno de Francisco I. Madero él fue uno de sus principales detractores, poco tiempo después se sumó a la Casa del Obrero Mundial y, cuando el furor de la rebelión se adueñó de su conciencia, tomó camino para las tierras de Morelos para alistarse en las tropas revolucionarias. Sus nexos con Zapata no fueron pocos: don Antonio, por sólo mencionar un hecho que no puede ser pasado por alto, fue uno de los representantes de los surianos en la Convención de Aguascalientes, donde pronunció uno de sus discursos más incendiarios, aquel en que se negó a firmar una bandera para recalcar que ahí estaban reunidos para hacer una gran revolución, no para escribir sus nombres sobre el lábaro que había creado Agustín de Iturbide.[66] Sin embargo, su fe en la insurrección campesina no pudo ser eterna: ella se mantuvo hasta el asesinato de Zapata y, después de que el caudillo del

---

[65] Arturo Anguiano, *El Estado y la política obrera del cardenismo*, México, Era, 1975, y Jorge Basurto, *Cárdenas y el poder sindical*, México, Era, 1983.

[66] *Vid.* Luciano Ramírez Hurtado, «Al rescate de la memoria. Estudio iconográfico del grabado *La Convención de Aguascalientes, 10 de octubre de 1914*», *Relaciones. Estudios de Historia y Sociedad*, núm. 148 bis, otoño de 2016.

sur se transformó en motivo de corridos luctuosos, Soto y Gama se sumó a las fuerzas de Álvaro Obregón.[67]

Emiliano Zapata y su estado mayor.
Fuente: Elmer and Diane Powell Collection on Mexico and the Mexican Revolution, DeGolyer Library, Southern Methodist University.

La nueva lealtad fue beneficiosa para ambos y, por supuesto, también lo fue para los hombres del campo que anhelaban ser redimidos por el ogro filantrópico. El sonorense recibió del suriano las enseñanzas que le permitieron comprender a los campesinos que estaban muy lejos de la agricultura mecanizada, mientras que don Antonio ganó el visto bueno para que algunas de las medidas del

[67] Sobre Antonio Díaz Soto y Gama, *vid.* James D. Cockcroft, *Precursores intelectuales de la revolución mexicana*, México, Siglo XXI Editores, 1971, cap. IX; Pedro Castro, «Antonio Díaz Soto y Gama, agrarista», *Polis: Investigación y Análisis Sociopolítico y Psicosocial*, núm. 2, 2002, y Carlos Illades, *El marxismo en México. Una historia intelectual*, México, Taurus, 2018, p. 30.

reparto agrario triunfaran en el Congreso.[68] Ante este hecho, su apoyo ya no tendría restricciones y sus palabras sólo se llenarían de alabanzas: «Obregón —escribe Soto y Gama— se convirtió en el adalid del agrarismo y se enfrentó en firme con las dificultades de un problema ante el cual se habían detenido, vacilantes y medrosos, todos los gobiernos anteriores».[69] La duda es imposible, Obregón era el mesías que salvaría a los hombres que se quebraban la espalda labrando la tierra.

Para los campesinos que seguían a Soto y Gama también era perfectamente claro que «el régimen revolucionario debía devolverles lo que fue suyo»,[70] aunque para lograrlo tuvieran que suscribir un pacto de lealtad inquebrantable y, al crear el Partido Nacional Agrarista, se adentraran en los mismos caminos que la CROM. Ellos, los agraristas que estaban dispuestos a ofrendar su sangre por sus compañeros de clase, también se alistarían en la lucha contra los delahuertistas bajo el amparo de un argumento que parecía inobjetable: la revolución enfrentaba su gran disyuntiva, los grandes terratenientes, los que les habían arrebatado la tierra a los campesinos, se levantaban en armas en contra de los verdaderos caudillos, y los campesinos sólo podían apoyar a uno de los bandos.[71]

[68] Sobre las acciones agraristas y la pasión obregonista de Soto y Gama, vid. Antonio Díaz Soto y Gama, *Historia del agrarismo en México* (México, Era / Conaculta / UAM, 2002) y *La cuestión agraria en México* (México, El Caballito, 1976).

[69] *Apud* John Womack, *Zapata y la revolución mexicana*, México, Siglo XXI Editores, 1971, p. 360.

[70] Pedro Castro, *Álvaro Obregón*..., p. 155.

[71] *Ibidem*, p. 165. Vale la pena señalar que, con el paso del tiempo, las falsas disyuntivas mutaron en una moneda de curso corriente y en una fuente de legitimidad para el sistema político, justo como sucedió en los años setenta cuando —después de la matanza del Jueves de Corpus— Carlos Fuentes afirmó que

El pacto de reciprocidad que legitimó las acciones de los caudillos había nacido y pronto se convirtió en una de las principales fuentes del poder y la legitimidad del ogro filantrópico.[72] Los obreros y los campesinos —al igual que el pueblo sin rostro preciso— recibirían todo lo que les habían arrebatado a cambio de su fidelidad. Todo marchaba muy bien; sin embargo, aún hacía falta otro ritual para apuntalar la nueva fe: la historia tenía que convertirse en

una nueva lectura del Éxodo,

en una prédica que transformaría a la gran rebelión en un drama significativo y que, además, convertiría a las desgracias en una ofrenda imprescindible para llegar a la tierra de la gran promesa.

esa disyuntiva seguía presente. Para él, la dicotomía era clara: «Echeverría o el fascismo», dijo con tal de mantener su apariencia de guerrillero dandy, de exculpar al gobierno y, por supuesto, para apadrinar a la izquierda que aún estaba fascinada con el Señor Presidente. *Vid.* p. e. Jaime Sánchez Susarrey, *El debate político e intelectual en México*, México, Grijalbo, 1993.

[72] Vista a la distancia, la reciprocidad del régimen revolucionario fue uno de sus mayores éxitos y, además, provocó una significativa mejoría de las condiciones de vida de los obreros, los campesinos y el pueblo (fueran quienes fueran aquellos que integraban a este grupo siempre escurridizo). Como resultado de este pacto no sólo aumentaron los sueldos, el porcentaje de sindicalización y las «conquistas proletarias» que en algunos casos llegaron a lo delirante, pues también permitió la creación de una gran cantidad de instituciones que correspondían en buena ley a su subordinación: los casos del IMSS, el Infonavit, el ISSSTE y el Fonacot bien podrían verse como ejemplos del pago por sus amores. Los campesinos tampoco se quedaron atrás, para ellos fueron creados bancos, financieras y pignoradoras, al tiempo que se establecieron precios de garantía y, por supuesto, se crearon instituciones para «apoyarlos y protegerlos». La legitimidad del régimen de masas no era gratuita, pero los mandamases conocían las reglas del juego y, hasta donde les era posible, jamás faltaron a ellas aunque al país se lo cargara la tiznada. El régimen de la revolución debía subsistir a toda costa.

La creación del drama que daba sentido a la bola no corrió por cuenta de los historiadores de a deveras, la Revolución (con mayúscula, como debe de ser) fue inventada por los poetas y los profesores que estaban encandilados con el régimen, por los periodistas más fieles y los políticos que querían salir en la foto, por los novelistas memoriosos cuyas páginas fueron transformadas en una alabanza por los poderosos que jamás las leyeron —como sucedió con los libros de Mariano Azuela y Martín Luis Guzmán, por ejemplo—[73] y, por supuesto, por los creadores de imágenes que, después de ser purgadas y releídas, ya sólo hablaban de una gesta que jamás existió, y que en cierto sentido repetía las palabras de la Biblia.[74] La historia que mostraba a un pueblo que irremediablemente caía en manos de los faraones que los esclavizaban —como ocurrió con los conquistadores, los clérigos, los conservadores, los imperialistas y el mismísimo don Porfirio, por sólo señalar a los más abyectos—, tenía que encontrar la ruta definitiva hacia el futuro perfecto. Hidalgo y Morelos, los liberales y Juárez, sólo habían sido los primeros profetas del mundo que, ahora sí, estaba al alcance de la mano gracias a la bola y sus caudillos.

Debido a la escritura de esta historia sagrada, la demagogia pudo suplantar a la realidad y abrió la posibilidad de creer en la palabra que se propalaba a la menor provocación: todos habían sido revolucionarios y cada gota de sangre había abierto el camino a la tierra de la gran promesa; todos los muertos eran héroes, todos merecían los laureles, aunque sus días hubieran terminado a causa de la traición y el asesinato. Gracias a Obregón y los intelectuales que se sumaron a su causa, la falsedad se transformó en una democracia imposible,

---

[73] *Vid. infra* cap. v.
[74] Thomas Benjamin, *op. cit.*, p. 33.

en la fe que anunciaba un futuro perfecto. Lo falaz se convirtió en un estandarte, en el verdadero lema de la revolución.[75] Así, el paraíso anunciado mutó en un lugar al que sólo se podría arribar después de que se hubieran expiado todos los pecados y una vez que ocurriera el juicio final que elevaría a los cielos a la nación purificada. El rumbo era claro e invariable: los caudillos mesiánicos debían llevar al pueblo a la tierra prometida donde los sueños se volverían realidad, y donde el ogro filantrópico revelaría su señorío absoluto gracias a la reciprocidad infinita.

A casi un siglo distancia, la verdad se muestra con un rayo lento y preciso: los caudillos sí lograron construir una nación autoritaria, racista, profundamente macha y marcada por la leyenda del mestizaje y el nacionalismo a ultranza. La revolución y su hombre nuevo, la revolución y su terror, la revolución y su fe que trataba de destruirlo todo con tal de llegar al paraíso terminaron encarnándose en el país. Si la gran rebelión jamás hubiera existido, los caudillos habrían tenido que inventarla: gracias a la historia que seguía los pasos del Éxodo, todo era posible y todo quedaba justificado.

Aunque la revelación y el drama estaban más allá de cualquier duda, la revolución cultural y la revolución antropológica que emprendieron los caudillos también tuvieron que crear sus iconos, sus plegarias y sus ceremonias. La necesidad de

una misa negra

era impostergable. Gracias a ella, el nuevo país quedaría marcado por las sacralizaciones y las desacralizaciones, por la creación de

---

[75] Rodolfo Usigli, «Las máscaras de la hipocresía», en Roger Bartra (comp.), *Anatomía del mexicano*, México, DeBolsillo, 2013.

una nueva mitología, por una religión patriotera y por las ansias de crear un hombre nuevo que estuviera a la altura de los sueños de los caudillos de la gran rebelión. Esta nación no se construyó como una convergencia de distintas culturas, de diferentes modos de vida, sino como resultado de la acción de los meros meros que desde el poder impusieron sus visiones y sus revelaciones al resto del país.[76] La pluralidad era imposible y la democracia no tenía ningún sentido ante las palabras sagradas y los rumbos que señalaban los mandamases.

Debido a esto, a lo largo del siglo XX la cultura mexicana fue inventando la anatomía de un ser nacional cuya identidad se esfumaba cada vez que se quería definir, pero cuya presencia imaginaria ejerció una gran influencia en la configuración del poder político. Tal vez lo único firme que quedó de estos afanes fueron las muertes y los horrores que dieron legitimidad al régimen revolucionario y justificaron su autoritarismo y los crímenes que se cometieron para edificarlo.[77] La invocación a la huesuda se convirtió en una de las señas de identidad del nacionalismo, y los primeros que la descubrieron fueron los extranjeros que corrompían a la raza.

---

[76] Luis Villoro, *Estado plural, pluralidad de culturas*, México, Paidós, 1998, p. 28.

[77] Roger Bartra (comp.), *Anatomía del mexicano*, México, DeBolsillo, 2013, pp. 9-11.

II

La siniestra pureza de la raza mestiza

> *El extranjero no se funde con nosotros,*
> *no viene a formar una familia,*
> *no viene a diluirse en nuestra nacionalidad;*
> *el extranjero sigue siendo un extranjero.*
>
> PAULINO MACHORRO NARVÁEZ,
> diputado constituyente en 1917

En algunas ocasiones la lluvia no purifica la tierra y tampoco tiene la fuerza para borrar las huellas de las matanzas. En Ucrania el recuerdo del Holocausto casi se ha perdido por completo, la furia nacionalista que transformó a los nazis en héroes lo volvió una página en blanco. La lucha contra el estalinismo y sus horrores fue más que suficiente para trastocar esa parte del pasado.[1] Todos lo sabemos, la historia está marcada por una reescritura incesante, por la imperiosa necesidad de crear una comunidad imaginaria que apuntale las ideas de nacionalismo y patria.[2] Sin embargo, cuando el agua

---

[1] Sobre las atrocidades ocurridas en Ucrania durante el régimen de Stalin y la Segunda Guerra Mundial, puede verse el libro de Timothy Snyder *Tierras de sangre. Europa entre Hitler y Stalin*, Barcelona, Galaxia Gutenberg, 2011.

[2] *Vid.* Benedict Anderson, *Comunidades imaginadas. Reflexiones sobre el origen y la difusión del nacionalismo*, México, FCE, 1993.

deslava algunos montes de Ucrania, en las laderas brotan las tumbas de los judíos que fueron asesinados durante la Segunda Guerra Mundial; pero hoy esos huesos sólo merecen el silencio y la ceguera: los criminales y sus cómplices —al igual que los héroes patrios y los descendientes de aquellos que se beneficiaron del genocidio— apenas pueden asumirse como testigos mudos. Para ellos, la amnesia es la única opción posible con tal de mantener la fe en su nación.[3]

Los ultranacionalistas de Ucrania no son los únicos afectados por la desmemoria: en México el olvido también se revela con la fuerza del silencio y la ceguera que se conforma con voltear el rostro para otro lado. «Aquí no pasó nada de eso», pensamos tranquilos y nos sentimos contentos por la maravilla de ser mestizos y comulgar con la religión de los vencedores de la gran rebelión. Los mexicanos, según esa creencia, somos pachangueros, amables con los fuereños, piroperos como el que más y, por supuesto, siempre estamos dispuestos al vacilón y el choteo gracias a una combinación de farolazos de tequila, trompetazos de mariachi y albures que, en el peor de los casos, no pasan de una penetración imaginaria. Por eso, cuando recorremos las páginas de la historia patria —aquella que sólo puede leerse como una obra religiosa que obliga a la remembranza del Éxodo—, siempre nos encontramos con una línea en blanco, con una desaparición forzada. La versión oficial de los hechos nos invita a olvidar que el racismo y la xenofobia también llevaron a situaciones límite, a los momentos en que el nacionalismo revolucionario los utilizó como un mecanismo que bendecía la capacidad asesina de los caudillos y del Estado. Las muertes que convocaron a la ceguera y la mudez estaban justificadas gracias a la existencia de enemigos imaginarios y seres que estaban muy lejos de ser humanos.

[3] *Vid*. Omer Bartov, *Borrados*, Barcelona, Malpaso, 2016.

Los mestizos también asesinaron, y las ideas de México y lo mexicano fueron la causa de algunos de sus crímenes.

La excusa de que somos mestizos nos ha permitido

cerrar los ojos,

aunque en este término —que a golpe de vista parece lejanísimo de la pureza racial que animó al Holocausto— también se encuentran las huellas que llevarían a la discriminación y la xenofobia asesina. A pesar de lo que se mira en las imágenes públicas, ser mestizo significa ser un hijo de la chingada y asumirse como descendiente de un bastardo que nació en tiempos de la Conquista, una persona que está a mitad de lo animal y lo humano por haber contaminado la pureza de la sangre europea. Además, ser mestizo supone que no se es español ni indígena, e implica la necesidad de asumirse como algo distinto: un ser que puede despreciar a la indiada y a los gachupines que sólo provocaron desgracias con tal de llenarse las bolsas de plata y que, para acabarla de fregar, lo condenaron a la estupidez que se alimentó del pulque y el fanatismo religioso que nutre al comecurismo desde el siglo XIX.[4] Poco importa que en esa mirada existan contradicciones insalvables, como el orgullo por los indígenas muertos que cohabita con el asco que provocan los indios vivos, y lo mismo ocurre con el odio a los conquistadores y los abarroteros del porfiriato que se funde con la presunción de tener un antepasado peninsular que desde su tumba puede blanquear la piel

---

[4] En algunos casos, la idea del mestizaje lleva a una serie de afirmaciones sobradamente imbéciles que ratifican esta doble negación. Más de uno sostiene que en México no tuvimos la suerte de ser conquistados por los ingleses, pues si esto hubiera ocurrido seríamos gringos y los indios vivirían en reservaciones sin afear las ciudades.

de los descendientes de los esclavos que llegaron de África, o de los asiáticos que migraron con una mano adelante y la otra por detrás.

Lo indito y lo güerito —al igual que lo africano y lo asiático— son manifestaciones de un origen jamás asumido y siempre negado en aras de mantener el sueño del mestizaje que supuestamente oculta al racismo, a la xenofobia y al genocidio.[5] Pero no importa lo que se anhela esconder: el mestizo es alguien que, debido al orgullo por su raza, puede condenar a muerte a los extranjeros que la corrompen con su mala sangre y sus costumbres depravadas.

La historia de lo mestizo es casi reciente. Ella se inició cuando,

en el país recién parido

se tuvo que enfrentar el reto de inventar una patria.

En septiembre de 1821, mientras el Ejército Trigarante entraba a la Ciudad de México, las ideas del nacionalismo y lo mestizo apenas podía vislumbrarse. Los balcones con crespones, la estatua de Carlos IV que se ocultó con tal de protegerla de la ira de la plebe, el solemnísimo *Te Deum* y la pachanga que estaba a punto de comenzar no eran la muestra plena del orgullo patrio. De muy poco servía que los criollos —siguiendo la imagen creada por Humboldt— pensaran que el mundo recién nacido era idéntico a un cuerno de la abundancia,[6] y que algo muy parecido sucediera con su tímido patriotismo que apenas se nutría del culto a la guadalupana y el orgullo que les heredaron los jesuitas. En efecto, desde el siglo XVIII los frailes negros se

---

[5] *Vid.* p. e. Federico Navarrete, *Alfabeto del racismo mexicano*, México, Malpaso, 2017.

[6] *Vid.* Irma Beatriz García Rojas, «"El cuerno de la abundancia": mito e identidad en el discurso sobre la nación mexicana», *Revue Histoire de l'Amérique Latine*, vol. I, 2005.

habían enfrentado a la idea de la inferioridad americana, al tiempo que transformaron a algunos de sus naturales en seres casi idénticos a los griegos de la Antigüedad Clásica. Los jesuitas, en buena medida, son los creadores del culto al indio muerto.[7]

Entre el siglo XVI y el XVIII las ideas de los jesuitas transformaron por completo la visión del pasado indígena: los salvajes se transformaron en seres idénticos a los habitantes de la Antigüedad Clásica.
«Sacrificio gladiatorio», grabado de la edición italiana de 1780 de la *Historia antigua de México* de Francisco Xavier Clavijero.
Fuente: John Carter Brown Library.

Aunque en septiembre de 1821 esas creencias parecían prometedoras, la realidad no se tardó en alcanzar a los criollos y los caudillos para dar al traste con sus sueños. El despertar de los libertadores

[7] *Vid*. p. e. Francisco Xavier Clavijero, *Historia antigua de México*, México, Porrúa, 1985, y *cfr*. Arturo Reynoso, *Francisco Xavier Clavijero. El aliento del Espíritu*, México, Artes de México / FCE, 2018.

fue casi pesadillesco: México no era como lo imaginaban. Si bien es cierto que el *Acta de Independencia* se había publicado con bombo y platillo, también lo era que las fronteras eran difusas y la tragedia económica estaba a la vuelta de la esquina. El país estaba en bancarrota. Los 11 años de hostilidades habían destruido una buena parte de las fuentes de riqueza, justo como lo señalaba Tadeo Ortiz en 1832: la «falta de recursos y atrasos consiguientes a la guerra destructora, aunque gloriosa por sus resultados [...], y la salida de inmensos capitales» eran un escollo difícil de sortear sin salir bastante amolados.[8] Efectivamente, la miseria ya tocaba la puerta. Y por si esto no bastara para echarle mocos al atole, el rumbo político que se debía tomar era nebuloso, y tampoco existía claridad sobre quiénes debían ser los mexicanos. La idea de ciudadanía era un asunto apenas definible y lo mexicano tenía que ser inventado.[9]

Para muchos caudillos y no pocos criollos era claro que

los españoles eran los enemigos

y debían ser expatriados a la mayor velocidad posible.[10] Ellos no podían formar parte de la nueva nación, por lo menos debían pagar con la expulsión por los crímenes perpetrados por sus antecesores, un hecho que se consumó en diciembre de 1827, cuando fueron obligados a abandonar el país después de que se publicó

---

[8] Tadeo Ortiz, *México considerado como nación independiente y libre, o sean algunas indicaciones sobre los deberes más esenciales de los mexicanos*, Burdeos, Imprenta de Carlos Lawalle Sobrino, 1832, p. 352.

[9] *Vid.* Fernando Escalante Gonzalbo, *Ciudadanos imaginarios. Memorial de los afanes y desventuras de la virtud y apología del vicio triunfante en la República Mexicana. Tratado de moral pública*, México, El Colegio de México, 1992.

[10] *Vid.* Harold D. Sims, *La expulsión de los españoles de México (1821-1828)*, México, FCE / SEP, 1985.

una ley fulminante. Las siniestras imágenes de Hernán Cortés y los sacerdotes que pueblan los murales de Diego Rivera habían nacido. El fallo de este juicio sumarísimo era inapelable y permanecería como una marca perenne. El odio contra los gachupines imaginarios aún se mantiene con cierta fuerza.

A pesar de la importancia que tuvo la discusión sobre el destino de los peninsulares, los indígenas también eran un problema que debía considerarse con mucho cuidado: la posibilidad de que se asumieran como mexicanos a carta cabal estaba muy lejos de sus intereses y sus alcances. El pueblo en el que vivían tenía un mayor significado que la idea de patria. Para que ellos pudieran formar parte de la nación era imprescindible que desaparecieran como indígenas, por esta causa —en el Congreso del Estado de México— José María Luis Mora insistía en que sólo se reconocieran las diferencias de fortuna y se borrara la palabra «indio» del lenguaje gubernamental.[11] Ellos, quisiéranlo o no, tenían que transformarse en mexicanos, en miembros de la nación que apenas se soñaba. Sus lenguas, sus costumbres y su manera de comprender al mundo debían ofrendarse en el altar a la patria y ser sacrificados con el cuchillo del nacionalismo.[12]

Con los negros la situación tampoco era sencilla: la esclavitud —a pesar de las proclamas y los bandos que publicaron algunos líderes insurgentes para liberarlos— seguía siendo una realidad a toda prueba, y el imaginario que les otorgaba los peores defectos difícilmente podía ponerse en duda.[13] Incluso la Constitución

---

[11] Carlos Montemayor, *Los pueblos indios de México. Evolución histórica de su concepto y realidad social*, México, Debolsillo, 2010, p. 67, y Laura Ibarra García, «El concepto de igualdad en México (1810-1824)», *Relaciones*, vol. 37, núm. 145, 2016.

[12] *Vid. infra* cap. IV.

[13] *Vid.* Úrsula Camba Ludlow, *Imaginarios ambiguos, realidades contradictorias. Conductas y representaciones de los negros y mulatos novohispanos, siglos XVI y*

de 1824 había dejado en blanco la línea que prohibía de manera expresa la esclavitud. Tal vez valía más no pensar en ella. Y para colmo de males, también estaba la ínfima plebe, la inmensa cantidad de miserables y léperos de color quebrado y sangre mezclada que le competían a los negros en sus malas mañas y peores costumbres.[14] Ellos, a pesar del *Acta de Independencia*, eran vistos de la misma manera como los observó la Ilustración española: los hombres sin oficio y sin ocupación que estaban muertos para el Estado.[15]

Las «malas mañas» de los negros que vivían en el país recién parido. Litografía de Claudio Linati.
Fuente: Colección particular (JLTL).

XVII, México, El Colegio de México, 2008.

[14] *Vid.* p. e. Hipólito Villarroel, *Enfermedades políticas que padece la capital de esta Nueva España en casi todos los cuerpos de que se compone y remedios que se le deben aplicar para su curación si se quiere que sea útil al rey y al público*, México, Porrúa, 1979.

[15] Jean Sarrailh, *La España ilustrada de la segunda mitad del siglo XVIII*, México, FCE, 1957, pp. 537 y ss.

El problema era difícil de resolver, pero se complicó aún más cuando la identidad se volvió un obstáculo. En 1821 los habitantes de la Nueva España podían ser muchas cosas al mismo tiempo: algunos se reconocían por su lugar de origen o por el sitio en el que vivían, otros se asumían como parte de una casta real o imaginaria, y no pocos pensaban a México como algo carente de sentido. Así pues, «no se pasó de novohispanos a mexicanos, sino de españoles, mestizos, nobles... a mexicanos»,[16] estamos ante un proceso de gran complejidad que —entre otras cosas— se resolvió gracias a

la invención de «lo mestizo»

como un mecanismo que apuntalaría el nacionalismo que daría paso la idea de la patria.

Ante una sociedad variopinta, el mestizaje se convirtió en la salida para imaginar una comunidad. Gracias a él, la gente de distintos colores podía ser mexicana. La idea de que el mestizo era un ser a medias y casi animal tenía que dejarse atrás. Sin embargo, también había que ponerse de acuerdo en quiénes eran y cómo deberían ser esos mestizos. En los años veinte del siglo XIX, gracias a una innovación tecnológica que convivió con las primeras huellas del romanticismo y los incipientes nacionalismos europeos, los tipos mexicanos comenzaron a mostrar el deber ser de los habitantes de la nación recién parida. Las acuarelas y las litografías de Claudio Linati[17] —al igual que los *Trajes civiles y militares y de los pobladores de México entre 1810 y 1827* de Theubet de

---

[16] Tomás Pérez Vejo y Marta Yolanda Quezada, *De novohispanos a mexicanos: retratos e identidad colectiva en una sociedad en transición*, México, INAH, 2009, p. 11.

[17] *Vid.* p. e. Claudio Linati, *Trajes civiles, militares y religiosos de México (1828)*, México, Imprenta Universitaria, 1956.

Beauchamp—[18] quizá son algunas de las primeras muestras de esta creación que miraba en el pueblo a una serie de personajes supuestamente irrepetibles y que revelaban la verdadera alma de los mexicanos. El lépero, el cargador, el vendedor ambulante, la tortillera, los amantes montados en su caballo, el evangelista, el pulquero y muchos más eran la prueba fehaciente de que los habitantes del nuevo país eran únicos en el planeta. Ellos ya no estaban separados por la sangre, sino por los oficios que tenían.

Algunos de los integrantes del pueblo mexicano, muy orondos, mostraban sus características para revelar el «deber ser» de los habitantes de la nación recién parida. Litografías de Claudio Linati.

Fuente: Colección particular (JLTL).

El pueblo mestizo comenzaba a inventarse, y a las señas de identidad dibujadas e impresas por Linati y Beauchamp pronto

[18] *Vid.* p. e. Sonia Lombardo de Ruiz, *Trajes y vistas de México en la mirada de Theubert de Beauchamp*, Barcelona, INAH / Conaculta, 2010.

se sumaron algunas más. En todas las imágenes de los tipos mexicanos era claro que su pobreza siempre era festiva y digna de las vecindades donde la cuatitud y el relajo eran una realidad innegable.[19] Y si no vivían en las ciudades, eran los moradores de un campo casi idílico, aunque en ciertos casos también rimaba a la perfección con su rostro condenado a ser hierático a causa de los magueyes y los cactus que revelaban la falta de aguas.

Su valor —a pesar de las incesantes derrotas militares frente a los tejanos, los gringos y los franceses— también estaba más allá de la duda y, por supuesto, daba paso a la burla a la muerte que se complementaba con un lenguaje que jamás podría ser igualado. Los *nadien* y los *juistes* —junto con el idioma esdrújulo y los verbos inexorablemente terminados con una «s» que chilla en las orejas— eran motivo de gozo y retozo en los diálogos populares que se publicaban en la prensa o se recogían en los libros que trataban de apuntalar el nacionalismo. Estamos ante una serie de hechos que claramente se muestran en una de las litografías de Carl Nebel, donde un lépero, poseído por un nacionalismo a toda prueba y recién salido de una vinatería, se prepara para sorrajarle una pedrada al general Scott y sus tropas el día que los gringos entraron a la Ciudad de México. Poco importa que esa litografía fuera creada después de los hechos y que, en vez de mostrar lo que realmente

---

[19] Estoy seguro de que existe una línea genealógica que une a la plebe y los léperos con una buena parte de los personajes que revelan las características de los mestizos mexicanos: los payos, Cantinflas, Pepe el Toro, los Burrón y los seudonaquetes que inexorablemente aparecen en los programas de televisión forman parte de esta tradición bifronte, pues si bien es cierto que muy pocos mestizos quieren ser nacos, también lo es que lo naco les resulta bastante chido y capaz de despertarles las ganas de imitarlos y seguir sus pasos.

ocurrió, se contentara con seguir las exigencias de su editor y del texto que la acompañaba.[20]

Si las piedras litográficas estaban listas para mostrar a los seres que no se separaban por la sangre sino por sus oficios —salvo la china que únicamente tenía la obligación de ser ella misma—, ya sólo hacían falta los escritores que les dieran cuerpo y alma a las imágenes del pueblo. A partir de los años cuarenta del siglo XIX —bajo el claro influjo del romanticismo, y tal vez bajo la sombra de Herder— comenzó a plantearse la existencia de una nación que se sustentaba en la raza mestiza, la lengua española y la cultura mexicana.

Las señas de identidad que se creaban en los tórculos y las imprentas se convirtieron en una de las marcas más profundas y persistentes de México. La publicación de *Los mexicanos pintados por sí mismos*[21] —un libro que seguía los pasos de los que se editaron en Inglaterra, Francia y España con títulos casi idénticos— y de los muchísimos cuadros de costumbres, afianzaban la idea de lo mestizo como una cualidad indiscutible de la comunidad imaginada. Las páginas de Guillermo Prieto, Manuel Payno e Ignacio Manuel Altamirano —por sólo mencionar algunas de las más notorias— eran algunos de los mayores esfuerzos que se hacían para inventar a los mexicanos que llenarían de orgullo a su patria. Incluso a lo largo del siglo XIX la certeza de que existía ese país imaginado comenzó a filtrarse en las palabras de los viajeros que llegaban a él para presagiar el surgimiento de la

---

[20] Luis Fernando Granados, «Poco ruido y muchas nueces. Dos repúblicas y un imperio a mediados del siglo XIX», en Juan Ortiz Escamilla (coord.), *Guerra*, México, Secretaría de Cultura, 2018, p. 105.

[21] Juan de Dios Arias *et al.*, *Los mexicanos pintados por sí mismos. Tipos y costumbres nacionales*, México, Imprenta de M. Murguía y Compañía, 1854.

Atlántida Morena. Sus ojos veían lo mismo que los litógrafos, los grabadores y los escritores.

El pueblo mestizo había nacido y pronto se convirtió en

una realidad indiscutible;

sin embargo, aún quedaban algunos problemitas por resolver. Para sobrevivir, la mestizofilia tenía que transformarse en una ideología excluyente, en una intolerancia que no sólo se dirigiría en contra de los extranjeros, sino también hacia los mexicanos que no fueran mestizos.[22] Sin una homogeneidad racial y de lengua,[23] la idea de nación perdería su sentido; por fortuna, el liberalismo y el nacionalismo —tan caros a los marmóreos héroes de la reforma y la república— también dieron una respuesta a este problema: si la naturaleza había creado a los hombres iguales, los que notoriamente eran distintos no eran humanos o, en el mejor de los casos, estaban en vías de serlo, justo como sucedía con los indígenas que debían ser desindigenizados o con los fuereños que ponían en peligro el porvenir de la raza.[24]

Por si lo anterior no bastara, también permanecían firmes

los enemigos reales e imaginarios,

y los descendientes de aquellos que se habían atrevido a mancillar a la patria con sus invasiones. Los extranjeros eran sospe-

---

[22] Pablo Yankelevich, «Nación y extranjería en el México revolucionario», *Cuicuilco*, vol. 11, núm. 31, 2004.

[23] En este caso obviamente me refiero a las lenguas indígenas que se mostraban como un problema para la absoluta mexicanización de sus hablantes.

[24] Jane Collier, «Liberalismo y racismo: dos caras de una misma moneda», *Dimensión Antropológica*, año 6, vol. 15, 1999.

chosos. No por casualidad en las discusiones que dieron paso a la Constitución de 1824 ellos se mostraban como seres que obligaban a la suspicacia y el recelo. De alguna manera el país debía protegerse de los fuereños, por eso —desde 1836— se otorgó al Poder Ejecutivo la facultad de expulsarlos de manera sumarísima y sin derecho de apelar a las autoridades. El brutal contenido del artículo 33 había sido creado y se mantendría como una espada de Damocles que protegía a la patria de los masiosares, de los extraños enemigos que la acechaban desde más allá de sus fronteras.

La mayoría de los fuereños no podía ser gente de confianza: las amenazas de sus armadas y sus ejércitos, su nociva influencia política —que en más de una ocasión dio paso a la expulsión de los representantes de otros países— y sus actividades empresariales que desbancaban a los mexicanos justificaban esa medida. La idea de «México para los mexicanos» nacía después de duras lecciones y poderosos imaginarios.

A pesar de esto, durante el siglo XIX también se delinearon las primeras cualidades de las personas que podían aspirar a la nacionalidad mexicana: hombres blancos, trabajadores y colonizadores que estarían dispuestos a vivir en las regiones más alejadas e inhóspitas, y que —además— debían ser buenos católicos y estar dispuestos a jugarse la vida por el país que los recibía. Estos seres sí valían la pena y, con tantita suerte, le perderían el asquito a las pieles morenas y se aparearían con las indígenas que cumplirían con el deber patriótico de mejorar la raza.[25] Todos lo sabemos: los niños güeritos y mestizos siempre son más monos que los chamacos prietos y de pelos parados.

[25] *Vid. infra*, caps. III y IV.

Con cierta timidez, el gobierno mexicano les abría la puerta a los extranjeros, pero su invitación apenas fue escuchada: los otros destinos —como sucedió en el caso de Estados Unidos— eran imanes mucho más poderosos, y a esto se sumaban las rebuscadísimas interpretaciones de la ley y los sobrados caprichos de la burocracia que terminaron por hundir los sueños de muchos fuereños que trataron de establecerse en el país.[26]

En Estados Unidos, tras las actas de exclusión, los chinos se volvieron inadmisibles. Por esta razón, su destino cambió a México, pues desde aquí podrían internarse en la tierra de la gran promesa.
Fuente: Colección particular (JLTL).

No sería sino hasta la consolidación del gobierno de Porfirio Díaz —y la publicación de las actas que hacían inadmisibles a muchos extranjeros en Estados Unidos— cuando ellos hicieron

[26] Erika Pani, *Para pertenecer a la gran familia mexicana: procesos de naturalización en el siglo XIX*, México, El Colegio de México, 2015.

notar su presencia de una manera más que evidente: entre 1895 y 1910 su número se duplicó para ratificar la desconfianza y el odio que se contenían en el apotegma de «México para los mexicanos». Aunque vinieran en son de paz, esos fuereños eran peligrosos.

En tiempos de don Porfirio,

la llegada de los extraños

—si bien estaba marcada por los empresarios, los gerentes y algunos trabajadores especializados— no convenció a los mexicanos por completo, junto con esa minoría industriosa también llegaron los extranjeros que amenazaban con corromper, degenerar y envilecer a la raza mexicana: los chinos, los judíos, los gitanos, unos cuantos negros y otros seres degenerados aparecieron para horrorizar a los patriotas finiseculares. En esos momentos era imposible dudar que los hombres rechazados por las políticas migratorias estadounidenses venían a dar a México. Ellos eran las sobras de la mesa, la nueva representación del viejo tráfico de esclavos que ahora utilizaba el sistema de los enganches, los cuales cubrían los costos de la transportación y la comida durante el viaje, y que debían ser pagados por los migrantes cuando empezaran a trabajar en los lugares a los que estaban destinados.

Si bien es cierto que las ansias de reconciliarse con los enemigos estaban más que presentes y se mostraban a todo lo que daban en las fiestas del centenario de la independencia,

la xenofobia también se soltaba la rienda

a la menor provocación. La patria estaba en peligro y la idea de «México para los mexicanos» era notoria en los opositores al régimen y en más de uno de sus aliados. *El Hijo del Ahuizote* —uno de los periódicos adversos a don Porfirio— no dudaba en mostrar su odio a los extranjeros en el apotegma que se oponía a la conquista pacífica de los empresarios que estaban coludidos con los científicos. Según el cabezal de *El Hijo del Ahuizote*, México sólo podía ser para los mexicanos.

Además de esto, durante los debates que ocurrieron en la prensa a raíz del caso Dreyfus, surgió un antisemitismo que no requería de los judíos para mostrar su odio.[27] Para los católicos y los conservadores a ultranza era claro que el judaísmo de Dreyfus tenía un correlato en el país: los extranjerizantes, los fieles de las religiones abominables, los que no tenían patria y le abrían la puerta a la conquista pacífica —al igual que los que estaban obnubilados con todo lo que llegaba de otros países—, eran los enemigos del nacionalismo que menguaba por el peso de los capitales foráneos, la pérdida de la fe verdadera, la degeneración de las costumbres y la depravación de la raza mestiza. En efecto: «el antisemitismo mexicano de principios del

---

[27] Aunque la idea de un antisemitismo sin judíos puede parecer extraña, se vuelve clara cuando asumimos que, desde finales del siglo XIX, los practicantes de esta religión se convirtieron en un sinónimo del dominio del capitalismo, y en el símbolo que revelaba las conjuras y las siniestras alianzas que estaban dispuestas a apoderarse de los países sin necesidad de emprender acciones militares. Asimismo, se asumía que los judíos estaban dispuestos a unirse con los traidores de las naciones, con los hombres que estaban dispuestos a vender la independencia y la religión con tal de llenarse los bolsillos. Así pues, si los *científicos* estaban coludidos con el capital internacional, ellos podían ser vistos desde esta perspectiva y, en muy poco tiempo, fueron mirados como una suerte de judíos, pues ellos eran los culpables de la «conquista pacífica» de México por parte de los capitales extranjeros. *Vid*. Moishe Postone y Eric Santer (coords.), «The Holocaust and the Trajectory of the Twentieth Century», en *Catastrophe and Meaning: The Holocaust in the Twentieth Century*, Chicago, University of Chicago Press, 2003.

siglo XX ayudó a dar forma a una modalidad de nacionalismo revolucionario dependiente, hipermasculino y autoritario».[28]

Las ideas de «México para los mexicanos» y del antisemitismo sin judíos no marchaban solas: en la vida cotidiana de los mestizos la xenofobia también se hacía presente. Para muestra bastan un par de botones: las fiestas que celebraban el inicio de la guerra de independencia casi siempre incluían insultos y ataques a los comercios de los españoles,[29] y a esta revancha se sumaban las visiones bifrontes que se tenían sobre otros países. Francia, sin duda alguna, era la cuna de la revolución gloriosa,[30] pero también era la patria de los invasores y los soldados que habían apoyado a la intervención y al imperio de Maximiliano; por su parte, los gringos eran los ladrones que se habían robado la mitad del país y, además, eran los padres espirituales del federalismo que tanto entusiasmaba a los liberales, los republicanos y los caudillos que deseaban conservar el poder en sus regiones. El nacionalismo mexicano era idéntico a Jano: un ser con dos rostros que vivía tenso entre lo español y lo indio, entre lo liberal y lo conservador, entre el caudillaje y la democracia, entre el amor y el odio

---

[28] Claudio Lomnitz, *El antisemitismo y la ideología de la Revolución Mexicana*, México, FCE, 2010, pp. 11-12.

[29] *Vid.* p. e. William Beezley, *Judas en el Jockey Club*, México, El Colegio de San Luis / CIESAS, 2010, y Rodrigo Moreno Elizondo, *El nacimiento de la tragedia. Criminalidad, desorden público y protesta popular en las fiestas de independencia. Ciudad de México: 1887-1900*, México, Instituto de Investigaciones Dr. José María Luis Mora / Consejo Nacional de Ciencia y Tecnología, 2015.

[30] Una manera, por lo menos simpática y bastante ociosa, de valorar el impacto que tuvo la revolución de 1789 en el imaginario de los insurgentes y los caudillos decimonónicos es revisar las fichas biográficas de los distintos tomos del *Diccionario Porrúa de historia, geografía y biografía de México* (originalmente dirigido por Ángel María Garibay Kintana y coordinado por Felipe Texidor), donde el año más popular para el nacimiento de esos personajes es 1789.

a la Iglesia, entre la fascinación y la furia contra España, Francia y Estados Unidos.[31]

A comienzos del siglo XX las hostilidades en contra de los no humanos y los enemigos imaginarios ya eran más que posibles y estaban plenamente justificadas, pero éstas se transformarían en un hecho mucho más poderoso y sangriento cuando se inició

la fiesta de las balas,

que se nutrió de la xenofobia, y que sin grandes problemas dio paso al genocidio.[32]

Durante la gran rebelión el odio a los no humanos y a los que merecían la muerte por las afrentas del pasado eran asuntos casi frecuentes. Entre 1910 y 1919 el 1.27% de los extranjeros que vivían en México fue asesinado, y —en números absolutos— los primeros lugares en el camposanto les correspondieron a los gringos, los chinos y los españoles.[33]

Para nadie es un secreto que, a pesar de su buena prensa, algunos de los caudillos de los alzados destacaron en sus labores homicidas. Pancho Villa y Pablo González se distinguieron por su odio a los españoles: los fusilamientos y los saqueos a sus negocios se

[31] *Vid.* Edumundo O'Gorman, *México. El trauma de su historia. Ducit amor patriae*, México, Conaculta, 2002.

[32] La idea de genocidio merece ser explicada, pues —por regla general— se asocia a miles o millones de muertes. Sin embargo, para efecto de estas páginas utilizo la definición del Convenio de 1948 sobre la prevención y castigo del crimen de genocidio: cualquier acto cometido «con la intención de destruir, en todo o en parte, a un grupo nacional, étnico racial o religioso» (*vid.* Roy Gutman y David Rieff [dirs.], *Crímenes de guerra. Lo que debemos saber*, Barcelona, Debate, 2003, pp. 212 y ss.).

[33] Moisés González Navarro, «Xenofobia y xenofilia en la revolución mexicana», *Historia Mexicana*, vol. 18, núm. 4, 1969.

mostraban como un nuevo y violento capítulo de la tradición antigachupina que se había iniciado tras la expulsión que siguió a la independencia. Con los chinos, Villa también ocupó un lugar muy importante, aunque la gran matanza de aquellos años —la ocurrida en Torreón en 1911, en la que fueron ultimados cerca de 300— no corrió por su cuenta. A él le bastaba con el asesinato por goteo, con las muertes que poco a poco se irían sumando hasta dar una cifra abultada. Pero el Centauro no se conformaba con cargarse a los españoles y a los chinos, los judíos —como se lee en su *Manifiesto de Agua Prieta*— también merecían pararse delante del pelotón: la ruina de su enemigo Carranza —al igual que su anhelada derrota y su desprestigio— sólo podía explicarse debido a su alianza con «los científicos y los judíos», y la «aceptación del protectorado *yankee*».[34] Según don Pancho, Carranza era un vendepatrias, alguien que ponía en riesgo el futuro de la raza mestiza.

En aquellos momentos, la certeza del «México para los mexicanos» ya era parte del arsenal de todos los bandos que se mataban con singular alegría, aunque esta idea se comprendía de distintas maneras: mientras que para los revolucionarios y los revolucionados era mecanismo que permitía anular los privilegios y cobrarse las cuentas pendientes, para el régimen de Victoriano Huerta era una manera de enfrentarse a la invasión estadounidense, la cual —junto con la derrota de sus tropas en Zacatecas— marcaba el punto de quiebre de su existencia. Según los periódicos de la capital, que por supuesto no querían tener broncas con don Victoriano, la «inicua invasión yanqui» ponía «de relieve todo el

---

[34] Francisco Villa, «Manifiesto de Agua Prieta», 5 de noviembre de 1915. *Apud* Claudio Lomnitz, *op. cit.*, p. 74.

civismo del pueblo mexicano»[35] y, para que su apoyo no tuviera ninguna mácula, sus redactores también le apostaban muy fuerte a la unidad: «La nación entera se ha levantado como un solo hombre y llena de ardimiento [sic] se apresta a combatir al invasor».[36]

Sin embargo, cuando los sonorenses triunfaron y sus enemigos ya bailaban con la huesuda, la necesidad de llevar a cabo la misa negra que dio paso al nuevo nacionalismo le abrió la puerta a las

dos revoluciones que trataban de crear a los mexicanos

que estarían a la altura de la gesta y los caudillos que los llevarían al paraíso. Los adversarios de «la causa» sólo podrían ser completamente derrotados mediante la revolución antropológica que impediría la degeneración racial, y a ella se sumaría una revolución cultural que se adueñaría de las conciencias para guiarlas a la senda que inexorablemente conducía al futuro promisorio.[37] Es cierto, en «la imaginería nacionalista que destrabó la revolución —dice Pablo Yankelevich—, la defensa de la mezcla racial operó como un antídoto ante la fragilidad de los vínculos sociales y culturales que debían sustentar auténticos sentimientos nacionales».[38] Por esta causa, la degeneración de la raza —por donde quiera que se le vea— era una de las enfermedades que la bola debía sanar e impedir.

---

[35] *El Imparcial*, México, 22 de abril de 1914.

[36] *Ibidem*, 23 de abril de 1914.

[37] *Vid*. José Alberto Moreno Chávez, «Quemando Santos para iluminar conciencias. Desfanatización y resistencia al proyecto cultural garridista, 1924-1935», *Estudios de Historia Moderna y Contemporánea de México*, núm. 42, 2011.

[38] Pablo Yankelevich, «Nuestra raza y las otras. A propósito de la inmigración en el México revolucionario», en Tomás Pérez Vejo y Pablo Yankelevich (coords.), *Raza y política en hispanoamérica*, México, Bonilla Artigas Editores / El Colegio de México / Iberoamericana Vervuet, 2017, p. 317.

En los años veinte del siglo pasado la revolucionaria defensa del mestizaje le soltó la rienda al racismo y la xenofobia que se nutrían de la defensa de la «pureza de la raza» y la certeza de que México sólo podía ser para los mexicanos. Contra lo que pudiera suponerse, nuestra xenofobia tenía sus propias raíces y, gracias a ellas, la construcción de esta visión del mundo no era un asunto muy difícil de resolver:

el terreno para llevar a cabo la revolución antropológica

ya estaba abonado desde los tiempos del antiguo régimen, y a ella contribuían las acciones que los alzados emprendieron para cobrarse las afrentas del pasado remoto y del presente inmediato. La xenofobia de los revolucionarios y los revolucionados no era una casualidad ni un arrebato.

La animadversión en contra de algunos extranjeros ya era clara desde los tiempos republicanos y el régimen de don Porfirio. Para muchos nacionalistas, los fuereños eran los principales causantes de la degeneración y las desgracias, por eso había que combatirlos o exterminarlos a como diera lugar. En algunos casos este odio se nutría de la discriminación que padecían los trabajadores mexicanos en las empresas de otros países, pero en otros surgía por los extraños que ponían en aprietos a los mexicanos gracias a sus acciones reales e imaginadas, o a los crímenes que supuesta o realmente habían cometido en el pasado remoto.

Los ejemplos de esta xenofobia no son escasos y pueden encontrarse en muchas poblaciones y periódicos del país. En los primeros meses de 1899 el diario guaymense *El Tráfico* alertaba a los mexicanos sobre la tragedia que provocarían las «mujeres suficientemente degeneradas que no tienen empacho en unir sus destinos a los de un chino adinerado, y algunas veces pobres y prostituidos».[39] La raza mestiza estaba en peligro de mezclarse de una manera indebida y, a causa de este hecho terrible e irreparable, la patria también estaba amenazada.

Los chinos como promotores del opio, la lepra y el juego, y que son justamente castigados por el pueblo mexicano. Grabados de José Guadalupe Posada.
Fuente: Colección particular (JLTL).

Las preocupaciones de los sonorenses no eran únicas, en la Ciudad de México también existía la certeza de que esos extranjeros eran los causantes de muchísimos males, y que por lo menos merecían la expulsión, tal como se afirmaba en un poema publicado por *El*

[39] *El Tráfico*, Guaymas, Sonora, 7 de marzo de 1899.

Diablito Rojo. En esos versos anónimos —ilustrados con un grabado de José Guadalupe Posada donde queda claro que los chinos son los portadores del opio, la lepra y el vicio del juego— se lee lo siguiente:

> ¿Por qué no se hace lo propio
> que en los Estados Unidos,
> donde no son admitidos
> estos fumadores de opio?
> Tienen de vicios acopio,
> raras costumbres, venganzas,
> tan opuestas enseñanzas
> a nuestro modo de ser
> que dan pie a temer.[40]

A primera vista, no es descabellado pensar que estas palabras —además de los hechos que las animaban— se alimentaban de las creencias de los higienistas y los sociólogos liberales, quienes estaban convencidísimos de que la degeneración física y moral tenía un fuerte vínculo con los coitos inadecuados.[41] Según ellos, los chinos, los negros, los judíos y los árabes claramente empeoraban a la «raza mestiza», mientras que los europeos y los gringos blancos la mejoraban. Estamos ante un hecho que era notorio desde mediados del siglo XIX, pues en uno de los periódicos más liberales de aquellos años se defendían a capa y espada los coitos adecuados. En un artículo intitulado «Mejoramiento de la raza humana», los redactores de *El Monitor Republicano* informaban a sus lectores que los naturalistas más chichos del mundo estaban segurísimos de que —cruzando

---

[40] «El peligro amarillo», *El Diablito Rojo*, México, 10 de agosto de 1901.
[41] *Vid. infra*, cap. III.

adecuadamente las razas— ellas podían mejorar, pues «un mulato no es tan débil como un blanco […] ni tan estúpido como un negro».[42]

En el fondo, en esta mirada existía una suerte de estética siniestra: si alguien parecía feo seguramente era degenerado y tarado, pero si era guapo y blanco podía tenerse la certeza de que su semen contribuiría al robustecimiento de la sangre y al desarrollo de la inteligencia. Algo muy parecido a lo que ocurre con la recomendación que las preocupadísimas familias aún les hacen a sus hijas cuando se ensañan con sus parejas debido a su notoria incapacidad para «mejorar la raza».

Los periódicos populares, las hojas volantes, los liberales, los sociólogos y los higienistas no eran los únicos que estaban plenamente convencidos de los peligros que acechaban a la raza mestiza. Los revoltosos —desde antes de que empezaran las balaceras de a deveras— también tenían lo suyo. En 1906 el *Programa del Partido Liberal Mexicano* exigía el punto final a la migración china, que se obligara «a todas las empresas o negociaciones a no ocupar […] sino una minoría de extranjeros», y que tampoco se permitiera que los «trabajos de la misma clase se paguen peor al mexicano».[43] La demanda de los magonistas era inflexible, pero palidecía ante

la xenofobia de los revolucionados

que desde antes de tomar las armas ya estaban dispuestos a soltarle la rienda al racismo y la muerte con tal de «entronizar al mestizo como el ícono de la nación».[44]

[42] «Mejoramiento de la especie humana», *El Monitor Republicano*, México, 11 de marzo de 1848.
[43] «Programa del Partido Liberal Mexicano», en Armando Bartra (ed.), *Regeneración, 1900-1918. La corriente más radical de la revolución de 1910 a través de su periódico de combate*, México, Era, 1972.
[44] Pablo Yankelevich, *op. cit.*, p. 315.

En 1911, cuando el olor de la pólvora aún no lo alcanzaba, Plutarco Elías Calles era secretario del Club Democrático Sonorense que luchaba por prohibir la inmigración china, por vigilar la higiene de los «marranos asiáticos» y, por supuesto, también exigía la clausura definitiva de sus desplumaderos y los fumaderos de opio.[45] La imbatible seguridad de que el tracoma, la sífilis, la lepra y los vicios marcarían a sus descendientes bastaba y sobraba para lanzarse en contra de ellos. Los chinos, por donde quiera que se les viera, eran enemigos de la patria.

Por esta razón, cuando en plena lucha ocupó la gubernatura de Sonora, no fue extraño que Calles publicara las leyes antichinas que fueron ratificadas por Adolfo de la Huerta cuando lo sucedió en el cargo, y lo mismo ocurrió cuando Rodolfo Elías Calles —el orgullo de su nepotismo— ocupó el Poder Ejecutivo de ese estado. Sin embargo, don Plutarco y sus más fieles aliados no eran los únicos sinófobos del noroeste: José Ángel Espinosa, José María Arana y Juan de Dios Bátiz —el sublime creador del Instituto Politécnico Nacional— eran, entre muchísimos otros, fieles creyentes de la pureza de la raza mestiza y la posibilidad de mejorarla con los coitos adecuados. Estamos ante una certeza que pronto fue compartida por los demás revolucionarios. La imperiosa necesidad de no quedar fuera del presupuesto —o de la foto— era una buena razón para sumarse a estas ideas.

Como ya es de suponerse, la ofensiva legal contra los extranjeros también quedó marcada en la Constitución de 1917. En una buena cantidad de sus artículos se salvaguardaba a los mexicanos de los extraños enemigos que podían profanar con sus plantas el suelo

---

[45] Moisés González Navarro, *op. cit.*

de la patria. En la nueva carta magna, el fanatismo que se postraba ante la idea de «México para los mexicanos» puede verse como un espléndido compendio de limitaciones y amenazas contra los fuereños,[46] aunque la xenofobia de los diputados constituyentes no se salvó de las críticas. En un artículo publicado en la *Revista Mexicana*, Jorge Vera Estañol sostenía que la Constitución tenía «tanta hiel y rencores, y tanta concupiscencia contra las demás clases sociales y los extranjeros, que en esa viña sólo [quedaba] lugar y jugo para la destructora cizaña» y que, por lo tanto, ese código «jamás sería capaz de dar frutos útiles».[47]

A pesar de sus fuertes voces y la negrura de sus palabras, las críticas de Vera Estañol y otros personajes cayeron en oídos sordos: las acciones legislativas contra los extranjeros se recrudecieron a partir de 1919. La breve paz que Venustiano Carranza le dio a la migración china también murió asesinada en Tlaxcalaltongo. Ese año, en la legislación laboral se instituyó la obligatoriedad de que 80% de los trabajadores de las empresas fueran mexicanos. El chiste era proteger la precaria economía de los sobrevivientes de la gran rebelión, y

---

[46] Además del famosísimo artículo 33 —cuyo espíritu se manifestó en los años treinta del siglo XIX (*vid. supra*)—, en la Constitución de 1917 existen sobradas prohibiciones y barreras. En su articulado quedaba bien claro que los extranjeros no podían ejercer el derecho de petición en materia política (artículo 8); además, su derecho a la reunión y la asociación estaba limitado (artículo 9) y lo mismo ocurría con su libertad de tránsito (artículo 11), con su capacidad para convertirse en propietarios (artículo 27) y con un régimen jurídico que anunciaba la preferencia por los mexicanos (artículo 32). *Vid.* Pablo Yankelevich, *¿Deseables o inconvenientes? Las fronteras de la extranjería en el México posrevolucionario*, México, Bonilla Artigas Editores / INAH / Iberoamericana Vervuet, 2011, p. 31.

[47] Jorge Vera Estañol, «La restauración constitucional», *Revista Mexicana. Semanario Ilustrado*, 1º de junio de 1919. *Vid.* Antonio Aguilar Rivera, «La Constitución y sus enemigos», *Nexos*, febrero de 2017.

—ya encarrerados— evitar «la degeneración de nuestra raza y establecer un valladar moralizador a la mujer mexicana».[48] Pero esta ley no era pareja: con las razas buenas, los inspectores podían hacerse de la vista gorda sin que nadie les jalara las orejas. Los italianos, por sólo mencionar un caso, siempre eran bienvenidos por ser blancos, católicos y latinos, tres cualidades que —según los alzados que se estaban bajando del cuaco— eran suficientes para que se integraran a la patria.[49] Ante tantas virtudes, su comecurismo podía quedar en suspenso sin grandes problemas, algo parecido a lo que ocurría con las misas que se celebraban en sus casas o a las colegiaturas que puntualmente cubrían en las escuelas católicas de México y el extranjero.

Desde poco antes de los años veinte del siglo pasado el nacionalismo quedó plenamente convencido de que sólo podría aceptarse en el país a los extranjeros que tenían cualidades raciales que los hicieran asimilables, y que no representaran

un peligro para la raza,

ni para la adolorida economía de los mexicanos.[50] No por casualidad el general José Siurob —quien poco tiempo después asumiría la dirección del Departamento de Salud— afirmaba que México sólo

---

[48] *Apud* José Luis Chong, *Historia general de los chinos en México. 1575-1975*, México, Turner, 2014, p. 126.

[49] Franco Savarino Roggero, «Nacionalismo en la distancia: los italianos emigrados y el fascismo en México (1922-1945)», *Pasado y Memoria. Revista de Historia Contemporánea*, núm. 9, 2012.

[50] *Vid.* Alicia Gojman Godlberg, «Ashkenazitas y sefaraditas frente a la xenofobia en los años treinta en México», en Delia Salazar Anaya (coord.), *Xenofobia y xenofilia en la historia de México. Homenaje a Moisés González Navarro*, México, Secretaría de Gobernación / Centro de Estudios Migratorios / INAH / DGE Ediciones, 2006.

debía «atraer razas más civilizadas y fuertes que no tienen los defectos que caracterizan a la nuestra».[51] Por esta razón, en 1921 se propuso una Ley de Inmigración que tenía duras prohibiciones al ingreso de fuereños por razones de salubridad y competencia con los trabajadores nacionales.[52] Cuatro años más tarde la situación se agudizó: gracias a una circular de la Secretaría de Gobernación quedó claro que la inmigración de individuos de raza negra estaba definitivamente prohibida.[53] Los mulatos y los cambujos apenas podían mirarse como una muestra terrible de la degeneración de los mestizos. Un hecho que, por lo menos en los papeles y en la *Memoria de labores de la Secretaría de Relaciones Exteriores* de 1927, quedó plenamente demostrado, pues «se ha llegado a probar científicamente [que ciertas mezclas raciales] producen una degeneración en los descendientes».[54] Y, de puritito pilón, en 1930 la Ley de Inmigración estableció criterios raciales para migrar al país: los negros y los amarillos, algunos centroeuropeos y casi todos los habitantes de Medio Oriente fueron declarados como seres incompatibles con el progreso nacional.[55]

Si la ofensiva legal contra algunos extranjeros ya era dura, cuando la crisis de 1929 golpeó a México y se inició la repatriación de los paisanos que vivían en Estados Unidos las medidas se volvieron aún más fuertes: en 1931, por sólo dar un ejemplo, en la Cámara de Diputados se analizó la posibilidad de expulsar a los judíos y los chinos del comercio para superar los problemas y

---

[51] *El Universal*, México, 22 de octubre de 1918. *Vid*. Pablo Yankelevich, *op. cit.*, p. 321.
[52] *Vid*. p. e. Judit Bokser Liwerant, «El México de los años treinta: cardenismo, inmigración judía y antisemitismo», en Delia Salazar Anaya (coord.), *op. cit.*
[53] Pablo Yankelevich, *¿Deseables…?*, p. 39.
[54] *Apud ibidem*.
[55] Pablo Yankelevich, «Nación y extranjería…»

abatir el desempleo. En 1936 las medidas ultranacionalistas volvieron a ratificarse en la Ley General de Población, la cual —entre otras cosas— prohibía a los extranjeros el ejercicio de las profesiones liberales.[56] Lázaro Cárdenas —aunque les abrió las puertas a los refugiados españoles— tampoco fue ajeno a la xenofobia del nacionalismo revolucionario. Su política de asilo era más cercana al quedabién que a una acción de justicia y humanitarismo.

La mala sangre contra los extranjeros también fue respaldada por una larga serie de circulares confidenciales que buscaban proteger la raza mexicana: en abril de 1934 la Secretaría de Gobernación hizo más larga y precisa la lista de seres indeseables y degenerados, al tiempo que calificó a los negros como «focos de prostitución, delincuencia y alcoholismo» y, por supuesto, también se ordenó que los judíos no pudieran entrar al país sin que importara su nacionalidad. Estas medidas —a pesar de todo lo que se sabía— siguieron dictándose durante la Segunda Guerra Mundial: los migrantes sólo serían aceptados en la medida de su «asimilabilidad racial y cultural […] a fin de que no constituyan factores de desequilibrio».[57]

A pesar de su importancia, la ofensiva legal no era la única arma que protegía a la raza mestiza, pues

los grupos más alebrestados

también comenzaron a organizarse para darles matarile a los extranjeros.

Desde antes de la revolución en muchos lugares ya se habían formado ligas y comités antichinos que se fortalecieron tras la

---

[56] *Ibidem.*
[57] Pablo Yankelevich, «Nuestra raza y las otras…», pp. 329 y ss.

victoria de los sonorenses. Plutarco Elías Calles compartía sus creencias y no podía dejarlos abandonados. Los éxitos de estas organizaciones, que en su momento de mayor esplendor sobrepasaron las 200,[58] no fueron pocos: las leyes xenófobas se votaron sin oposición, y sus dirigentes —como José Ángel Espinosa— publicaron panfletos, periódicos y libros terribles —como *El ejemplo de Sonora*—[59] para señalar los peligros que se ocultaban en esos seres repugnantes. Y, por supuesto, ellos se carteaban y telegrafiaban con los mandamases para conseguir los fondos y los apoyos que necesitaban para lograr sus fines, tal como se puede observar en los abultados expedientes de la campaña antichina que, por ejemplo, se conservan en el fondo Obregón-Calles del Archivo General de la Nación. Salvar la raza y matar a los degenerados requería algunas inversiones que necesitaban el apoyo de los fondos públicos.

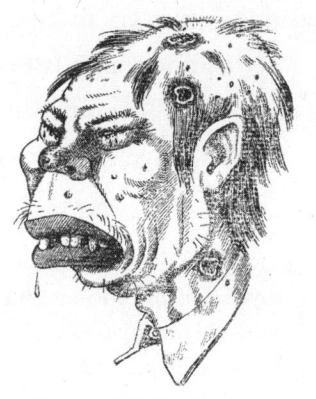

Un ejemplo de uno de los «repugnantes chinos» que amenazaban la pureza de la «raza mestiza».
Ilustración del libro de José Ángel Espinosa *El ejemplo de Sonora* (1932).
Fuente: Colección particular (JLTL).

[58] Esta cifra proviene de Catalina Velázquez Morales, *Los inmigrantes chinos en Baja California, 1920-1937*, Mexicali, Universidad Autónoma de Baja California, 2001.
[59] José Ángel Espinosa, *El ejemplo de Sonora*, México, s. p. i., 1932.

Estas primeras organizaciones no fueron las únicas que le apostaron a la xenofobia y al mejoramiento de la raza: la ciencia también se puso del lado del nacionalismo revolucionario. En 1931 se fundó la Sociedad Eugénica Mexicana que velaría por mantener la pureza de los mestizos y trataría de impedir los coitos y las prácticas que los degeneraban.[60] Desde el punto de vista de los eugenistas, a los extranjeros indeseables —los chinos, los judíos, los gitanos y los negros, por sólo volver a enlistar a los más mentados— debían sumarse los depravados nacionales, como los alcohólicos, los sifilíticos, los tuberculosos, los opiómanos y los imbéciles de distintas calañas. Y, además, debía transformarse el físico de los habitantes del país gracias a los deportes y una serie de requisitos sanitarios para contraer matrimonio y garantizar la salud de los niños mestizos que por fin estarían a la altura de la revolución triunfante.[61]

El fin de la Sociedad Eugénica era absolutamente claro y, a pesar de todo lo que había ocurrido durante la Segunda Guerra Mundial, se mantenía incólume en 1946, pues sus integrantes aún buscaban «procurar que, en las generaciones por venir, la cruza del

---

[60] Un ejemplo de las actitudes eugénicas de los diputados constituyentes que estaban reunidos en Querétaro es lo que sucedió en la 16ª Reunión Ordinaria en la que se discutió el contenido del artículo 4º de la carta magna. Más de uno de los legisladores estaba dispuesto a prohibir las bebidas alcohólicas y la prostitución, pues estos vicios sólo contribuían a la degeneración de los mexicanos.

[61] Es importante señalar que, aunque la Sociedad Eugénica tuvo cierto peso, el gran paso para el mejoramiento anatómico de la raza corrió por cuenta del gobierno, pues desde los años veinte el deporte y la educación física se convirtieron en un mecanismo para crear un mexicano a la altura de la revolución, y a esto —sin duda alguna— se sumaron las campañas de vacunación, los exámenes prenupciales y muchas otras medidas que salvaguardaban a los mestizos de sus amenazas. En este capítulo no me ocuparé de estos asuntos, pues los desarrollaré más adelante. *Vid. infra*, cap. III.

mestizo [sólo ocurriera] con aquellos elementos raciales que tengan con él mejor afinidad, principalmente de origen europeo y de raza hispánica».[62] Para los médicos mexicanos, las lecciones del Holocausto no tenían ningún valor con tal de salvar a la raza mestiza.

El espaldarazo de la ciencia que seguía los dictados de los higienistas y los liberales del siglo XIX y del antiguo régimen era importante, pero a él se sumaron

los fieles integrantes del partido oficial y las organizaciones xenófobas

que estaban dispuestas a casi todo con tal de salvar a los mexicanos de las amenazas extranjeras. La fundación de la Liga Nacional Antichina y Antijudía —constituida en 1930— tenía fines precisos: «Contrarrestar la acción un tanto cruel y sangrante que han venido desarrollando los elementos extrangeros [sic] radicados en este país, especialmente los judíos y los asiáticos: los primeros destruyendo nuestro comercio y casi todas las actividades económicas; los segundos destruyendo nuestra raza, nuestro comercio y nuestros hogares».[63]

A la Liga Nacional Antichina y Antijudía pronto se sumaron otras organizaciones, como la Acción Revolucionaria Mexicana que —en 1933— buscaba exterminar a los comunistas, a los chinos, a los judíos y a toda clase de extranjeros indeseables con tal de salvar la pureza de la patria.[64] Estos personajes, vestidos con camisas

[62] Antonio Alonso. «La selección humana eugenésica y el futuro de México», *Eugenesia. Higiene y Cultura Física para el Mejoramiento de la Raza*, t. VIII, núm. 73, 1946. *Vid.* también Beatriz Urías Horcasitas, *Historias secretas del racismo en México (1920-1950)*, México, Tusquets, 2007.

[63] *Apud* Judit Bokser Liwerant, *op. cit.*

[64] *Vid.* Alicia Gojman de Backal, *Camisas, escudos y desfiles militares. Los Dorados y el antisemitismo en México (1934-1940)*, México, FCE / UNAM, 2000.

doradas, pantalones negros, sombreros vaqueros y un escudo tricolor en el pecho, no sólo obligan a recordar a los camisas negras y los camisas pardas con sus ropas que lindaban con lo payo, sus mensajes también parecían provenir del fascismo y el nazismo. Justo como se lee en uno de sus manifiestos: «Sangre judía, sangre judía y cada día más sangre judía debe fluir si deseamos salvar a nuestra patria amada, por esta razón deben llevarse a cabo campañas de exterminio contra los 30 000 judíos de México».[65] Sus palabras espantan, pero la verdad es que no llegaron todo lo lejos que querían. Cuando se pasaron de riatas, el supremo gobierno los extinguió sin grandes problemas.

Estos émulos de los fascistas y los nazis no fueron los únicos: en Sonora los Guardias Verdes —que eran apoyados por el gobierno estatal, y que según algunos despistados merecieron un vals de Rodolfo Compodónico—[66] también perpetraron muchas acciones contra los chinos que amenazaban a la raza mexicana. Ellos, a diferencia de los camisas doradas, sí le entraron a la acción directa y se enfrentaron de a deveras con los degenerados.

Incluso los más conspicuos integrantes del Partido Nacional Revolucionario se apersonaron con el entonces secretario de Gobernación para que, a como diera lugar, resolviera el problema

[65] *Apud* Juan Alberto Cedillo, *Los nazis en México*, México, Debate, 2007, pp. 70-71. *Vid.* Ricardo Pérez Montfort, «Los camisas doradas», *Secuencia*, núm. 4, enero-abril de 1986.

[66] Todo parece indicar que el vals «Club Verde» fue compuesto por Rodolfo Campodónico cerca de 1901 como una muestra de apoyo a los opositores del régimen, en concreto en honor del Club García Morales. Se cuenta que, durante los tiempos de Díaz, estaba prohibido tocarlo, chiflarlo o tararearlo so pena de ir a dar a la cárcel. Por si esto no bastara para alejar al vals de los xenófobos, existe un hecho adicional: Campodónico murió en Estados Unidos al comienzo de la campaña antichina y lejos estaba de poder sumarse a ella. Sin embargo, según varios sonorenses, esta pieza fue adoptada por los Guardias Verdes como una suerte de himno, pues era un recuerdo del patriotismo y el nacionalismo que animaban a los oponentes del antiguo régimen.

de la inmigración de extranjeros indeseables. El simple hecho de que los meros meros del partido oficial llevaran a cabo esta reunión y tuvieran esa exigencia muestra que la política del gobierno estaba dispuesta a exacerbar la xenofobia.[67] Ningún político mexicano en su sano juicio le llevaría la contra a los mandamases de una manera abierta y frontal, ese camino sólo podían seguirlo los alzados que se seguramente toparían con la guadaña o, si la suerte les sonreía, con los cañonazos de 50 000 pesos que los dejaban sosiegos.

Estas pasiones no se terminaron tras la Segunda Guerra Mundial, sin grandes problemas se convirtieron en parte de la xenofobia y el antisemitismo mexicano, y se ganaron la caricia de la imprenta hasta muy entrado el siglo XX, tal como ocurrió con uno de los libros más virulentos contra los judíos que se han publicado en México: la *Derrota mundial* de Salvador Borrego, el cual fue dado a la imprenta en los años cincuenta del siglo pasado y que logró reeditarse en más de media centena de ocasiones. Y lo mismo podría decirse de la hagiografía que el mismo Borrego escribió con un título que, de no ser por lo cursi, sería escalofriante: *Pintor, poeta y Führer*.

Los nazis y los neonazis también tenían carta de ciudadanía en nuestro país gracias al nacionalismo que aún se nutría del antisemitismo porfirista, de los anhelos de «México para los mexicanos» y, por supuesto, del odio histórico a los gringos que se habían robado nuestro territorio y nos contaminaban con su presencia. Desde los años treinta los gabachos se convirtieron en un notorísimo peligro para la integridad cultural y las sacrosantas tradiciones de nuestro país, los augurios del enfrentamiento del jalogüín contra el Día de Muertos ya comenzaban a asomarse y, si alguien lo duda, va un poema que lo demuestra:

---

[67] Pablo Yankelevich, *¿Deseables…?*, p. 45.

Si astedes queren, mis cuates,
darse un leve chamuscón
con las conquistas que el gringo
ha hechio en nuestra nación,
vayan a darse una güelta por Madero
y allí pónganse dialtiro abusados
por si acaso pueden oir
cuatro palabras siquiera
dichas en güen español...
Pa dicir sí, dicen «yes»
pa dicir no, dicen «nou»;
y cuando van a... ciertas partes
dizque van al «guarterclos».[68]

La ofensiva legal y las organizaciones que estaban decididas a llevar a cabo la revolución antropológica no sólo eran un asunto de leyes, papeles, marchas, comités xenófobos, declaraciones tremendistas y poemas que trataban de salvar a las tradiciones en peligro; la siniestra pureza de la raza mestiza también reclamó una serie de acciones terribles en contra de muchos extranjeros, aunque en

el caso de los chinos y los judíos

ellas mostraron toda su virulencia.

Todo parece indicar que entre 1895 y 1910 llegó a nuestro país el mayor flujo de chinos.[69] Algunas de las cifras más bajas

---

[68] *Apud* Ricardo Pérez Montfort, «Indigenismo, hispanismo y panamericanismo en la cultura popular mexicana de 1920 a 1940», en Roberto Blancarte (comp.), *Cultura e identidad nacional*, México, Conaculta / FCE, 2015, pp. 574-575.

[69] José Luis Chong, *op. cit.*, p. 111. *Vid.* también Humberto Monteón Gon-

de esta migración que han podido reconstruirse revelan que de 1875 a 1899 llegaron 214 chinos, y que entre 1900 y 1910 arribaron 3 442.[70] En aquellos momentos su destino casi era preciso: la gran mayoría desembarcó en la costa del noroeste. Ahí eran esperados para transformarse en los brazos que reclamaban los empresarios mestizos que aún se enfrentaban a la guerra contra los yaquis y la «abyecta raza» de los seris.[71] No por casualidad, los periódicos de esos días calificaban a «los mongoles» (resic) como «las hormigas de la familia humana».[72] La falta de trabajadores era una buena razón para recibirlos con los brazos abiertos. Y si a esto se agregaban los enganches que cargaban en sus espaldas, eran aún mejores: sus sueldos serían mucho más bajos que los de cualquier mestizo o de los indios que se quisieran pasar de lanzas.

Tantas bondades tenían, que en el *Diario Oficial* llegó a afirmarse lo siguiente: «Los chinos se distinguen sobre todo por su inteligencia [...] [porque] son sumisos y tranquilos [...] [y] para la mecánica son muy aptos y tienen especial predilección por los ferrocarriles

---

zález y José Luis Trueba Lara, *Chinos y antichinos en México. Documentos para su estudio*, Guadalajara, Gobierno del Estado de Jalisco, 1988.

[70] María Elena Ota Mishima, «Las migraciones asiáticas en Mexico», en *El poblamiento de México. Una visión historicodemográfica. Mexico en el siglo XIX*, México, Secretaría de Gobernación / Consejo Nacional de Población, México, 1993. Es importante señalar que estas cifras son oficiales y que, por lo tanto, no muestran el tamaño de la inmigración que se llevó a cabo por abajo de cuerdas. La estimación de esta última es muy difícil y no tengo la certeza de que pueda estimarse con precisión. Otras fuentes señalan, por ejemplo, que entre 1884 y 1891 llegaron a los puertos mexicanos 4 108 chinos; que entre 1892 y 1899 arribaron 4 032 y entre 1900 y 1907 la cifra se incrementó a 18 922.

[71] Sobre la abyección de los seris y los yaquis puede verse Federico García y Alba (dir.), *México y sus progresos. Álbum directorio del Estado de Sonora*, Hermosillo, Imprenta Oficial, 1905-1907. *Vid. infra*, cap. IV.

[72] *El Tráfico*, Guaymas, 8 de febrero de 1899.

[...]. Y además, por tres o cuatro pesos al mes trabaja el chino en la construcción de cualquier camino o edificio».[73] Incluso, según algunos autores de aquellos tiempos —como don Pancho Bulnes—[74] era perfectamente claro que los chinos eran absolutamente cobardes, y no habría que tenerles tanto miedo como a los gringos y los franceses. Tres patadas y dos linchamientos serían suficientes para ponerlos en su lugar. Pero no todos los coletudos venían con estas intenciones, muchos sólo llegaban con el fin de que los polleros los llevaran al otro lado de la frontera debido a las actas de exclusión que prohibían su ingreso a Estados Unidos.

Poco a poco los chinos comenzaron a pagar sus enganches y se convirtieron en algo distinto de lo que se esperaba de ellos: muchos se volvieron comerciantes, otros se dedicaron a la agricultura, y tampoco faltaban los sastres, los zapateros, los vendedores ambulantes y los tintoreros que, con tal de ahorrarse unos centavos, convirtieron a sus pequeños negocios[75] en sus lugares de residencia.[76] Ellos lentamente se transformaron en los protagonistas de una doble competencia para los mestizos: en los empleos los desplazaban por los

[73] *Diario Oficial*, México, 18 de octubre de 1871. *Apud* Flora Botton Beja, «La persecución de los chinos en México», *Estudios de Asia y África*, vol. XLIII, núm. 2, 2008.

[74] *Vid.* p. e. Francisco Bulnes, *Juárez y las revoluciones de Ayutla y de reforma*, México, Antigua Imprenta de Murguía, 1905.

[75] En promedio, los negocios de los chinos tenían un capital de 2 644 pesos, mientras que el de otros grupos étnicos era de 6 482, un hecho que obliga a asumir que —por regla general— los orientales no eran dueños de grandes empresas y que su competencia principal eran los pequeños negocios de los mestizos. *Vid.* Diego L. Chou, *Los chinos en hispanoamérica*, San José, Facultad Latinoamericana de Ciencias Sociales, 2002, p. 18.

[76] Según Evelyn Hu-DeHart, en 1919 las ocupaciones de los chinos en Sonora eran las siguientes: comerciantes (74.49%), peones (13.32%), agricultores (3.6%), mineros (3.4%) y otros (4.7%). *Vid.* «Coolies, Shopkeepers, Pioneers: The Chinese of Mexico and Peru (1849-1930)», *Amerasia*, núm. 15, 1989.

bajos salarios, y en los oficios y el comercio debido a sus precios. «Las hormigas de la familia humana» ya eran una amenaza y había que exterminarlas: la matanza de Torreón y los ataques que sufrieron en Chihuahua, Zacatecas, Sonora, Sinaloa, Durango, Tamaulipas y Chiapas —por sólo mencionar los estados donde ocurrieron los asesinatos y las vejaciones más sonadas— auguraban el inicio de una campaña terrible.[77] La gran rebelión y el nacionalismo exigían su cuota de sangre para salvar al pueblo elegido.

Estas acciones no surgían de la nada: desde el siglo XIX y hasta los tiempos del nacionalismo revolucionario se construyó y se fortaleció un discurso que podía justificar cualquier medida en su contra. Los chinos, a como diera lugar, tenían que mutar en animales, en seres que ponían en riesgo la salud pública, en bacterias que sólo existían para infectar a los mexicanos que se atrevían a tocarlos o a cohabitar con ellos.

El 24 de octubre de 1871 la prensa de la Ciudad de México se refería a los chinos como una «langosta que por desgracia tiene en México algunos patronos»,[78] y en 1899 invitaba a «organizar una batida […] contra los zánganos del Asia que [son] la peor calamidad que nos ha podido caer encima».[79] La animalización había comenzado y podía ser exterminada sin afrontar problemas morales.

Así pues, desde los tiempos de Díaz,

ellos se convirtieron en animales,

en no humanos, en seres que sólo podían ser vistos como una plaga

---

[77] Macrina Rabadán Figueroa, «Discurso *vs.* realidad en las campañas antichinas en Sonora (1899-1932)», *Secuencia*, núm. 38, 1997.

[78] *El Siglo Diez y Nueve*, México, 24 de octubre de 1871.

[79] *El Tráfico*, Guaymas, Sonora, 6 de junio de 1899.

o como una bestia que sacaba las uñas y pelaba los colmillos para agredir a las personas que los habían recibido.[80]

La animalización de los chinos no fue el único elemento del discurso xenófobo que les negaba la posibilidad de ser vistos como hombres: sus cualidades morales y de carácter también los hacían despreciables y lejanos de lo humano. Los chinos eran supersticiosos, sucios, portadores de enfermedades terribles —como el tracoma, la sífilis y la tuberculosis— y, para terminar de adornarlos, existía la certeza de que promovían el consumo de opio, el juego y la prostitución que envilecían a los pobres mestizos que caían en sus garras. La gonorrea y los males inconfesables que se pescaban los proletarios que andaban de picos pardos, sin duda alguna era culpa de los asiáticos. Un hecho que sin duda alguna se ratificaba con su apariencia física y su lujuria insaciable. Efectivamente, los expertos en salud también les dieron armas a los perseguidores.

Detrás de aquellas palabras se agazapaba un odio que tenía causas casi precisas: los chinos habían logrado aprovechar todas las oportunidades económicas que se les habían presentado y, además, desplazaron a los trabajadores y a muchos pequeños empresarios y comerciantes. Estos odios crecían mientras el nacionalismo revolucionario hacía suya la idea de la raza para consolidar al nuevo Estado, gracias a la idolatrización del mestizo y la certeza de que México sólo era para los mexicanos. Lo local y lo nacional, las rencillas personales y las políticas gubernamentales dieron paso a una mezcla explosiva.[81]

[80] Un buen ejemplo de esta animalización de los chinos puede verse en la obra de José Ángel Espinosa antes mencionada.
[81] *Vid.* Ana Laura Ramírez Zavala, «La justificación higiénico-sanitaria en

A partir de 1924 las acciones contra los chinos se desarrollaron en todos los frentes: los matrimonios mixtos quedaron prohibidos, se les obligó a vender al menudeo todo lo que tenían almacenado en las bodegas de sus comercios, los cuales quedaron obligados a perder su cualidad de misceláneas para únicamente dedicarse a la venta de un solo tipo de productos. Además, en los momentos más álgidos de la campaña, se les obligó a cerrar muchos de sus negocios debido a que eran portadores de enfermedades o porque supuestamente prostituían a sus empleadas y, por si esto no bastara, también se crearon los barrios chinos y los Guardias Verdes comenzaron a atacarlos en nombre de la pureza racial y la protección de los negocios mexicanos. Las golpizas y las violaciones a las chineras no fueron pocas.[82] Incluso, en más de una ocasión, ellos se paraban frente a los comercios de los orientales para impedir que los sonorenses les compraran cualquier cosa. Esos animales merecían la muerte por inanición, y sus tiendas sólo podrían ser saqueadas para devolverle al pueblo lo que los chinos le habían robado.

Aunque aquellos hechos han sido mostrados en varias ocasiones, existen otros que sólo permanecen como parte de la historia oral. Hace años, cuando vivía en Sonora, varias personas me relataron acontecimientos de los que no existe ninguna huella documental: se contaba que los Guardias Verdes llegaban a los barrios chinos y que obligaban a sus habitantes a subirse a sus trocas para llevarlos al desierto, ahí eran abandonados para que el calor y la sed termina-

la campaña antichina», *Letras Históricas*, núm. 14, 2016, y Javier Treviño Rangel, «Racismo y nación: comunidades imaginadas en México», *Estudios Sociológicos*, vol. 26, núm. 78, 2008.
[82] Éste era uno de los nombres que en Sonora se daba a las mexicanas que mantenían relaciones carnales con los chinos, fueran o no sus esposas.

ran con ellos. En la zona del río Sonora también escuché que a los chinos los enterraban y sólo dejaban fuera sus cabezas y sus coletas. Esto era importante, pues los vaqueros salían a todo galope y trataban de tomarles la trenza para desnucarlos con el puro jalón, algo que ocurría con frecuencia gracias a sus capacidades como jinetes. Sean o no verdad estas historias, ellas —por lo menos— reflejan con claridad el odio que existía y que, tal vez, aún permanece.

Un ejemplo de los «horrores» que provocaba el mestizaje con chinos. Ilustración del libro de José Ángel Espinosa *El ejemplo de Sonora* (1932).
Fuente: Colección particular (JLTL).

En 1929, cuando debido a la crisis económica se robustecieron los vínculos entre la sinofobia y el nacionalismo revolucionario, la situación empeoró. El diputado Juan de Dios Bátiz —como uno de los portavoces del partido oficial— sostenía que de «una forma asquerosa y alarmante esta raza abyecta se ha introducido subrepticiamente en los estados de Sonora, Sinaloa y parte de Nayarit y de Tamaulipas, al punto que ya tenemos en algunos de estos estados hasta maestros de escuelas hijos de chinos».[83] La moneda ya no estaba en el aire, los días de estos migrantes se acercaban a su fin. A comienzos de los años treinta se decretó su expulsión, la cual —por lo menos en el discurso— se mostraba como una respuesta del gobierno a la repatriación de los mexicanos de Estados Unidos.[84] El mensaje era claro, indubitable: México sólo podía ser para los mexicanos.

La orden de expulsión fue casi inmediata: muchos chinos tuvieron que abandonar sus propiedades y huir sin más remedio que enfrentar la pobreza y perder el dinero que habían logrado reunir después de varios años de trabajo; otros malbarataron sus bienes con tal de conseguir algunos centavos por parte de los sonorenses que amasaron fortunas gracias a la xenofobia, y unos más —los que vivían y tenían mejores condiciones— sacaron su dinero de los bancos antes de poner pies en polvorosa. Estos retiros, según la versión oficial de los hechos, provocaron la quiebra de cuatro bancos en el estado, aunque también podría pensarse que esto sucedió debido a la crisis económica de 1929.

En aquellos momentos los chinos apenas tuvieron de 30 a 90 días para largarse de los lugares donde vivían, y sólo podían hacerlo si —en algunos casos— entregaban una garantía de 10 000 pesos, y juraban solemnemente «no tomar medida alguna ni a criticar al gobierno mexicano tras su salida».[85] La tentación

---

[83] *Diario de los Debates*, México, 30 de septiembre de 1930.

[84] *Vid.* p. e. Moisés González Navarro, «Efectos sociales de la crisis de 1929», en *Historia Mexicana*, vol. 19, núm. 4 (76), 1970.

[85] Diego L. Chou, *op. cit.*

de recordar las imágenes de los judíos en la Alemania nazi es grande, pero tiene que ser frenada... la mayor parte de las acciones contra los chinos ocurrió antes de que Hitler ascendiera al poder. Nuestras matanzas, en la mayoría de los casos, son lejanas del fascismo y el nazismo, pero son cercanas al nacionalismo revolucionario.

¿Cuántos chinos murieron en la larga campaña xenofóbica que se inició en tiempos de la gran rebelión y que permaneció hasta los años treinta, cuando Plutarco Elías Calles declaró que la lucha contra los orientales había sido todo un éxito? Aún más, ¿cuántos fueron asesinados por los Guardias Verdes, por los mestizos que estaban dispuestos a proteger a su raza o por los mexicanos que exigían la devolución de todo lo que supuestamente les habían arrebatado? Estos números son una incógnita, y las cifras oficiales apenas son una sombra de lo que realmente ocurrió. Los únicos recuerdos que quedan de este final son los escasos paredones que delimitaban los barrios chinos y la protesta que China presentó ante la Sociedad de las Naciones para denunciar la manera como eran tratados en México. Aunque, tal vez, a ellos se puede sumar la cantaleta de «chino chino japonés, come caca y no me des».

La duda es imposible: uno de los momentos más duros del nacionalismo revolucionario fue la campaña antichina; sin embargo, también es necesario asumir que

el antisemitismo de los alzados

se ganó su derecho de piso.

A comienzos de los años veinte se inició la mayor migración judía hacia México. En 1922, cuando Álvaro Obregón estaba urgidísimo por lograr el reconocimiento diplomático de Estados Unidos y aún no se suscribían los Tratados de Bucareli, él les garantizó a los judíos gringos que México estaba dispuesto a recibir a sus «paisanos» con los brazos abiertos. Ellos, gracias a ese gesto, tal vez se convertirían en sus aliados en sus difíciles gestiones con los políticos de Washington. Curiosamente, en este caso la oferta se cumplió casi a carta cabal: entre 1921 y 1929 llegaron a nuestro país cerca de 30 000 judíos, pero esto no ocurrió debido a las palabras del caudillo, sino a las medidas migratorias de los gringos que les cerraron las puertas.[86]

Esta comunidad —comparada con las migraciones que llegaron a otros países— no era tan numerosa[87] y, al igual que muchos de los trasterrados, sus integrantes encontraron en el comercio un primer modo de vida. De la misma manera que los chinos, ellos aprovecharon todas las oportunidades que se les presentaron, y en muy poco tiempo —además de los vendedores ambulantes y los aboneros que seguían los pasos de los libaneses—[88] ya eran visibles los judíos que tenían puestos en los mercados o eran dueños de tiendas en varios rumbos de las ciudades. La suerte, por lo menos en apariencia, parecía sonreírles. Su vida, salvo algunos incidentes aislados, casi era tranquila: los sinarquistas —abiertamente antisemitas— no pasaban de sus declaraciones xenófobas,[89] mientras

---

[86] Moisés González Navarro, *Los extranjeros en México y los mexicanos en el extranjero, 1821-1970*, México, El Colegio de México, 1994, vol. 3, pp. 133 y ss.

[87] La cifra de 30 000 migrantes judíos puede ser discutible, pues algunos autores señalan que —en 1930— esta comunidad apenas llegaba a 10 000 integrantes; una cifra muy menor si se compara con las de otros sitios a los que llegaron: en Nueva York sumaban poco más de 250 000 y en Argentina vivían cerca de 300 000.

[88] *Vid.* Carlos Martínez Assad, *Memoria de Líbano*, México, Océano, 2003.

[89] Mónica Uribe, «La ultraderecha en México: el conservadurismo moderno», *El Cotidiano*, vol. 23, núm. 149, 2008.

que la Iglesia católica seguía denunciándolos como la escoria del planeta.[90] Por su parte, el fugaz Partido Fascista Mexicano estaba mucho más preocupado por eliminar a los comunistas y a los capitalistas que a los judíos.[91] Sin embargo, cuando la crisis de 1929 llegó a su apogeo, su situación cambió por completo. Las campañas nacionalistas se opusieron a los comercios chinos y judíos, y pronto llegaron las acciones en su contra: 250 vendedores judíos fueron expulsados del mercado de La Lagunilla en la Ciudad de México con el pretexto de proteger a los mestizos,[92] y las leyes antisemitas no se tardaron nada en volverse más rudas.

El genocidio blando comenzaba: muchos judíos fueron apaleados y obligados a abandonar los negocios que jamás fueron recuperados. El pueblo mestizo —apoyado por sus gobernantes— sólo se adueñaba de lo que esos seres despreciables le habían

---

[90] Un ejemplo de estas denuncias puede leerse en la edición del 19 de mayo de 1928 de *La Civiltà Cattolica*: «intentamos en estas páginas demostrar cuánto hay que criticar a los judíos por la revolución rusa [...] del mismo modo que anteriormente en la revolución francesa [...] [ellos son los culpables de] la persecución religiosa y el combate anticristiano que es el triste producto final de todo el movimiento liberal y masón [...]. [Además], han establecido su hegemonía sobre muchos sectores de la vida pública, especialmente en la economía y la industria, así como en la alta finanza, en donde se dice que tienen un poder dictatorial. Pueden dictar leyes a Estados, tanto en materia política como financiera [...] sin temer a ningún rival [...]. Ejercen una nefasta injerencia favorecida por la famosa "Sociedad de las Naciones" [...] y son más preponderantes aun en las sectas ocultas, trabajando para completar su hegemonía mundial». *Apud* Jean Meyer, «Iglesia romana y antisemitismo (1920-1940)», *Revista Mexicana de Ciencias Políticas y Sociales*, vol. LXI, núm. 26, 2016.

[91] Javier Mac Gregor Campuzano, «Orden y justicia: el Partido Fascista Mexicano 1922-1923», *Signos Históricos*, vol. 1, núm. 1, 1999.

[92] Carlos Martínez Assad, «Contra la intolerancia, la razón», *Estudios de Historia Moderna y Contemporánea de México*, vol. 22, 2001. *Vid.* también Judit Bokser Liwerant, *op. cit.*

arrebatado. La idea de la retribución también se manifestaba en la xenofobia.

Después de esto, las acciones de los comerciantes que supuestamente fueron desplazados y despojados por los judíos se hicieron más virulentas: la proclamación del Día del Comercio era una invitación para que los mexicanos se negaran a adquirir sus bienes en las tiendas de los extranjeros indeseables. Y en 1933 la agrupación Comerciantes, Industriales y Profesionistas Honorables (recontra *sic*) le pidió al presidente Abelardo L. Rodríguez su expulsión inmediata: los fuereños eran idénticos a los vampiros y, a como diera lugar, México debía seguir el ejemplo de ese «gran hombre de Alemania que dio el ejemplo a todas las naciones expulsando a los judíos».[93]

Estos migrantes —gracias al discurso católico y conservador— pronto se convirtieron en parte de la conjura internacional de los comunistas que buscaban destruir el mundo. Ellos, además de haber asesinado a Cristo, eran los promotores del ateísmo, el socialismo y las fuerzas oscuras que atentaban contra la patria. No por casualidad, a la llegada de Trotsky a México, se llevó a cabo una sonada manifestación que lo acusaba de ser judío, de ser un apátrida, de propagar el ateísmo y, por supuesto, de «participar en los empréstitos judíos a los gobiernos, reclamando como un interés adicional el apoyo a las teorías comunistas como medio de provocación a las guerras intestinas que surten al judaísmo de pingües rendimientos».[94]

Durante los años que antecedieron a la Segunda Guerra Mundial —y a lo largo de una parte de la contienda— los ataques de

---

[93] *Apud* Judit Bokser Liwerant, *op. cit.*
[94] *Apud* Olivia Gall, «Discursos de odio antisemita en la historia contemporánea y el presente de México», *Desacatos*, núm. 51, 2016.

las organizaciones ultranacionalistas,[95] de los miembros del Partido Nacional Revolucionario[96] y los Camisas Doradas se recrudecieron. Las publicaciones pronazis tampoco les dieron cuartel: en las páginas de *Reacción, Timón, Hoy, Continental* y *Omega* el discurso antisemita, anticomunista y pronazi se mostraba sin tapujos,[97] y lo mismo ocurría con algunos personajes que tenían celebridad en nuestro país. A las conocidísimas prédicas de José Vasconcelos se sumaban las del Dr. Atl, que también estaba encantado con los nazis y los fascistas, tal como puede leerse en su artículo que fue publicado por *Excélsior* en septiembre de 1935: «Mussolini tiene tres cualidades que lo elevan sobre todos los hombres públicos

---

[95] Además de la Liga Nacional Antichina y Antijudía que ya fue mencionada, en la campaña contra los judíos también participaron otras organizaciones, entre las que destacan: la Alianza Sindical de Comerciantes e Industriales Mexicanos, el Bloque de Acción Revolucionaria Pro-Pequeño Comercio, la Confederación de la Clase Media, Acción Cívica Nacional, Partido Antirreeleccionista, Comité Nacional Pro-Raza, Unión de Comerciantes Mexicanos, Juventud Nacionalista Mexicana, Partido Cívico de la Clase Media, Partido Socialista Demócrata, Frente de Comerciantes y Empleados del D.F y Liga de Defensa Mercantil. *Vid.* Judit Bokser Liwerant, «El antisemitismo: recurrencias y cambios históricos», *Revista Mexicana de Ciencias Políticas y Sociales*, vol. XLIV, núm. 183, 2001.

[96] Un ejemplo de las actitudes que asumieron los principales miembros del partido oficial se ejemplifica con la de los senadores Guillermo Flores Muñoz y Rodolfo T. Loaiza, que calificaban a los judíos como «indeseables» (*vid.* «Grave amenaza contra México: viene con destino a Veracruz un barco francés cargado con judíos», *Excélsior*, México, 13 de diciembre de 1937).

[97] No debe pensarse que aquellas revistas eran las únicas que mantenían una clara postura contra los judíos, pues algunos de los periódicos de circulación nacional también dieron cabida en sus páginas a los representantes del antisemitismo. En el *Excélsior, El Universal* y *Novedades* no fueron extraños los textos de este tipo debido a la presión que los empresarios alemanes ejercían a través de su publicidad. *Vid.* Ariela Katz Gugenheim, «Las relaciones entre los judíos de México y de Estados Unidos. El Comité Mexicano contra el Racismo», *Historia Mexicana*, vol. LXII, núm. 2, 2012.

de nuestro tiempo: su poder de reconcentración mental [requete *sic*], su audacia y la extraordinaria firmeza de carácter. El dictador romano es un verdadero conductor de pueblos, y el primero, desde Napoleón, que sobrepasa las fronteras de su propio país para llevar al exterior los principios de su política».[98] El gran deber que según el Dr. Atl se tenía era muy claro: terminar de una vez y para siempre con las amenazas gringas y judías, con los seres degenerados, con la raza infecta que ponía en riesgo el futuro de la humanidad.[99]

Aunque estos discursos tenían cierta importancia y contribuían a refrendar el apotegma de «México para los mexicanos», la añeja lucha contra los gringos y los mitos sobre las conjuras que se denunciaban en los popularísimos *Protocolos de los sabios de Sión* mantuvieron firme la xenofobia. Cuando los judíos comenzaron a huir de los regímenes totalitarios, México casi les cerró las puertas: a lo largo del conflicto apenas se permitió la entrada de 2 250 que pedían asilo para huir de la muerte.[100] En este caso, cerrar las fronteras y convertir a la inmigración en un goteo implicaba apoyar el Holocausto.

[98] Dr. Atl [Gerardo Murillo], «Benito Mussolini», *Excélsior*, México, 21 de septiembre de 1935. *Vid.* Franco Savarino, «Juego de ilusiones: Brasil, México y los "fascismos" latinoamericanos frente al fascismo italiano», *Historia Crítica*, núm. 37, 2009.

[99] La prédica filonazi del Dr. Atl se extendió durante 10 años (1932-1942) y sus artículos se publicaron en la revista *Hoy*, así como en los periódicos *El Universal*, *Excélsior* y *La Reacción*. Incluso él participó con varios textos en la colección *Acción Mundial*, en los cuales ratificaba su postura antigringa y antisemita. Lamentablemente, estos materiales no se han reunido y la mirada fascista de este personaje aún no tiene una historia precisa y completa. El Dr. Atl, a diferencia de Vasconcelos, no terminó siendo un gran opositor del régimen y, quizá como retribución a su parcial lealtad, se le otorgó el beneficio del silencio y la desmemoria.

[100] Daniela Gleizer, *El exilio incómodo*, México, El Colegio de México / UAM, 2011.

Los enfrentamientos contra los judíos estaban a la orden del día y a ellos respondió la comunidad de migrantes por medio de algunas de sus organizaciones: el Comité Mexicano contra el Racismo —por ejemplo— no sólo buscaba combatir al antisemitismo con sus medios y el apoyo estadounidense, pues también logró sumar a algunos políticos e intelectuales. Sin embargo, la presencia de Enrique González Martínez, Eduardo Villaseñor, Gustavo Baz, Vicente Lombardo Toledano, Alfonso Caso, Javier Rojo Gómez, Jaime Torres Bodet e Isidro Favela eran insuficientes para lograr sus fines. A la hora de la verdad, la actitud del gobierno mexicano no cambió de manera significativa y el antisemitismo se mantuvo mientras las chimeneas de los campos de exterminio anunciaban su cuota mortal.[101]

Sin embargo, a partir del fin de la Segunda Guerra Mundial, la xenofobia del nacionalismo mexicano

comenzó a perder su virulencia:

los chinos prácticamente habían desaparecido, los judíos se transformaron en una comunidad casi aceptada y la presencia de los negros trocó en curiosidad. Los enemigos de la raza —cualquiera que fuera su origen— habían sido derrotados, y el mestizo se entronizaba como símbolo del país. México por fin estaba a salvo. La cruzada antropológica había sido un éxito rotundo en el caso de los peligrosos extranjeros; sin embargo, aún tenía que enfrentar un reto: ¿cómo crear a un mestizo a la altura de los sueños revolucionarios?

---

[101] *Vid*. Ariela Katz Gugenheim, *op. cit.*

III

Un mexicano a la altura de la Revolución

> Si el mestizo del siglo XIX fue el ciudadano idealizado que podía capturar la condición nacional inmediata de México, su reinvención a principios del siglo XX, tras la estela de la Revolución, sublimaría esa misma identidad racializada [...]. Así surgió un cierto fanatismo en torno al «mestizaje».
>
> JOSHUA LUND,
> *El Estado mestizo. Literatura y raza en México*

En muchas ocasiones la victoria de los alzados es el augurio de la misa negra que invocará a Behemoth, el monstruo bíblico que dará su fuerza al régimen recién parido.[1] Sin ese ritual pagano, los vencedores pueden quedan condenados a la derrota, a la imposibilidad de crear un mundo a la altura de sus profecías. La sangre derramada y las escabechinas nunca bastan para que sus sueños se conviertan en realidad. Además del miedo, la gente debe tener otras razones para adentrarse en el incierto camino de la revelación, en la oscura ilusión que lleva al paraíso que se anunciaba en los patíbulos y los cadáveres que se quedaron tirados a mitad de la nada.

[1] *Vid.* Franz Neuman, *Behemoth. Pensamiento y acción en el nacionalsocialismo (1933-1944)*, México, FCE, 1987. *Cfr.* Thomas Hobbes, *Leviatán, o la materia, forma y poder de una república eclesiástica y civil*, México, FCE, 2017.

Para construir el mundo que anhelan, los triunfadores están obligados a poner de cabeza los símbolos de las viejas religiones, y —aunque se proclamen ateos irredentos o herejes pertinaces— tienen que asumirse como los nuevos protagonistas del Éxodo. Gracias a esta transmutación, los sufrimientos del pasado y los horrores del presente quedan justificados gracias a la existencia de un futuro promisorio y un drama que da sentido a los sufrimientos y que, de pilón, justifica casi cualquier autoritarismo.[2] Allá, en la lejanía que sólo puede alcanzarse en un tiempo impreciso y después de incontables sacrificios, se encuentra la tierra de la gran promesa, el sitio donde «la causa» dará a luz a un universo perfecto. Por esta razón, como si fueran la encarnación de Jehová, los caudillos revolucionarios descienden de los cielos para liberar a los hombres de la esclavitud y conducirlos al lugar donde fluyen la leche y la miel.[3] Sin una religión política que ocupe el lugar de las creencias tradicionales, su victoria y sus ansias de porvenir jamás llegarán a buen puerto.

Para los revolucionarios, el futuro promisorio siempre es posible gracias a la fe que los anima. La monomanía de ser el fin de la historia está tatuada en sus mentes. Sin embargo, ellos saben que existe un escollo que puede rajarle el casco a sus naves: el pueblo que jamás estará a la altura de sus ideales, y que después de muy poco tiempo se revela como un conjunto de seres abominables que deben ser conducidos al paraíso a fuerza de latigazos. Efectivamente, desde el siglo XVIII la mayoría de las revoluciones occidentales nació marcada por la fe en el pueblo: sus integrantes eran vistos como hombres puros, como la encarnación de la verdad y la

---

[2] *Vid. supra*, cap. I.
[3] *Vid.* Éxodo 3:8.

bondad impoluta, como criaturas sublimes que estaban a un tris de llegar a la gloria celestial que sólo era obstaculizada por el antiguo régimen; sin embargo, conforme las expectativas de los levantiscos aumentaban y el futuro se alejaba, ellos terminaban por convencerse de que la gran mayoría de la gente tenía que ser llevada a la tierra de la gran promesa en contra de su voluntad.[4] La tragedia de muchos revolucionarios es absolutamente precisa: ellos tratan de crear un mundo bueno, justo y perfecto, pero —al final— sólo logran construir el horror que, en más de una ocasión, termina devorándolos; aunque antes de que esto ocurra se llevan entre las patas a miles. Los hombres que se levantan en contra de la injusticia se transforman en gobernantes injustos y los insubordinados absolutos sólo exigen nuevas subordinaciones. El fin de la historia tiene un precio y hay que pagarlo.

Así, todo parece indicar que el amor populachero de los revolucionarios apenas podía ser flor de un día, y que pronto se convertiría en

un odio sin frenos,

en una exigencia de dictadura y autoritarismo, en la imperiosa necesidad de transformar por la fuerza a los seres que no comprenden ni asumen su papel en la historia sagrada que se manifiesta en las visiones y las revelaciones de los caudillos. A pesar de sus afanes, la revolución, el nacionalismo y la retórica de barriada no bastaban para que el pueblo abandonara sus viejas creencias… sólo las élites y un puñado de ciudadanos son capaces de abjurar para hacer suya

---

[4] *Vid.* Gregoy Claeys, *Utopía. Historia de una idea*, Madrid, Siruela, 2011, pp. 109 y ss.

la fe en la patria y el futuro perfecto.[5] Por esta razón, los niños se volvieron la esperanza de los revolucionarios, ellos serían los conversos de la nueva fe y sus rituales.

La dura lección que los revolucionarios aprendieron desde el siglo XVIII es muy simple: el pueblo siempre estará muy lejos de sus expectativas; las taras y los vicios ancestrales forman parte de su sangre y su alma impura. Por ello, sus integrantes sólo podían ser vistos como el barro que debe ser moldeado para dar paso al nuevo Adán y la nueva Eva que los dejarán satisfechos. Tras ese frentazo, la duda no tiene cabida: la revolución sólo es posible si los revolucionarios son capaces de engendrar un hombre nuevo, una criatura que responda a sus ansias de transformación y futuro. Por esta razón, el último sobreviviente de la asonada tiene la sagrada obligación de convertirse en el gran creador, en el artista indiscutible, en el mesías, en el hombre todopoderoso cuya fuerza guía a la nación y al partido que casi siempre tiene la tentación de volverse absoluto o totalitario. Él —en la medida en que ya asesinó o doblegó a sus rivales— es idéntico a Dios, y es el único capaz de forjar una nueva humanidad y un mundo perfecto.[6]

Los ejemplos de estos creadores no son pocos: Hitler definía al nazismo como «la voluntad de crear un hombre nuevo», y los comunistas —fieles creyentes en la transformación de la realidad gracias al último versículo de las *Tesis sobre Feuerbach*—[7] tampoco

---

[5] Michael Burleigh, *Poder terrenal. Religión y política en Europa de la Revolución Francesa a la Primera Guerra Mundial*, México, Taurus, 2006, pp. 176 y ss.

[6] *Vid.* Tzvetan Todorov, *La experiencia totalitaria*, Barcelona, Galaxia Gutenberg, 2010, p. 239.

[7] Obviamente me refiero a la Tesis 11 de esta obra de Marx: «Los filósofos no han hecho más que interpretar de diversos modos el mundo, pero de lo que se trata es de transformarlo» (*Tesis sobre Feuerbach*, en C. Marx y F. Engels, *Obras escogidas*, Moscú, Editorial Progreso, 1980, t. I, p. 10).

dudaron en desatar una guerra en contra de su pueblo: desde los tiempos de Lenin, los bolcheviques iniciaron las hostilidades en contra de la naturaleza humana con tal de crear la sustancia angélica que merecía habitar en su paraíso.[8]

En México, casi desde el inicio de la fiesta de las balas,

los alzados no fueron ajenos a la idea de crear

un hombre nuevo y capaz de satisfacer las expectativas de sus sueños. El parto de un mexicano a la altura de la gran rebelión no sólo requería exterminar a los extranjeros que degeneraban a la raza mestiza, también era indispensable que la revoluciones antropológica y cultural se adueñaran de los cuerpos y las almas de un pueblo que estaba irremediablemente condenado a llegar al paraíso que anunciaban los caudillos. Desde los tiempos en que la bola se puso canija —y sobre todo desde la primera presidencia de Álvaro Obregón y hasta los años de Lázaro Cárdenas— nuestro país vivió un intenso programa de ingeniería social que intentaba transformar a sus habitantes en seres capaces de cumplir con las expectativas del nacionalismo revolucionario.[9] La misa negra se volvió un asunto cotidiano, y en algunas ocasiones dio paso a rituales extravagantes, como ocurría con la tarjeta de presentación de Arnulfo Pérez H., o con la prédica de la *Cartilla de bautizos socialistas* que los profesores debían rezar cuando presentaban a cada uno de sus discípulos ante la comunidad escolar:

[8] *Vid.* Martin Amis, *Koba el temible. La risa y los veinte millones*, Barcelona, Anagrama, 2006, p. 39.
[9] Beatriz Urías Horcasitas, «El "hombre nuevo" de la posrevolución», *Letras libres*, año 9, núm. 101, 2007.

El avance social de la Revolución Mexicana —decía el maestro con la certeza de que desfanatizaba a su alumno— me autoriza para que en nombre de los ideales, sea testigo de tu presentación infantil a la noble causa del trabajador organizado [...]. Que el gran sacrificio de los maestros caídos en medio de su abnegación y lucha constante por llegar al corazón del pueblo para liberarle de su opresor, tenga su recompensa. Yo te bautizo en nombre del trabajador organizado de México y del mundo. El pabellón rojo que envuelve tu cuerpo es el mismo que flotó en la lucha para conquistar la libertad.[10]

A pesar de su endiosamiento con el pueblo, de los rituales que evangelizaban a los niños y sus ansias de parir un futuro acorde con sus sueños, los carranclanes, los sonorenses y sus seguidores estaban convencidos de que las viejas palabras no habían perdido su valor: «Mientras los indios [siguieran] embrutecidos y degradados, mientras no [tuvieran] necesidades físicas y morales», las ideas de «patria, honor y deber» no serían posibles en México.[11]

Esos hombres degradados —al igual que los mestizos que aún permanecían atados al pasado— tenían que convertirse en los legítimos herederos de la gesta, en los seres que vivirían en el mundo que estaba a punto de revelarse en el horizonte. Sin embargo, como bien lo señala Roger Bartra, el discurso del hombre nue-

---

[10] *Cartilla de bautizos socialistas*. Apud Angélica Vázquez del Mercado (comp.), *Infancia en la memoria. Cien años de educación básica en imágenes*, México, Conaculta / SEP / Marca de Agua Ediciones, 2010.

[11] Francisco Pimentel, *Memoria sobre las causas que han originado la situación actual de la raza indígena y medidas para remediarla*, México, Imprenta de Andrade y Escalante, 1864. *Vid*. Beatriz Urías Horcasitas, «Fisiología y moral en los estudios sobre las razas mexicanas (siglos XIX y XX)», *Revista de Indias*, vol. LXV, núm. 234, 2005.

vo tenía el miasma de lo rancio:[12] «El nacionalismo desencadenado por la revolución mexicana —en un tragicómico retorno al positivismo decimonónico— creía que las ruedas del Progreso y la Historia se habían puesto a rodar hacia un futuro nacional de bienestar».[13] En efecto, en las palabras y las acciones de los revolucionarios, las novedades siempre son escasas, lo único que los separa de sus antecesores es el radicalismo que invocó al horror. Ellos, en el mejor de los casos, hicieron lo que muchos habían soñado, pero ninguno se había atrevido a llevar a cabo.

Para los revolucionarios más atrabancados y los desfanatizadores más fanáticos, la pregunta que debían resolver era precisa:

¿cuáles debían ser las características del nuevo pueblo de México?

Y para responderla y crear a un humano a la altura de su revolución, los caudillos estaban obligados a iniciar una cruzada a favor de la eugenesia[14] y la transformación mental. El pueblo, tal como estaba, no era digno de «la causa» y tenía que ser redimido. A como diera lugar, los cuerpos y las almas debían dejar atrás los atavismos, las taras y las contrahechuras que tenían marcados por la esclavitud a la que los habían sometido los conquistadores, los clérigos fanáticos, los conservadores, los científicos, los capitalistas y los fuereños perniciosos. El camino ya no tenía retorno, delante de los mexicanos sólo existía la senda que conducía al futuro promisorio.

[12] *Vid.* Joshua Lund, *El Estado mestizo. Literatura y raza en México*, Barcelona, Malpaso, 2012.
[13] Roger Bartra, *La jaula de la melancolía*, México, Debolsillo, 2014, p. 152.
[14] Según el *Diccionario* de la RAE, la eugenesia puede definirse como "el estudio y la aplicación de las leyes biológicas de la herencia orientados al perfeccionamiento de la especie humana". Una definición inocua que sin duda oculta lo inicuo de esta práctica.

La guerra santa que los revolucionarios estaban a punto de emprender no era un asunto del todo novedoso: la gran rebelión no podía renunciar a las herencias del antiguo régimen y las creencias finiseculares. El ayer se hacía presente en una buena parte de sus acciones eugenésicas y de ingeniería social. Los alzados —a pesar de que ya se habían bajado del cuaco y casi habían enfundado sus armas— no tenían la estatura para imaginar nuevos rumbos biológicos. A ellos no les quedaba más remedio que adoptar algunas de las ideas que defendían los viejos liberales y las que ya eran populares en Europa desde la segunda mitad del siglo XIX. Al igual que en el caso de la xenofobia o de su autoritarismo, estamos ante un conjunto de creencias que formaban parte de los imaginarios de nuestro país desde antes de los tiempos de don Porfirio, o desde los años en que campeaban los viejos liberales de la reforma. En 1861, por sólo mostrar un caso, Ignacio Manuel Altamirano defendía a capa y espada la idea de que «la salud del pueblo es la suprema ley».[15] Esa salud —que iba más allá de lo físico y se adentraba en los terrenos de la moral inmaculada— era el imperativo que permitiría intervenir los cuerpos y transformar las costumbres para salvar a los mexicanos de la degeneración por medio de la eugenesia.

En términos generales (y sin ganas de entrar en polémicas sobre quién fue primero: el huevo o la gallina), es posible aceptar que

las primeras ideas eugénicas

nacieron gracias a la obra de uno de los primos de Charles Darwin, que estaba tantito más que endiosado con *El origen de las especies*[16]

---

[15] Ignacio Manuel Altamirano, «La suprema ley», en *Obras completas. I. Discursos y brindis*, México, Conaculta, 1986, p. 52.

[16] Charles Darwin, *On the Origin of Species by Means of Natural Selection*,

y los *Principios de biología* de Herbert Spencer.[17] Me refiero a Francis Galton, quien en 1869 publicó *El genio hereditario*,[18] un libro que sería capaz de contribuir al destino de las naciones que estaban empecinadas con la creación de un hombre nuevo. Galton estaba completamente seguro de que, gracias a una serie de apareamientos precisos, se podía lograr que el genio y las capacidades de la humanidad se potenciaran al grado de mejorarla como especie. Si el *homo sapiens* deseaba avanzar hacia un porvenir donde no tuvieran cabida las monstruosidades y la imbecilidad, era obvio que algunos debían perder el derecho a la reproducción. Una fornicación inadecuada podía condenar a sus descendientes hasta la última generación. El nacimiento de criaturas monstruosas era evitable y el futuro perfecto por fin estaba al alcance de la humanidad gracias a la intervención de la ciencia. La certeza de que «el misterio de los misterios» —¿por qué los hijos se parecen a sus padres?— había sido casi develado abría el camino para la transformación de los humanos.

Las ideas de Galton pronto atrajeron a muchos higienistas, sociólogos y naturalistas, y —por supuesto— tampoco faltaron los que estaban más que dispuestos a escribir utopías gracias a sus planteamientos. El futuro posible tenía que ser divulgado: la eugenesia era el nuevo evangelio que podía salvar a la humanidad de los horrores del porvenir. En *Pyna*, Ellis James Davis imaginó una ciudad perfecta bajo los glaciares suizos, donde no se permitía que los

---

or the Preservation of Favoured Races in the Struggle for Life, Londres, John Murray, 1859.

[17] Herbert Spencer, *Principles of Biology*, Londres, Williams & Norgate, 1864-1867, 2 vols.

[18] *Vid*. Francis Galton, *Hereditary Genius:an Inquiry into its Laws and Consequences*, Londres, Macmillan & Co., 1869.

niños enfermizos continuaran con vida.[19] Su sobrevivencia ponía en riesgo la viabilidad de la especie y condenaba a la desgracia a sus descendientes. El mensaje era indubitable: las malas herencias tenían que ser erradicadas antes de que se propagaran. Por su parte, John Petzler —en su *Vida en Utopía*—[20] apostó a favor de una sociedad en la que se prohibía casarse con alguien que tuviera una enfermedad degenerativa o hereditaria, y algo muy similar ocurría en *El mundo rejuvenecido* de William Herbert, donde la reproducción de los criminales estaba terminantemente prohibida con tal de proteger la herencia de los nuevos pobladores, cuyo destino era postrarse ante los ídolos de la paz y la ley.[21]

Estamos ante una concepción del mundo que pronto hizo suyas las ideas de la selección natural que se mostraban en *El origen de las especies* y, sobre todo, en las obras de Herbert Spencer que proclamaban la supremacía y la sobrevivencia de los más fuertes. La naturaleza tenía un rumbo preciso, y los eugenistas tenían el deber de ayudarla a lograr sus fines. Ellos —por lo menos desde su punto de vista— eran los parteros del nuevo mundo.

Desde los años setenta del siglo XIX las ideas eugenésicas encontraron eco en México gracias a la publicación de las obras de Herbert Spencer, Francis Galton y Charles Darwin,[22] y algunos libros y artículos de divulgación que tuvieron cierto éxito. A más

---

[19] *Vid.* Ellis James Davis, *Pyrna a Commune. Or Under the Ice*, Londres, Bickers & Son, 1875.

[20] John Petzler, *Life in Utopia. Being a faithful and accurate description of the institutions that regulate labour, art, science, agriculture, education, habitation, matrimony, law, government, and religion, in this delightful region of human imagination*, Londres, Authors Cooperative Pub. Co., 1890.

[21] *Vid.* Gregoy Claeys, *op. cit.*

[22] *Vid.* Roberto Moreno de los Arcos (comp.), *La polémica del darwinismo en México: siglo XIX. Testimonios*, México, UNAM, 1984.

de un siglo de distancia, es difícil poner en tela de juicio que los profesores más progresistas de la Escuela Nacional Preparatoria y los científicos que pronto llegarían al poder estuvieran encantados con ellas. La certeza de que

la eugenesia podía salvar a la patria

no podía ponerse en entredicho: ella reafirmaba su fe en el progreso, en el avance de la humanidad hacia un mundo marcado por la ciencia y el desarrollo sin límites. Debido a esto, los medios de los más distintos colores dieron cabida a las ideas de Francis Galton y sus apóstoles. Los positivistas y los socialistas, los spencerianos y los católicos más persinados, los políticos de todas coloraturas y los divulgadores estaban plenamente convencidos de las bondades de la higiene y los coitos adecuados como medios indiscutibles para mejorar la raza y alentar el progreso del país.

Los ejemplos de las preocupaciones eugenésicas son legión: en *El Craneoscopio* —el periódico que publicaba el socialista Plotino C. Rhodakanaty— se incluyeron varios artículos sobre la importancia de la herencia y los peligros que acechaban a la humanidad debido a las taras físicas y mentales que podían legarse a la descendencia.[23] Por su parte, los más preocupados sociólogos que se afanaban por dejar atrás las edades teológicas y metafísicas también le entraron al quite y nada se tardaron en alertar a los mexicanos sobre la tragedia que se aproximaba: los indígenas, si nadie metía las manos para evitarlo, seguirían transmitiendo «los gérmenes de

---

[23] *Vid. El Craneoscopio. Periódico Frenológico y Científico*, México, 1874. *Vid.* Carlos Illades, *Rhodakanaty y la formación del pensamiento socialista en México*, Barcelona, Anthropos / UAM, 2002, y Carlos Illades (ed.), *Obras de Plotino Rhodakanaty*, México, UNAM, 1998.

su destrucción a sus herederos», pues ellos sólo podían legar las marcas del «raquitismo, la escrófula, la tisis, las afecciones sifilíticas y el alcoholismo» que hacían «espantosos estragos en esa raza». Un problema que podía solucionarse gracias al «cruzamiento de varios tipos diferentes».[24] Así, casi por amor a la humanidad, los blancos debían procrear con las indígenas con tal de salvar a esta raza de la degradación a la que estaba condenada. Con un poco de suerte, ellos se toparían con una india bonita.[25] Si los mulatos eran menos imbéciles que los negros, los mestizos tendrían que ser menos degenerados y estúpidos que los indios.

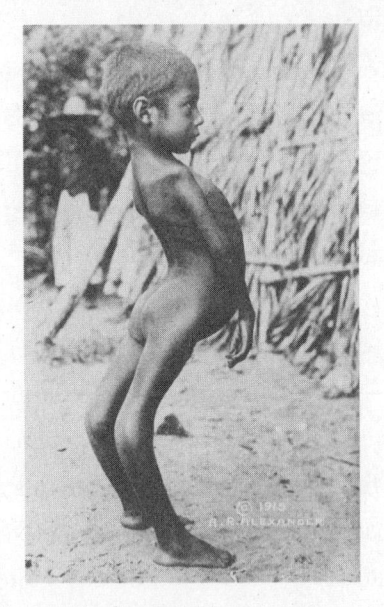

Un niño indígena que, según los eugenistas, seguramente era víctima de los «gérmenes de la destrucción» que había heredado de sus padres.

Fuente: Library of Congress.

[24] Rafael de Zayas Enríquez, *La redención de una raza. Estudio sociológico*, Veracruz, Tipografía de Rafael de Zayas, 1887; *vid.* Beatriz Urías Horcasitas, «Fisiología y moral en los estudios sobre las razas mexicanas», *Revista de Indias*, vol. LXV, núm. 234, 2005.

[25] *Vid. infra*, cap. IV.

Algunos de los libros de divulgación que se leían en México —siempre marcados por una notoria moralina— también iban por este camino. Para muchos de sus autores era claro que las enfermedades tenían su origen en las acciones inmorales que ponían en riesgo el futuro de la especie[26] y, por si lo anterior no bastara, en las obras escolares se hacían advertencias casi veladas sobre los peligros que existían en la mezcla endogámica entre los humanos más primitivos y salvajes. En el *Curso de historia natural* de Juan García Purón —un libraco bastante fifí que se utilizaba en las escuelas de postín— se señalaba que la raza blanca se caracterizaba «por la civilización que la distingue, y por los grandes hombres que ha producido en todas las ramas de los conocimientos humanos». A diferencia de ella, la «raza cobriza» —es decir, la indiada— aún enfrentaba una existencia salvaje, mientras que la «raza negra» tenía «una vida errante y grosera, [que transcurría] en una ignorancia casi absoluta de las leyes y la moral».[27] La consecuencia de estas descripciones es casi obvia: esos seres sólo podrían ser redimidos gracias al mestizaje con los blancos. Sin los apareamientos

[26] *Vid.* p. e. F. V. Raspaill, *Novísimo manual de la salud, o medicina y farmacia domésticas*, Madrid, Librería de don Leocadio López / Librería de Pablo Calleja y Cía., 1883. Vale la pena aclarar que —al igual que en el caso de los libros que daban consejos para casarse bien— estas obras de divulgación también llegaron de España, aunque también fueron producidas con singular alegría por algunos editores mexicanos.

[27] Juan García Purón. *Curso de historia natural. Libro primero de zoología (reino animal)*, Nueva York, Appleton y Cía., 1889, pp. 25 y ss. No debe pensarse que estas ideas sólo eran privativas de los libros de texto del porfiriato, en los que se publicaron tras las balaceras revolucionarias estos mensajes seguían más que claros. En 1925, en un libro de texto de ciencias naturales se afirmaba que los integrantes de la «raza blanca o caucásica [...] son los más inteligentes y su influencia se extiende sobre todos los demás hombres» (*Primeras nociones de ciencias físicas y naturales para uso de las escuelas primarias*, México, F.D.T., 1925, p. 10).

correctos, ellos estaban condenados a permanecer en la ignominia y la degradación. De nueva cuenta, si se quería mejorar a la humanidad, no había más remedio que perderles el asquito a las pieles oscuras.

En los libros que buscaban ayudar a las mujeres recién paridas también era notorio el dejo de la eugenesia, justo como se lee en las *Cartas de un médico a una joven madre*: «Criar a un niño es [...] algo más que un problema de higiene», debido a esto, para lograr una infancia perfecta se debía aceptar que «Dios confió esa misión a la mujer, pero no hemos de pensar que ella, por su propia naturaleza, sea siempre capaz de cumplirla».[28] La elección del padre y las características físicas y morales de la familia política eran definitivas para que los hijos pudieran aspirar a la herencia perfecta. En el caso de los varones, esta elección era más simple, a ellos les bastaba con seguir a pies juntillas algunas de las creencias populares: «Gallo, caballo y mujer, por la raza has de escoger» o, ya de perdida, habrían de seguir la máxima que sostenía «busca mujer que valga, y no sólo por la nalga».

Cuando la revolución estaba a un tris de comenzar, la presencia de las ideas eugenésicas ya era más que notoria en México; a los artículos que se publicaron en los periódicos liberales desde mediados del siglo XIX —como ocurrió en *El Monitor Republicano*—[29] se sumaban otras obras que andaban por caminos muy parecidos a los señalados por Galton. En 1910, por ejemplo, Francisco Hernández publicó una *plaquette* con un título más que revelador: *Higiene de la especie. Breves consideraciones sobre*

---

[28] Guillermo Plath, *Cartas de un médico a una joven madre*, Barcelona, Manuel Marín Editor, 1911, pp. VI y ss.

[29] *Vid. supra*, cap. II.

la stirpicultura humana[30] y, además de esto, las discusiones sobre estos asuntos formaban parte de los sesudísimos textos que se imprimían en los periódicos, tal como ocurrió con la reseña de un libro de Caleb Saleey que fue incluida en una de las entregas de *El Diario*.[31]

En este artículo ya se mostraban algunas declaraciones de principios que presagiaban las acciones de los revolucionarios: «Las mujeres deben considerarse como los agentes principales por los cuales la raza ha de continuarse y evolucionar hacia un nivel físico, intelectual y espiritual más alto [...]. La selección natural no sería del todo incompatible con el amor si estas tremendas cuestiones se estudiaran y comprendieran mejor por todos».[32] Amar no era pecado, el horror surgía cuando una mujer se ayuntaba con el macho inadecuado. Incluso, en la prensa de centavo y en las hojas volantes que se imprimían para educar y divulgar con poemas de rimas fáciles las denuncias de los fumaderos de opio, de los estragos que provocaba la mariguana y los horrores que emergían de las pulquerías eran asuntos casi frecuentes. Entrar a estos lugares no sólo significaba la perdición del parroquiano, las consecuencias también llegarían a sus familias debido a la pobreza y los hijos marcados por la desgracia.

---

[30] Francisco Hernández, *Higiene de la especie. Breves consideraciones sobre la stirpicultura humana*, México, Tipografía de Boulingny y Schmidt, 1910.

[31] Laura Suárez y López-Guazo señala que este libro se intitulaba *El feminismo eugénico* y seguramente se refiere al nombre que se le dio en esa edición de *El Diario*; sin embargo, es posible suponer que se trata de una traducción o una adaptación de la obra de Caleb Williams Elijah Saleeby: *Woman and Womanhood*, Nueva York / Londres, Mitchell Kennerley, 1911 (*vid*. Laura Suárez y López-Guazo, «Evolucionismo y eugenesia en México», *Boletín Mexicano de Historia y Filosofía de la Medicina*, vol. 12, núm. 1, 2009).

[32] Blanche Z. de Baralt, «Feminismo eugénico», *El Diario*, 24 de diciembre de 1911. *Apud* Laura Suárez y López-Guazo, *op. cit.*

¡Zun, zun, de la mariguana!

Un periódico popular que denunciaba los vicios en su portada. Grabados de José Guadalupe Posada.
Fuente: Colección particular (JLTL).

A estas alturas, es difícil negar que la herencia decimonónica alimentó en buena medida las revoluciones antropológica y cultural que emprendieron los caudillos; sin embargo, para sopesar su idea de ingeniería social es necesario mirarla desde una perspectiva precisa: para los triunfadores de la gran rebelión era claro que

los obstáculos para la creación del hombre nuevo

se encontraban en una serie de problemas sociales y biológicos que debían resolverse a toda costa.[33] Si México no se transformaba en

---

[33] Marta Saade Granados, «¿Quiénes deben procrear? Los médicos

una nación a la altura de la bola, y los mexicanos seguían empecinados en aparearse a la buena de Dios o insistían en mantenerse fieles a sus prácticas degeneradas y fanáticas, el país jamás se convertiría en la tierra de la gran promesa.

Así, aunque sus intenciones parecían más que buenas, a los revolucionarios ya no les quedaba de otra más que sacar el chicote para convertir a la gente común y corriente en el pueblo elegido: la sociedad y los cuerpos tenían que ser intervenidos y modelados. No por casualidad Alberto J. Pani —un carranclán que logró seguir adelante con su carrera política tras el ascenso de los sonorenses— sostenía que «el verdadero problema de México consiste [...] en higienizar física y moralmente a la población».[34]

Por esta causa, desde que la guerra agarró fuerza, algunos de los caudillos se transformaron en

los grandes enemigos de los vicios y las taras

que condenaban a la sociedad a la desgracia, al círculo vicioso que debía fracturarse. Ellos —por lo menos desde su punto de vista— eran la encarnación de la nueva moral que, tal vez sin darse cuenta, seguía las intuiciones de los viejos liberales y los eugenistas decimonónicos para salvar al pueblo de la degeneración y del crimen que nacía de las condiciones abyectas en las que vivían algunos mexicanos.[35] Si Juárez, Altamirano y muchos

eugenistas bajo el signo social (México, 1931-1940)», *Cuicuilco*, vol. 11, núm. 31, 2004.

[34] Alberto J. Pani, *La higiene en México*, México, Imprenta de José Ballescá, 1916, p. 192.

[35] Esta idea sobre el crimen también era vieja y sin muchos cambios fue retomada por los caudillos. *Vid.* p. e. Julio Guerrero, *La génesis del crimen en México. Estudio de psiquiatría social*, México / París, Librería de la Viuda de Ch.

de los republicanos más enardecidos estaban dispuestos a erradicar el alcoholismo, las apuestas, las corridas de toros y las prácticas pecaminosas que los alejaban del progreso y la salud,[36] los caudillos revolucionarios llegarían mucho más lejos en estos afanes. Para ellos era claro que el régimen de don Porfirio —con tal de estupidizar y explotar al pueblo— le había soltado la rienda a los vicios que mancillaban el futuro de la raza y, para acabarla de tronchar, la dictadura había auspiciado la publicación de algunos libelos que defendían al pulque y exculpaban a sus bebedores con tal de enriquecerse y mantener la esclavitud del pueblo elegido.[37] Los horrores perpetrados por faraones tenían que ser remediados.

Al principio, las medidas eugenésicas que trataban de enfrentar a las patologías sociales casi parecían inocuas: a fuerza de leyes, bandos y reglamentos que apenas mordían, Abraham González y Venustiano Carranza restringieron la venta de bebidas alcohólicas, regularon la putería, prohibieron las apuestas y cancelaron la venta de opio en Chihuahua y Coahuila.[38] Un mexicano con todas las de la ley no podía ser un borrachín, un sifilítico, un adicto o alguien que arruinara a su familia después de ser desplumado por

Bouret, 1901.
[36] *Vid.* p. e. María del Carmen Vázquez Mantecón, «¡Toros sí! ¡Toros no! Del tiempo cuando Benito Juárez prohibió las corridas de toros», *Historia Mexicana*, vol. 63, núm. 1 (249), 2013.
[37] *Vid.* p. e. el *Estudio químico-industrial de los varios productos del maguey mexicano y análisis químico del aguamiel y el pulque* de José G. Lobato (México, Oficina Tipográfica de la Secretaría de Fomento, 1884) y el libro de Francisco Bulnes *El pulque. Estudio científico* (México, Antigua Imprenta de Murguía, 1909).
[38] *Vid.* Douglas W. Richmond, *La lucha nacionalista de Venustiano Carranza. 1893-1920*, México, FCE, 1986, p. 57.

un tahúr; pero estos esfuerzos no eran los únicos y tampoco eran los más bravos, los revolucionarios sonorenses y sus aliados estaban dispuestos a llegar mucho más lejos, y poco a poco lo inocuo se transformó en inicuo.

Un ejemplo nunca está de más: en 1915, tantito antes de que Carranza prohibiera la importación de opio en todo el país, Plutarco Elías Calles —como gobernador y comandante militar de Sonora— publicó un decreto que no se andaba con medias tintas, cada uno de sus artículos iba en contra de los briagadales y sus luciferinos proveedores. Aunque su transcripción es casi larga, vale la pena leerla:

> Considerando:
> que una de las causas de la decadencia de los pueblos ha sido el uso de las bebidas embriagantes, que además de producir el aniquilamiento físico y la perversión moral del individuo, es también uno de los principales factores del malestar económico; que es bien sabido que la criminalidad está en relación directa con el empleo de las bebidas alcohólicas, y teniendo el gobierno constitucionalista la obligación de moralizar a los ciudadanos que están bajo su amparo y procurar su mejoramiento, no podría dejar de ocuparse de legislar inmediatamente sobre tan importante materia.
> Por lo tanto, he tenido a bien expedir el siguiente DECRETO:
> 1º Queda absolutamente prohibida en el estado de Sonora la importación, venta y fabricación de bebidas embriagantes.
> 2º Se consideran como bebidas embriagantes aquellas que contengan alcohol en cualquier cantidad.
> 3º Las personas que infrinjan el artículo 1º serán castigadas con cinco años de prisión que impondrá el Ejecutivo [...] A los cómpli-

ces y encubridores se les impondrá prisión de tres años y dos años, respectivamente.

4° Los delitos de embriaguez se castigarán con las penas que ya [se] tienen señaladas en el Código Penal, llevándose a cabo el mismo procedimiento sumario [...].[39]

El decreto callista —con todo y sus juicios sumarísimos— se mantuvo incólume hasta 1919. Sin embargo, sus logros, a pesar de las amenazas y los encarcelados, no llegaron a la meta esperada: los sonorenses que padecían la ley seca siguieron levantando el codo mientras tenían un ojo al gato y otro al garabato. Durante casi cuatro años, los contrabandistas y los productores serranos de bacanora hicieron su agosto. Había un mercado sediento y alguien tenía que apagarle las ansias de meterse algo entre pecho y espalda. Pero, contra lo que pudiera esperarse, la derogación de esta norma no ocurrió porque se relajaran los ideales de los revolucionarios sonorenses... ellos estaban dispuestos a llegar hasta las últimas consecuencias —como sucedió con los extranjeros indeseables que corrompían la raza y tuvieron un triste destino—, pero la hacienda pública ya estaba en la quinta chilla después de perder los ingresos del aguardiente y de otros bebestibles más o menos potentes.[40]

---

[39] En Carlos Macías Richard (pról., introd. y notas), *Plutarco Elías Calles: Pensamiento político y social. Antología (1913-1936)*, México, FCE / Instituto Nacional de Estudios Históricos de las Revoluciones de México / Fideicomiso Archivos Plutarco Elías Calles y Fernando Torreblanca, 1988. *Vid.* Juan Manuel Romero Gil, «Las bebidas espirituosas en Sonora. Notas sobre su producción, consumo e impuestos (1850-1920)», en Ernest Sánchez Santiró (ed.), *Cruda realidad. Producción, consumo y fiscalidad de las bebidas alcohólicas en México y América Latina. Siglos XVII-XX*, México, Instituto de Investigaciones Dr. José María Luis Mora, 2007.

[40] Vidal Salazar Solano, «La industria del bacanora: historia y tradición de resistencia en la sierra sonorense», en *Región y Sociedad*, vol. XIX, núm. 39, 2007.

Ni modo, la moral y la regeneración tendrían que posponerse mientras la tesorería agarraba aire.

Aunque este ordenamiento es un espléndido ejemplo, no debe pensarse que se trata de un caso aislado: la moral de los revolucionarios podía emprenderla en contra de cualquier enemigo real o imaginario. En Matamoros, el general Pablo González —que tenía una notorísima debilidad por las tiples y las parrandas— prohibió la bebida, la música y el baile, mientras que en Sinaloa y Chihuahua —en 1916 y 1917— se decretó que la venta de embriagantes podía ser castigada hasta con la pena muerte. El chiste era que, a cualquier precio, el pueblo se moralizara y estuviera a la altura de los sueños de los caudillos que hacían todo lo posible por destruir los vicios y a las personas que envenenaban a la sociedad y provocaban la degeneración de la raza.[41]

Todo indicaba que la persecución iba en serio; pero a la hora de la hora más de uno de los revolucionarios y los políticos se pasaron las prohibiciones por la parte más comba del puente más chaparro. En Sinaloa, por ejemplo, las autoridades municipales aceptaban las dádivas de los contrabandistas de alcohol, de los dueños de los burdeles y de los productores casi clandestinos de embriagantes. Así, mientras los comités antialcohólicos cerraban cantinas y sus integrantes les apostaban a las tareas moralizadoras y eugenésicas en las notorísimas manifestaciones donde se gritaban furibundas consignas, por debajo de cuerdas, el jelenge seguía con algunos problemillas que podían pasarse por alto.[42]

---

[41] Ricardo Pérez Montfort, *Tolerancia y prohibición. Aproximaciones a la historia social y cultural de las drogas en México. 1840-1940*, México, Debate, 2016, pp. 120-121.

[42] Félix Brito Rodríguez, «Alcohol, política, corrupción y prostitución en

Manifestación contra el alcoholismo y otros vicios nefandos en Villahermosa, Tabasco, en tiempos de Tomás Garrido Canabal.
Fuente: Baltasar Dromundo, *Tomás Garrido. Su vida y su leyenda*, México, Guaranía, 1953. Colección particular (JLTL).

el Sinaloa posrevolucionario», en Samuel Octavio Ojeda Gastélum y Matías Hiram Lazcano Armienta (coords.), *Historias de la revolución en Sinaloa*, México, Universidad Autónoma de Sinaloa, 2011.

Las acciones en contra de los vicios —y las violaciones a las disposiciones que trataban de salvar la raza— no se limitaron a los estados norteños, el espíritu de la nueva mortal tenía que convertirse en una dictadura sanitaria que se apoderara del país entero. Por esta razón, en el Congreso Constituyente el diputado José María Rodríguez también la emprendió en contra de las taras sociales que nacían de las papalinas, las drogas y las prácticas nauseabundas. Él —henchido de las ideas eugenésicas— exigía que al artículo 73 de la carta magna se le agregara una fracción que prohibiera la «venta de sustancias que envenenan la raza». Incluso, en uno de los discursos en los que calentó los ánimos para presentar su propuesta, *Chema* Rodríguez se desgarró la ropa y se jaló las greñas al afirmar: «¡Allí tenéis [...] a los niños destetados con pulque, que crecen y mal se desarrollan embriagados consuetudinariamente, convirtiéndose después en progenitores alcohólicos, engendrando hijos degenerados y de inteligencia obtusa, indiferentes para las cuestiones sociales y políticas [...]!»[43] Es cierto, los constituyentes estaban obligados a salvar a los mexicanos de la degeneración, de poco o nada servirían sus sueños si la gente no transformaba sus cuerpos y sus hábitos terribles.

Tras la publicación de la carta magna —sin la adición salutífera propuesta por don Chema—,

las acciones en contra

de los adictos a las drogas, los briagobertos y sus proveedores no se hicieron esperar: la dictadura sanitaria que buscaba crear a los

[43] «Federalización de la salubridad. Discurso pronunciado por el Dr. José María Rodríguez en la 49 sesión permanente, celebrada el 18 de enero de 1917», en Jorge Tirzo Lechuga Cruz, *Coahuila en el Congreso Constituyente 1916-1917*, México, Gobierno de Coahuila / Instituto Nacional de Estudios de las Revoluciones de México / Secretaría de Cultura, 2017, pp. 191 y ss.

mexicanos a la altura de la revolución no sólo se materializó en el afán federal por controlar la salud, sino también en una larguísima serie de normas[44] y una respetable cantidad de leyes en varios estados que —amén de los bebestibles— se ocupaban de las drogas, los burdeles y las pirujas que provocaban la degeneración de la raza con sus terribles enfermedades.[45]

Además de esto, en enero de 1918 —como resultado de las conclusiones a las que se llegaron en el 5º Congreso Médico Nacional— se inició una campaña antialcohólica en todo el país. Estamos ante una práctica que se extendió a lo largo del nacionalismo revolucionario, ya que en 1929 el presidente Portes Gil hizo el enésimo llamado a los gobernadores para que se dieran a la tarea de combatir las papalinas con el lema de «Temperancia: por la patria y por la raza», y en octubre de 1935 —por sólo mostrar un caso más— se inauguró el Primer Congreso Nacional contra el Alcoholismo, que era apoyado y auspiciado por Lázaro Cárdenas y el gobernador de Puebla. Este encuentro no era poca cosa: en su *Informe de gobierno* de ese año, *Tata* Cárdenas sostenía que se habían creado 600 comités y subcomités para luchar con-

---

[44] Beatriz Uríaz Horcasitas, en su artículo «Degeneracionismo e higiene mental en el México posrevolucionario (1920-1940)» (*Frenia. Revista de historia de la psiquiatría*, vol. 4 núm. 2, 2004), señala —entre otros— los siguientes esfuerzos legislativos para garantizar la higiene física y mental de los mexicanos: el Reglamento General de Salud Pública (1925), el Código Sanitario (1926 y 1934) y la Ley General de Población (1936). Evidentemente, este afán fue acompañado por la creación de una serie de instituciones que iban por el mismo camino, tal como sucedió con la creación de la Escuela de Salubridad (1922), el Servicio de Higiene Infantil (1929) y el Departamento de Salubridad Pública.

[45] Fabiola Bailón Vásquez, *Prostitución y lenocinio en México. Siglos XIX y XX*, México, Secretaría de Cultura / FCE, 2016, pp. 131 y ss.

tra el alcoholismo, y que ellos tenían a su cargo la formulación de los temarios que se discutirían en ese evento.[46]

En ese solemnísimo congreso se tomaron algunos acuerdos que estaban dos rayitas más arriba de lo moderado, pero hay que reconocer que —según los asistentes al numerito— el futuro de la patria no podía quedarse a medias. Recordemos algunos de estos apremios, pues nos permiten medirles el agua a los chayotes. Entre otras cosas, se exigía al gobierno que declarara como delito de *lesa* infancia (requete *sic*) al acto de enviar a los niños a comprar bebidas embriagantes para sus parientes o los extraños. Y, ya encarrerados, los salvadores de la raza también demandaron que los mandamases fundaran sanatorios-escuelas para atender a los niños que padecían taras heredadas por el alcoholismo, que sancionaran enérgicamente a los profesores que se pusieran hasta el dedo y, por supuesto, que prohibieran que los borrachines ocuparan cargos de elección popular.

Por lo menos en el discurso, los servidores públicos y los políticos tenían que ser el más preclaro ejemplo de la salud, la higiene y la moralidad. Aunque a la hora de la verdad la situación podía ser tantito distinta: si los revolucionarios se ponían hasta las trancas con tequila, eso era una prueba fehaciente de que eran nacionalistas por los cuatro costados; pero si lo hacían con coñaques, tendrían que ser vistos como unos extranjerizantes degenerados. Obviamente, esta norma también tenía sus asegunes: si Frida Kahlo se las ponía con coñac mientras estaba disfrazada de indígena, tampoco había ningún problema... ella —hoy lo sabemos— estaba predestinada a ser el más puro ejemplo de lo mexicano y el feminismo. Dos virtudes que la alejan de cualquier crítica. Frida siempre será sufridora, luchona e inmaculada.

[46] *Vid. Palabras y documentos públicos de Lázaro Cárdenas, 1928-1970: Informes de gobierno y mensajes presidenciales de Año Nuevo, 1928-1940*, México, Siglo XXI Editores, 1978.

Tanto le gustaban a Cárdenas estas ideas que, sin pensarlo dos veces, instauró el Día Antialcohólico, el cual —por lo menos en Guadalajara— se celebraba con un desfile más o menos apantallante y con el cierre obligatorio de cantinas, pulquerías y tiendas que expendieran bebidas espirituosas.[47] La sequedad —aunque fuera de a ratito— tenía que ser proclamada a los cuatro vientos. Y, ya encarrerado, el *Tata* también exigió que en las escuelas no se cantaran los corridos que hacían apología de la beberecua: *La Valentina* y *La Borrachita* quedaron terminantemente prohibidas en los planteles. Ningún chamaco a la altura de la revolución y la educación socialista podía repetir los versos malditos que sostenían:

> Si porque tomo tequila,
> mañana tomo jerez.
> Si porque me ven borracho,
> mañana ya no me ven.

Lo curioso del asunto es que, a pesar de que Carranza había iniciado una campaña en contra de la «intoxicación por inyecciones», a don Lázaro se le pasó prohibir los corridos que mentaban a las drogas. Así pues, sin riesgo de sufrir un jalón de orejas, los niños y los profesores podían seguir cantando

> La cucaracha, la cucaracha,
> ya no puede caminar,
> porque le falta, porque no tiene,
> mariguana que fumar.

[47] Zoraya Melchor Barrera, «Eugenesia y salud pública en México y Jalisco posrevolucionarios», *Letras Históricas*, núm. 18, 2018.

Si bien es cierto que a estas alturas ya estaban sobradamente alborotados, los revolucionarios no eran los únicos que andaban con el jelengue de lograr un México seco, sano y bien parido. Desde los años treinta, los fieles aliados de la Sociedad Eugénica Mexicana también le entraron al quite. Entre las muchas medidas que sus integrantes promovieron, hay una que destaca por sus afanes para crear un *freak show* con fines profilácticos: los niños de las escuelas debían ser llevados a los lugares donde estaban los ciegos, los locos, los enfermos de sífilis y los alcohólicos más jodidos, para que de bulto comprendieran las consecuencias de la degeneración de la raza y la necesidad de abandonar los vicios ancestrales.[48] El horror era la lección eugénica definitiva.

Aunque las leyes, los reglamentos y las campañas que buscaban extirpar los vicios y las taras tenían lo suyo, la mera verdad es que —por lo menos en algunos estados—

las cosas se pusieron de color de hormiga:

en esos lugares, los revolucionarios no sólo andaban con la calentura de desfanatizar al pueblo y liberarlo de las cadenas de la vieja religión de los conquistadores y los opresores, pues también se sentían obligados a amputar las prácticas que provocaban la degeneración de la raza. Los cuerpos tenían que ser intervenidos y modificados con tal de que el pueblo llegara al futuro promisorio.

Durante los años treinta, en Veracruz, Adalberto Tejeda —en cuya biblioteca se encontraban ejemplares del *Tratado de la degeneración*

---

[48] Esperanza Montero Monterrubio, «Proyecto de propaganda de educación sexual y profilaxis de las enfermedades venéreas y el alcoholismo». *Apud* Zoraya Melchor Barrera, *op. cit.*

de la especie humana de Benedict August Morel y de *El crimen y la locura* de Henry Maudsley—[49] penalizó la prostitución y el contagio de enfermedades venéreas[50] y, sin que nadie se le opusiera de a deveras, cerró las cantinas, fijó requisitos para contraer matrimonio sin poner en peligro a la descendencia, y, de puritito pilón, puso en marcha todas las medidas que consideraba necesarias para lograr la «franca orientación sociológica de mejoramiento de la raza».[51] Aunque sus logros eran de presumir, y según algunos eran bastante lucidores, no resulta difícil pensar que Tejeda no estaba del todo satisfecho. Tal vez por esto, con ganas de estirar la liga hasta donde diera, publicó un reglamento que exigía la esterilización de los seres humanos que padecieran enfermedades que marcaran a sus descendientes.

Las razones de este proceder —según se afirma en la «Exposición de motivos» del Reglamento de la Sección de Eugenesia e

[49] Laura Luz Suárez y López Guazo, *Eugenesia y racismo en México*, México, UNAM, 2005, p. 133. La edición original de este libro es: Benedict August Morel, *Traité des dégénérescence de l'*espèce humaine, París, Baillére, 1857; por su parte, la obra de Henry Maudsley ya estaba traducida al español desde antes de que comenzara la revolución, tal como puede verse en la edición madrileña realizada por Saturnino Calleja en 1880.

[50] Vale la pena señalar que el combate de Tejeda contra la prostitución no fue un caso aislado. En 1933 —por ejemplo— el Congreso Nacional de Obreras y Campesinas exigió la supresión de los cabarets y la publicación de una ley que prohibiera de manera definitiva y absoluta el ejercicio de la prostitución. La lucha contra la explotación de las mujeres, las enfermedades venéreas y la degradación moral ocurría en varios frentes, un proceso que logró uno de sus mayores éxitos en 1937, cuando se publicó el «Decreto que restringe la prostitución» (*Diario Oficial de la Federación*, México, 11 de noviembre de 1937). *Vid.* p. e. Esperanza Tuñón Pablos, *Mujeres que se organizan. El Frente Único Pro Derechos de la Mujer. 1935-1938*, México, UNAM / Miguel Ángel Porrúa, 1992.

[51] «Reglamento de la Sección de Eugenesia e Higiene Mental», *Gaceta Oficial. Órgano oficial del Gobierno Constitucional del Estado de Veracruz-Llave*, Jalapa, Veracruz, 10 de diciembre de 1932.

Higiene Mental— estaban bendecidas por las mejores prácticas internacionales, los hallazgos más fregones de la ciencia moderna y los fallos de la Suprema Corte de Estados Unidos que permitían la castración de los indeseables. Según el coronel Tejeda, la esterilización forzosa suprimía «las probabilidades de degeneración o decadencia» y, además, esta práctica ya estaba consagrada en los «países cultos cuando se trataba de individuos afectados por enfermedades hereditarias, de idiotismo, amnesia o deficiencia mental, etc., y, en algunos casos, [ella se extendía] por mandato legal hasta los degenerados, viciosos o delincuentes incorregibles». Así pues, no estaba nada mal que en Veracruz se aplicaran estas medidas, por lo menos en lo que «respecta a los casos más típicos y unánimemente aceptados por la ciencia».[52] Los sueños de los eugenistas mexicanos —como el de Eduardo Urzaiz que publicó en 1919 la primera utopía de este tipo en nuestro país—[53] se transformaban en una chifladura que mostraría algunos de sus resultados más espectaculares en

el baluarte de la revolución:

el Tabasco garridista[54] que —gracias a un discurso de *Tata* Cárdenas— también se ganaría el honrosísimo apelativo de «laboratorio de la revolución».

---

[52] *Ibidem*. *Vid*. también Romana Falcón y Soledad García Morales, *La semilla en el surco. Adalberto Tejeda y el radicalismo en Veracruz. 1883-1960*, México, El Colegio de México / Gobierno del Estado de Veracruz, 1986.

[53] Eduardo Urzaiz, *Eugenia. Esbozo novelesco de costumbres futuras*, México, UNAM, 2006. La edición original de esta novela data de 1919 y se desarrolla en el siglo XXIII en la ciudad de Villautopía, que es igualita a Mérida, el lugar en el que vivía su autor y donde fue publicada.

[54] Precisar el periodo en el que Tomás Garrido Canabal fue el mero mero de Tabasco siempre es un asunto espinoso y controversial; sin embargo, en tér-

Tomás Garrido Canabal, el caudillo de la región —y muy probablemente uno de los revolucionarios más atrabancados—, se veía a sí mismo como el más acabado ejemplo del hombre nuevo: era un ateo irredento, un hereje sin par, no fumaba ni bebía, y por supuesto que tampoco apostaba. Los gallos, los dados y la baraja sólo merecían sus maldiciones. Y quizá ocurría lo mismo con los volados y la rayuela que practicaban los degenerados que se pasaban los días en las cantinas y las pulquerías. Por si esto no fuera suficiente, don Tomás —con todo y sus ojos claros— era el paradigma de la productividad y el más abnegado creyente del «socialismo» en su versión tropical. Y si alguien se atrevía a dudar de todas estas virtudes casi ontológicas, él poseía una adicional que superaba a todas las anteriores: había proclamado que la ley no le interesaba, pues lo único que regía sus acciones era el ímpetu dar una nueva «forma a la sociedad».[55] Dijeran lo que dijeran las leyes, a él sólo le importaban la redención del pueblo y la justicia de a deveras.

El nuevo mundo de Garrido no se tardó mucho en mostrar sus logros, y la más siniestra de las locuras se adueñó de Tabasco: las mujeres que trabajaban de profesoras fueron obligadas a dejar los coloretes... en el edén que estaba naciendo, ellas no podían parecer burguesas ni pirujas; en los bailes que se organizaban a la menor provocación con tal de darles en la torre a los días de guardar, las jóvenes tenían la obligación de entrarle la pachanga con los revolucionarios y los desfanatizados. Nada de bailar con los

minos muy generales puede pensarse que se inició cerca de 1919, pues en ese año asumió la gubernatura interina por vez primera; mientras que su fin comenzó después de que los Camisas Rojas ametrallaron a algunos creyentes en Coyoacán (30 de diciembre de 1934) y su muerte se declaró al año siguiente, cuando Garrido —por su miasma callista— fue enviado al exilio por Cárdenas.

[55] *Apud* Manuel González Calzada, *Tomás Garrido, al derecho y al revés*, México, Publicaciones y Ediciones Especiales, 1940, p. 14.

conservadores, con los persinados imbéciles o con los enemigos de «la causa». Ellos sólo merecían el desprecio, y apapacharlos era un acto en contra de la patria. Por su parte, las escuelas —algunos años antes de que Cárdenas proclamara la educación socialista— enrojecieron al buen saber y entender del caudillo que promovió un racionalismo sobradamente radical[56] y, con ganas de llegar hasta las últimas consecuencias, Garrido también metió en cintura la prensa con tal de enmudecer a los enemigos de la gran transformación. La supremacía de *Redención* —el periódico oficialista del estado— estaba más allá de cualquier duda.[57] Las voces de la oposición se volvieron mudas... y más les valía hacerlo: Garrido y sus seguidores no se andaban con medias tintas.

El desfanatizador más fanático pronto se lanzó en contra de su enemigo mortal: la Iglesia que embrutecía a los tabasqueños para entregarlos a los malvadísimos faraones, los cuales —como decía Adalberto Tejeda— sólo querían llevar al país a «una situación igual a la de los oscuros tiempos que precedieron a nuestra [sacrosanta] guerra de reforma».[58] No en vano Garrido había declarado que, «para ser libres, es necesario destruir las raíces del virus religioso».[59] Casi sin decir agua va, las imágenes religiosas fueron quemadas en hogueras públicas que preferentemente se organizaban los domin-

---

[56] Evidentemente, la educación durante el garridismo es muchísimo más compleja de lo que aquí señalo. Sobre este asunto, vid. Carlos Martínez Assad, *El laboratorio de la Revolución, el Tabasco garridista*, México, Siglo XXI Editores, 1984, pp. 56-93.

[57] John W. F. Dulles, *Ayer en México. Una crónica de la Revolución (1919-1936)*, México, FCE, 2013, pp. 559 y ss.

[58] *Apud* Antonio Uroz, *La cuestión religiosa en México*, México, s. p. i., 1926, p. 108.

[59] George Creel, «The Scourge of Tabasco: Mexico's Hottest Dictator», *Collier's*, 23 de febrero de 1935.

gos a la hora de las misas. Además de estas fogatas desfanatizadoras, el garridismo puso en marcha otras medidas que contribuían a la creación del paraíso: en los ayunos de los católicos se obligaba a la gente a comer carne, la Navidad no podía celebrarse so pena de multas y, con sobradas ganas de cambiarlo todo, el régimen también suprimió la palabra «adiós» para despedirse.[60]

Templo transformado en escuela.
Fuente: Baltasar Dromundo, *op. cit.* Colección particular (JLTL).

Durante aquellos años, el Congreso del estado se convirtió en uno de sus principales aliados en la lucha contra las creencias malignas y los enemigos de la revolución. Para ejercer su ministerio en Tabasco, los sacerdotes tenían que cumplir con una serie de requisitos sobradamente simpáticos: debían ser tabasqueños o mexicanos por nacimiento, ser mayores de 40 años, haber estudiado en escuelas oficiales, tener una moralidad a toda prueba y,

[60] *Vid.* p. e. Carlos María de Herediz, *Tabasco renace en Cristo*, México, J. Aguirre B, 1939. En este libro se encuentran algunas de las fotografías que se tomaron durante estas lindas quemas de imágenes.

por supuesto, ser casados.[61] Además de esto, el garridismo terminó por cerrar los templos con el sano fin de convertirlos en escuelas y bibliotecas, fundió las campanas para transformarlas en herramientas y, en un arrebato poético, don Tomás les perpetró a sus hijos nombres bastante más que rimbombantes: uno se llamaba Lenin y otra Zoila Libertad —ella, según algunos tabasqueños, era la única libertad que había en el estado— y, por si esto no bastara, uno de sus sobrinos se agenció el nombrecito de Luzbel. Incluso, con ganas de horrorizar a los persinados, Garrido también bautizó a sus animales con nombres heréticos: San José, la Virgen, el Papa bien podrían ser bueyes, vacas y cerdos. El amok tropical podía esto y más. Don Tomás, quizá sin proponérselo, fue capaz de augurar el nombre de una de nuestras cantantes mejor operadas y más burras, en cuyo apelativo —escrito como Dios manda— se lee la palabra Lenin.

Garrido Canabal no sólo buscaba moldear las conciencias para dar a luz a los verdaderos hijos de la revolución, las preocupaciones por la degeneración que provocaban el alcoholismo y las prácticas nefandas también estaban en su proyecto. Tabasco se convirtió en un estado seco.[62] Al principio, sus leyes trataron de desalentar a

---

[61] Tomás Garrido Canabal, «Manifiesto a los obreros organizados de la república y al elemento revolucionario», 14 de mayo de 1925. *Apud* Alan M. Kirshner, *Tomás Garrido Canabal y el movimiento de los Camisas Rojas*, México, SEP, 1976, p. 22.

[62] El radicalismo de Tomás Garrido Canabal contra el alcohol y la Iglesia se ha tratado de explicar con distintos argumentos: algunos —gracias a un psicologismo bastante chabacano— sostienen que su furia se debe a que su padre era un borrachín perdido y su madre una católica fanática; otros afirman que sus medidas buscaban complacer a Plutarco Elías Calles y a los mandamases en turno, y unos más —rayando en la ciencia ficción— sostienen que se debían a que su cuerpo no resistía ningún trago y que por eso la emprendió en contra de los que sí podían darle gusto al gusto. La primera y la última de estas

los borrachines: las cantinas perdieron sus puertas, a las barras les arrancaron los descansapiés, y su altura se redujo a 70 centímetros para que los parroquianos adoptaran posiciones ridículas.[63] Pero como los tabasqueños no entendían por las buenas y las poses contrahechas les venían bastante guangas, no había más remedio que meterlos al redil por las malas: en 1928 se suprimieron las cantinas y las cervecerías[64] y en 1931 establecieron sanciones en contra de las bebidas alcohólicas. Seis años de prisión y una multa que iba de 500 a 5 000 pesos serían suficientes para enderezar a los tabasqueños, que tampoco podían andar por la calle fumando ni entrar a los burdeles que estaban proscritos.[65] El humo de los fumadores, las enfermedades venéreas y la degeneración de las mujeres no podían existir en el edén subvertido: las *chocas* y los *chocos* tenían que ser el orgullo de la raza.

Unas virtudes y logros tan grandes no podían pasar desapercibidos para la lírica, por ello no debe sorprendernos que en Tabasco se juntaran el músico Pedro Gutiérrez y el poeta don Carmen Guerrero para crear una linda canción:

> Hay en el sureste
> un hombre de acción
> que a todas sus huestes [...]
> trajo redención.

explicaciones me parecen poco sostenibles, mientras que la segunda algo de verdad puede mostrar; sin embargo, a las ansias de seguir los dictados de los mandamases también habría que agregar una suerte de «espíritu de la época» y una profunda vocación por crear un mundo a la altura de sus sueños.

[63] Baltasar Dromundo, *Tomás Garrido: su vida y su leyenda*, México, Guarania, 1953, pp. 156-157

[64] Alan M. Kirshner, *op. cit.*

[65] *Vid. Redención*, Villahermosa, Tabasco, 1º de mayo de 1931.

> Detesta los vicios,
> odia el fanatismo,
> y con sus auspicios […]
> se alza el obrerismo. […]
>
> Ese hombre es Garrido,
> el hombre de acción
> que al pueblo oprimido […]
> trajo redención.[66]

El reinado del caudillo tabasqueño no fue eterno: al final se pasó de la raya y terminó exiliado en Costa Rica. Sin embargo, las marcas de sus campañas se mantuvieron durante varios años. En tiempos de Cárdenas, cuando Graham Greene llegó al edén subvertido, aún pudo mirar las huellas del garridismo y se horrorizó ante la miseria espiritual y la apatía de los católicos que no tuvieron los tamaños para defender su fe. El infierno del trópico se reveló ante sus ojos.[67]

Si bien es cierto que las leyes y las acciones de los revolucionarios buscaban terminar con las taras ancestrales para crear al hombre nuevo, también lo es que pusieron en marcha

un proyecto que intervenía los cuerpos

con tal de construir el futuro promisorio. En 1920, en el Primer Congreso Mexicano del Niño, algunos eugenistas presentaron una

---

[66] Baltasar Dromundo. *op. cit.*, p. 96.
[67] *Vid.* Graham Greene, *Caminos sin ley*, México, Conaculta, 1996, y Álvaro Ruiz Abreu, «Greene y su visión desgarradora de México», en Álvaro Ruiz Abreu, *Viajeros en los andenes (México, 1910-1938)*, México, UAM, 2018.

serie de hechos que podían pararles los pelos a los revolucionarios más plantados: a pesar de todo lo que se había intentado desde los tiempos de las balaceras, era imposible negar que la raza mexicana se degeneraba a pasos agigantados. Rafael Santamaría —un doctorcito metido a mejorador de la especie— estaba convencido de que no era posible presentar la imagen de un niño normal entre los alumnos de las escuelas del país.[68] A pesar de las campañas de vacunación y los otros esfuerzos gubernamentales, todos estaban bastante amolados y el futuro de la nación pendía de un delgadísimo hilo. Algunos años más tarde —en 1934 para ser preciso— los salvadores de la raza volvían a recalcar este problema: el médico Raúl González Enríquez, después de que examinó detenidamente a 47 niñas, llegó a la conclusión de que todas padecían un notorio grado de inferioridad que las condenaba a legar esas taras a sus hijos.[69] Aunque nunca lo dijo, es posible suponer que esas chamacas estaban tan amoladas que ni siquiera un coito con alguien de buena sangre podría salvar a sus hijos. La herencia tenía que ser transformada a como diera lugar, y los mexicanos —en menos que un santiamén— se convertirían en seres idénticos a los que retrataban

los nazis y el realismo socialista

en sus momentos más chipocludos. Los cuerpos que imaginaba Francisco Eppens en sus timbres y en sus carteles, al igual que las

---

[68] Rafael Santamarina, «Conocimiento actual del niño mexicano desde el punto de vista médico-pedagógico», en *Memoria del Primer Congreso Mexicano del Niño*, México, El Universal, 1921.

[69] Alexandra Stern, «Mestizofilia, biotipología y eugenesia en el México posrevolucionario: hacia una historia de la ciencia y el Estado, 1920-1960», *Relaciones*, vol. XXI, núm. 81, 2000.

esculturas de Oliverio Martínez en el Monumento a la Revolución, tenían que convertirse en realidad. Si los mexicanos no estaban sanos y sobradamente mameyes, «la causa» habría fracasado irremediablemente.

Desde 1917 los revolucionarios comenzaron a legislar sobre los cuerpos para crear al hombre nuevo. La Ley sobre Relaciones Familiares publicada por Venustiano Carranza[70] contemplaba la necesidad de presentar un certificado de salud como parte de los documentos que las parejas debían entregar al Registro Civil para matrimoniarse. La opinión de los médicos que firmaban estos avales era definitiva, gracias a ella se podía tener la certeza de que los contrayentes no padecían enfermedades mentales, defectos físicos notorios (al parecer la fealdad no contaba) y que, para fortuna de sus hijos, tampoco eran sifilíticos, tuberculosos, alcohólicos, familiares incestuosos, ni portadores de un mal hereditario. El chiste era que estuvieran buenos y sanos para que pudieran aparearse con todas las de la ley y, justo por eso, se consideraba que la impotencia era una causal de divorcio. Engendrar, por dondequiera que se le viera, era un acto cívico.

Es difícil negar que la legislación carrancista iba por el rumbo deseado para tratar de llegar al futuro promisorio; sin embargo, desde 1919 el rey viejo estaba condenado a muerte, y muchas de sus disposiciones no podían aspirar a mantenerse tal como estaban. Tras su asesinato y el ascenso de los sonorenses al poder, esas medidas se volvieron más duras: a partir de junio de 1926 la presentación de un certificado de salud se volvió obligatoria. Ninguna pareja podría casarse si uno de los contrayentes padecía una enfermedad que degenerara la raza y, para que nadie se hiciera

---

[70] *Ley sobre relaciones familiares expedida por el C. Venustiano Carranza. Primer Jefe del Ejército Constitucionalista y Encargado del Poder Ejecutivo*, Puebla, Talleres Gráficos de La Prensa, 1917.

rosca, el gobierno callista dictó durísimas sanciones en contra de los jueces que desobedecieran su mandato.

A partir de los años treinta —gracias al fortalecimiento de las ideas eugénicas— las acciones para garantizar el futuro de la raza llegaron más lejos: la certeza de que los niños ciegos nacían de esta manera debido a la sífilis, y que la lepra y la tuberculosis eran heredables junto con las cualidades morales, eran buenas razones para tomar cartas en el asunto. No por casualidad el doctor Ramón Carrancá y Trujillo —con toda la teatralidad posible— señalaba que

> así como Pinard, el apóstol de la lactancia materna [...] se imaginaba al oír el grito de los bebés sometidos a manos mercenarias y azotados por la enfermedad [...]: «¡queremos la leche de mamá!», así también parece que esos miles de seres miserables, azotados por las herencias morbosas, llenas de lacras y taras, quisieran gritar con sus escasas fuerzas «¡queremos padres sanos!»[71]

En aquellos momentos ya era perfectamente claro que el Departamento de Salubridad Pública tenía la sagrada obligación de velar —conforme a los principios de la eugenesia— por el bienestar de las madres y los hijos de la rebelión. El primer derecho de los hombres nuevos era la salud que nacía de los coitos regulados, y cuyos protagonistas jamás habían practicado el nocivo onanismo que conducía a la degeneración mental. Las medidas para lograr estos objetivos fueron muchísimas: el secreto médico perdió su sentido ante las enfermedades venéreas y los males que dege-

---

[71] Ramón Carrancá y Trujillo, «Valor social del certificado pre-nupcial», *Revista Médica. Sindicato de Médicos y Profesionistas Conexos del Estado de Puebla*, Puebla, vol. v, núm. 39, 1933.

neraban a la descendencia,[72] y —por supuesto— la población fue sometida a la propaganda casi incesante.

Los periódicos también le apostaron fuerte a la salvación de la raza y, por sólo reiterar un hecho, llegaron a apoyar la realización de encuentros científicos para proteger a los niños, justo como lo hizo *El Universal* con el Congreso Mexicano del Niño que se llevó a cabo en 1920. Además de esto, el gobierno le entró con todos los medios a su alcance para educar a los chamacos en el nuevo rumbo. En 1925 la Secretaría de Educación Pública tenía un departamento dedicado a promover la higiene y la eugenesia entre los alumnos, el cual comenzó a trabajar con el Servicio de Propaganda del Departamento de Salubridad; además de esto, la campaña de alfabetización emprendida por José Vasconcelos reconocía que el conocimiento de las letras sólo llegaría a buen puerto si se lograba transformar la higiene y la moralidad de los mexicanos.[73] Aunque parezca increíble, don José no estaba bromeando cuando afirmaba que

> [...] aparte del aislamiento de los contagiosos [...] la escuela deberá tener los medios para exigir el aseo. En México, en los barrios más humildes, el primer útil del maestro fue la máquina de cortar el pelo; el primer artículo de *toilette*, el paquete de polvos insecticidas. Venía después el baño obligatorio.[74]

Las misiones culturales también tenían objetivos eugénicos y a ellos se sumaban los medios de propaganda del vasconcelismo y de

---

[72] Carmen Imelda Valdés Vega, «Sífilis y el secreto médico en México. Del Porfiriato a la Revolución», *Fuentes Humanísticas*, año 29, núm. 54, 2015.

[73] Claude Fell, *José Vasconcelos. Los años del águila. 1920-1925*, México, UNAM, 1989, pp. 19 y ss.

[74] José Vasconcelos, *Textos sobre educación*, México, FCE / SEP, 1981, p. 94.

los revolucionarios: la revista *El Maestro* tenía un sección permanente que se intitulaba «La salud del cuerpo» y, en los años treinta, en *El Maestro Rural* insistía en la necesidad de promover la higiene y desterrar los hábitos que ponían en riesgo a los hijos de «la causa».[75] Estas medidas tuvieron uno de sus momentos culminantes en 1925, cuando la Secretaría de Educación Pública promulgó el *Código de moralidad de los niños que concurren a las escuelas primarias*, un documento seriesísimo que los escuincles debían firmar y cumplir, ya que «la prosperidad y [el] engrandecimiento de nuestro país exigen que estemos aptos físicamente para el desempeño de nuestras diarias labores»; por esa razón, los niños debían evitar los hábitos nocivos y llevar hasta las últimas consecuencias aquellos que les resultaran provechosos.[76]

El amor romántico ya no tenía sentido, las mujeres y los hombres que estaban cegados por la pasión podían poner en riesgo el futuro del país, los deseos y los intereses individuales debían abandonarse en aras de lograr el advenimiento de una nueva raza.[77] Y, por si todo esto no bastara, también se puso en marcha

la enésima campaña nacionalista

que —entre otras cosas— publicó un calendario en el que se señalaban los días de guardar de las escuelas. Del 1º de enero al 31 de

[75] Ernesto Aréchiga Córdoba, «Educación, propaganda o "dictadura sanitaria". Estrategias discursivas de higiene y salubridad públicas en el México posrevolucionario, 1917-1945», *Estudios de Historia Moderna y Contemporánea de México*, núm. 33, 2007.

[76] «Código de moralidad de los niños que concurren a las escuelas primarias», *Boletín de la Secretaría de Educación Pública*, México, t. IV, núm. 7, 1925. *Apud* Ernesto Aréchiga Córdoba, *op. cit.*

[77] Ana María Carrillo, «La "civilización" del amor», en Pilar Gonzalbo Aizpuru (coord.), *Amor e historia. La expresión de los afectos en el mundo de ayer*, México, El Colegio de México, 2013.

diciembre siempre había algo que celebrar para honrar al nacionalismo y, por supuesto, para mejorar la raza.

Según este calendario —que tuvo un tímido tiraje de 300 000 ejemplares—, el 17 de enero los niños debían aprender que «los pueblos que no practican una higiene rigurosa y sistemática, degeneran en forma absoluta». Asimismo, el 9 de abril, a los estudiantes les debía quedar claro que «la degeneración física, intelectual y moral de nuestro pueblo y de las razas indígenas [...] se debe ante todo al exceso del uso de la bebida llamada pulque y al alcoholismo». Y, como seguramente ya es de imaginarse, también existían otras fechas que abonaban esas ideas: el 17 de octubre los alumnos estaban obligados a convencerse de que la niñez se convertiría en la «juventud revolucionaria», y el 21 del mismo mes se enterarían de que la revolución había puesto en práctica los «principios éticos más profundos» para lograr que los hijos del pueblo dejaran de ser «los parias de la sociedad» y los «seres negativos que antes eran», para convertirse en los «futuros hombres fuertes de la patria».[78] Es difícil saber si todas estas celebraciones y prédicas se llevaron a cabo hasta sus últimas consecuencias, y si los muchachos de las escuelas aprendían todo lo que se señalaba en este libraco; pero lo que sí es un hecho es que esas ideas eran una moneda más que corriente en esos momentos.

Los avances hacia el futuro promisorio parecían buenísimos, pero —con ganas de llevarlos a su límite— a ellos se sumaría

la educación física

como un mecanismo que iba mucho más allá de las ingenuidades que miraban algunos educadores, y que era distante de los pro-

[78] *Calendario nacionalista y enciclopedia nacional popular para el año de 1934. Edición especial*, México, Talleres Gráficos de la Nación, 1935.

yectos decimonónicos que incorporaron la gimnasia a los planes de estudio de las escuelas militares.[79] Cuando leemos la apología deportiva de Luis Álvarez Barret —donde nos dice que esta materia era maravillosa, pues «no se limitaba a los ejercicios gimnásticos», sino que «los enriquecía agregando excursiones, juegos, formaciones y marchas, así como [el] canto coral»—[80] sólo podemos mirar una cara de la luna: tras estas actividades aparentemente inocuas existía un proyecto político preciso que buscaba intervenir en los cuerpos y las almas de los alumnos.

Conforme se afianzaban en el poder y su régimen asumía un autoritarismo a toda prueba, los caudillos también comenzaron a aprender de lo que ocurría en otros lugares: las enseñanzas de la Unión Soviética, del fascismo y el nazismo no les pasaron desapercibidas. La religión política de los alzados y la creación del hombre nuevo estaban íntimamente ligadas con el culto del cuerpo y la disciplina, con el surgimiento de las masas que necesitaban nuevos escenarios para mostrarse en todo su esplendor. Ellos, de una manera casi milagrosa, le adivinaron la hipótesis a Elías Canetti de que los déspotas requieren de las masas que se muestran como el espejo magnificador del régimen y sus caudillos.[81] En el mundo nuevo los individuos no tenían cabida, lo único que importaba

---

[79] Efectivamente, un ejemplo de estos viejos proyectos fue la incorporación de la gimnasia al Colegio Militar tras la derrota de las tropas mexicanas en la invasión estadounidense. La zoquetiza estuvo tan dura que a los milicos no les quedó más remedio que aceptar que —además de aprender a bailar en una materia obligatoria— los cadetes debían tener ciertas aptitudes físicas para enfrentar a los extraños enemigos.

[80] Luis Álvarez Barret, *El maestro Beaurengard y la educación campechana*, Campeche, Gobierno del Estado de Campeche, 1969, p. 44

[81] Elías Canetti, *Masa y poder*, Madrid, Alianza Editorial, 2013.

eran las grandes concentraciones, las masas que serían cooptadas por el poder y el partido.

Desde el gobierno de Obregón la educación física y la construcción de estadios entraron por la puerta grande a los programas de las escuelas y en el presupuesto de la nación. Estas medidas tendrían —por lo menos— dos consecuencias indispensables para construir el paraíso: el dominio de las conciencias y la domesticación de los cuerpos que anulaba a los individuos.[82]

En Villahermosa, los jóvenes garridistas eran cobijados por las banderas para demostrar sus desfanatizadas y eugénicas cualidades.
Fuente: Baltasar Dromundo, *op. cit.* Colección particular (JLTL).

---

[82] Para la redacción esta parte del ensayo fue fundamental Dafne Cruz Porchini *et al.*, *Formando el cuerpo de la nación. El deporte en el México posrevolucionario (1920-1940)*, México, Conaculta / INBA / Museo Casa Estudio de Diego Rivera y Frida Kahlo, 2012.

Para valorar esta idea, es necesario recordar que la revolución cultural y antropológica de los alzados tenía

un enemigo poderoso y casi omnipresente:

la Iglesia que controlaba las conciencias, y que —además— promovía la recreación del pueblo y congregaba a las multitudes que estaban dispuestas a tomar otros rumbos. La misa negra obligaba a poner de cabeza las fiestas patronales para sustituirlas con los festejos patrios que se encarnaban en los bailes típicos, las tablas gimnásticas, los coros monumentales y los deportes. Ya después vendrían el cine, la radio y la televisión que ayudarían a mostrar el futuro promisorio y la redención que corrió por cuenta de la Revolución Mexicana (con mayúsculas, por supuesto).

Ante estos hechos, los alzados no sólo se enfrentaron contra su enemigo mortal con las leyes comecuras, con las matazones de la cristiada y con los arranques de Garrido Canabal y Adalberto Tejeda y sus huestes desfanatizadoras, los deportes también se convirtieron en un arma privilegiada para derrotar a la vieja fe y las taras sociales.[83] Estamos ante un ejemplo de biopolítica que encauzaría la energía de las masas, que disciplinaría a los hombres nuevos y que, de pilón, les daría nuevas diversiones que los harían partícipes de la vida colectiva y el nacionalismo. No por casualidad, a comienzos de los años treinta, en el periódico oficial del gobierno se señalaba que gracias al deporte «todos los niños y jóvenes lograrán un buen desarrollo físico y recibirán todos los beneficios

---

[83] *Vid.* Alan Knight, «Estado, revolución y cultura popular en los años treinta», en Marcos Tonatiuh Águila y Alberto Enríquez Perea (coords.), *Perspectivas sobre el cardenismo. Ensayos sobre economía, política y cultura en los años treinta*, México, UAM, 1996.

inherentes a esa clase de actividades, mejorando en los tres órdenes del triángulo de mejoría racial que se busca, es decir, en el intelectual, en el moral y en el físico».[84] El hombre nuevo —lejano de la Iglesia y cercano a la revolución— era, entre otras cosas, resultado de la educación física.

Un grupo de camisas rojas, el cuerpo paramilitar creado por Garrido Canabal para fanáticamente desfanatizar a los fanáticos.
Fuente: Baltasar Dromundo, *op. cit.* Colección particular (JLTL).

Los esfuerzos de los revolucionarios no se limitaron a la incorporación de las zangoloteadas en las escuelas o a la pertenencia a grupos paramilitares como los camisas rojas de Garrido Cabal, pues también crearon una institución que estaría a cargo de controlar sus objetivos a nivel federal. En el programa de trabajo del Departamento Autónomo de Educación Física se señalaba que

[84] «El cultivo del deporte es el mejor medio para hacer patria», *El Nacional*, México, 7 de junio de 1931.

el deporte y los juegos despertarían un «sólido sentimiento de ayuda mutua y cooperación en bien de la comunidad».[85] Los nexos que nacían de la vieja fe podrían ser sustituidos con el nuevo culto al cuerpo que —en las pirámides humanas— mostraba a los hijos de la revolución trabajando en conjunto para olvidar sus individualidades y transformarse en las masas que llegarían al paraíso. Y que, de pilón, mostraban de bulto la subordinación que caracterizaría al régimen autoritario.

Por si lo anterior no bastara, esos ejercicios también podían encauzar los deseos y las urgencias sexuales que llevaban al pernicioso onanismo, a contratar los servicios de una prostituta que los llevaría a la desgracia o adentrarse en los siniestros lugares de vicio y perdición. La gimnasia era la cura para los deseos que iban en contra de la patria. Es más, gracias a estas acciones podía ponerse en marcha la virilización que marcaría a los ideales revolucionarios que estaban dispuestos a combatir a la jotería y las prácticas extranjerizantes.[86]

La biopolítica de los revolucionarios tuvo un momento culminante: la inauguración del Estadio Nacional,

un monstruo de concreto

que podía albergar a una respetable cantidad de los habitantes de la Ciudad de México: sus cerca de 60 000 lugares equivalían —poco más o menos— al 6% de los chilangos de aquel entonces. Ese edificio, que entre otras cosas terminó su construcción

---

[85] Departamento Autónomo de Educación Física, *Programa de trabajos que desarrollará el propio Departamento durante el año de 1937 tanto en acción directa como en la que efectuará ligada con las demás secretarías y departamentos de Estado*, México, Departamento Autónomo de Educación Física, 1937.

[86] *Vid. infra*, cap. v.

gracias a los donativos obligatorios de los trabajadores de la Secretaría de Educación Pública, se transformó en el sanctasanctórum de las masas.[87]

El Estadio Nacional se inauguró el 5 de mayo de 1924 y las masas se presentaron con toda su fuerza ante Obregón y su gabinete: en las tablas gimnásticas, los coros, los bailables y los juegos deportivos participaron miles de mexicanos que —seguramente sin proponérselo— se convirtieron en la materialización de los logros de la gesta inmaculada. El símbolo que revelaba la transformación del pueblo y la victoria indiscutible de la revolución antropológica y cultural estaba mero enfrente de los caudillos. Tan importante era la presencia de las masas redimidas y redimibles, que el gigantismo se también hizo presente en otros espacios con espectáculos revolucionarios: las pirámides de Teotihuacán, la barriada de Balbuena y el Auditorio Nacional se convirtieron en los escenarios de las obras cuyos títulos no dejaban en duda su contenido. *El canto de la victoria*, *Liberación*, *Tierra y libertad*, *Fuerza campesina* y *La redención del indio* fueron algunos de los espectáculos que mostraban la mirada que más les gustaba a los caudillos y que, por supuesto, le venían muy bien a las masas.[88]

Sin embargo, el escenario perfecto pronto comenzó a mostrar sus problemas. Las cuarteaduras se revelaron en la estructura del Estadio Nacional, y los poetas no tuvieron más remedio que guardar silencio y tratar de olvidar sus odas apantallantes. Las rajaduras anunciaban que ya no era posible cantar

---

[87] Sobre el Estadio Nacional, *vid.* Rubén Gallo, *Máquinas de vanguardia: tecnología, arte y literatura en el siglo XX*, México, Conaculta / Sexto Piso, 2014.

[88] Ricardo Pérez Montfort, «Indigenismo, hispanismo y panamericanismo en la cultura popular mexicana de 1920 a 1940», en Roberto Blancarte (comp.), *Cultura e identidad nacional*, México, Conaculta / FCE, 2015, p. 522.

> Ochenta mil
> con una sola idea,
> con una sola alma que las cubre
> como enorme toldo negro.[89]

Aunque todavía fue utilizado en varios acontecimientos políticos —como ocurrió en las ceremonias de ascenso al poder de algunos presidentes—, la suerte del estadio ya estaba decidida: en 1950 fue demolido, y sobre su terreno se levantó una de las unidades habitacionales que también se convertiría en escombros. Dos de los grandes símbolos de la revolución cultural y antropológica fueron destruidos junto con los sueños del paraíso.

Al final, sólo las ruinas quedaron del anhelo del hombre nuevo, aunque los caudillos —cuando aún no se enfrentaban al fracaso— también tomaron cartas en el asunto indígena: la imperiosa necesidad de crear una comunidad imaginada los obligaba a transformarlos, y casi nada se tardarían en repetir algunas de las antiguas miradas y los viejos crímenes.

---

[89] Kyn Taniya, «Estadio», *El Universal Ilustrado*, México, 28 de octubre de 1926.

IV

El indio bueno es el indio imaginado

> *Las naciones que ocupaban estas tierras antes de los españoles, aunque muy diferentes entre sí en su lenguaje y parte también en sus costumbres, eran casi de un mismo carácter. [...] Varios autores, así antiguos como modernos, han emprendido el retrato de estas naciones; pero entre tantos no se ha hallado uno que sea exacto y en todo fiel. La pasión y los prejuicios en unos autores, y la falta de conocimiento o de reflexión en otros, les han hecho emplear diversos colores de los que debieran.*
>
> Francisco Xavier Clavijero,
> *Historia antigua de México*

Cuando se toparon con ellos, sus peores miedos se materializaron. Los nativos de las tierras recién descubiertas eran la encarnación del mal: sus ídolos espeluznantes los obligaban a recordar al Coludo, mientras que los sacrificios humanos y la antropofagia los ponían delante de las costumbres más terribles. Nunca antes, ni siquiera durante la reconquista de España, los peninsulares habían mirado hechos tan escalofriantes. Además de esto, de puritito pilón, era claro que esos seres tenían otras prácticas abominables y nefandas: ninguno de los siete pecados capitales les era ajeno, y todos los habían cometido con singular alegría. Sus almas —como es obvio— estaban irremediablemente perdidas. Para una buena parte de los conquistadores, los colonizadores y los clérigos, las obras que intentaban defender a los indígenas y mostrarlos como personas mansas no tenían ningún valor. Entre los hombres de la espada y la cruz de fuego, las palabras de fray Bartolomé de las Casas y de Motolinía, o las que se leían en algunas bulas papales, sólo eran un espacio en blanco, una nada que bien podía ser ignorada.[1] La asustadiza mirada de los primeros europeos que desembarcaron pronto cruzó el océano y se transformó en las imágenes que mostraban las siniestras cualidades del Nuevo Mundo: los libros cuyas portadas revelaban el canibalismo o la adoración al Demonio —al igual que los grabados que contenían las escenas de los sacrificios y los banquetes repulsivos— eran monedas de curso corriente. América, a pesar de su apariencia paradisiaca, era el lugar donde Lucifer había sentado sus reales.

---

[1] Sobre las acciones y las obras de fray Bartolomé de las Casas, *vid.* Helen-Rand Parish y Harold E. Weidman, *Las Casas en México. Historia y obra desconocidas*, México, FCE, 1992, y Fray Bartolomé de las Casas, *Tratados*, México, FCE, 1997, 2 t. En el caso de Motolinía, *vid. Historia de los indios de la Nueva España*, Barcelona, Linkgua Ediciones, 2009, pp. 76 y ss.; mientras que sobre la bulas pueden verse dos de ellas: *Veritas ipsa* y *Sublimis Deus*, las cuales fueron publicadas en 1537 por el papa Paulo III.

Un grupo de indígenas, bastante «quitado de la pena» por el futuro de su alma, prepara un banquete antropófago. Grabado publicado por Pieter van der Aa en 1706.
Fuente: John Carter Brown Library, Brown University.

Ante estos hechos, la predicación de la palabra de Dios y la guerra justa contra los indígenas eran los únicos caminos posibles y santificados. A como diera lugar, los naturales tenían que ser salvados de las garras de Satán. Según algunos de los más sesudos tratadistas españoles del siglo XVI, las causas que justificaban las acciones bélicas en contra de los aborígenes eran claras y estaban plenamente justificadas: a todas luces, ellos eran inferiores y la ley natural estaba del lado de las armas y la fe verdadera. Y por si esto no bastara para que se sintieran más que engallados, la victoria sobre la indiada también implicaba otras bendiciones: las armas y el Evangelio rescatarían a los inocentes, al tiempo que permitirían la salvación de las almas que aún no estaban perdidas por completo.[2]

Llevar el Evangelio a los salvajes era una acción impostergable: sin correr grandes riesgos, algunos sacerdotes lo harían en los pueblos que ya estaban sojuzgados; otros, los más audaces, se adentrarían solos en las tierras que aún no habían sido dominadas, y unos más —los que son relevantes para estas páginas— emprenderían el camino hacia los territorios indómitos acompañados por los soldados.[3] De nueva cuenta, la cruz y la espada se fundieron en la guerra justa que se inició en el siglo XVI, y que de distintas maneras se ha prolongado hasta nuestros días.

Aquellas justificaciones, aunque parecen lejanas, son el sustrato que nutre a

la mirada que desprecia y supuestamente redime a los indígenas,

al pasado que aún es presente, y que marcó las ansias de paraíso de los caudillos revolucionarios. Según algunos de sus intelectuales, los indios eran los protagonistas de una historia de desgracias,

---

[2] *Vid.* Juan Ginés de Sepúlveda, *Tratado sobre las justas causas de la guerra contra los indios*, México, FCE, 1987. Es importante señalar que si bien es cierto que las miradas que observaban a los indígenas de otras maneras (como las señaladas en la nota anterior) y que llevaron a cabo acciones absolutamente distintas a las que se describen en estas páginas son más que dignas de tomarse en cuenta, también es verdad que no me adentraré en esos terrenos. Lo que me interesa es mostrar las ideas que alimentaron los genocidios duros y blandos que se emprendieron en contra de los indígenas y, además, señalar cómo esta manera de comprenderlos ha permanecido a lo largo del tiempo. Evidentemente, mi perspectiva es parcial, pero los fines de este ensayo la justifican.

[3] Cecilia Sheridan Prieto, «Tierra de guerra en el norte de la Nueva España», en Juan Ortiz Escamilla (coord.), *Guerra*, México, Secretaría de Cultura, 2018, p. 64.

maltratos y embrutecimientos que se habían iniciado desde antes de la conquista, justo como lo señala Martín Luis Guzmán en *La querella de México*:

> De manos del cacique cruel pasó el indio a las del español sin piedad y a las del fraile sin virtud; ya no perecía por millares elevando pirámides y templos sangrientos, pero moría construyendo catedrales y palacios; ya no se le inmolaba en los altares del dios airado cuyo furor se apagaba sólo con sangre: se le sacrificaba en las minas y en los campos del encomendero, cuya sed de oro nunca se saciaba. [...] [Como resultado de esta historia] la población indígena de México es moralmente inconsistente; es débil hasta para discernir las formas más simples del bienestar propio; tanto ignora el bien como el mal, así lo malo como lo bueno.[4]

A como diera lugar, este ser caído en desgracia tenía que ser redimido. Sin embargo, tras los discursos y las acciones de los mandamases del régimen —y de los murales donde los indígenas vivían en una suerte de edén nacionalista (o que por lo menos lo presagiaba)— existía una realidad distinta: un genocidio blando que tenía su origen en las ideas que nacieron en el siglo XVI, y que se robustecieron cuando los conquistadores y los clérigos se adentraron en las tierras septentrionales de la Colonia, en las regiones donde vivían los seres más salvajes que estaban dispuestos a enfrentarlos hasta la muerte o la extinción de sus comunidades. Las herencias ocultas del indigenismo que promovían los triunfadores de la gran rebelión deben ser reveladas, en ellas —quizá por el

---

[4] Martín Luis Guzmán, *La querella de México*, México, Joaquín Mortiz, 2015, pp. 22-23.

origen norteño de los meros meros— aún se mostraban las marcas de las guerras que se emprendieron desde los tiempos novohispanos. Así pues, delante de nosotros sólo existe la posibilidad de ir y venir en el tiempo.

Para los conquistadores y los clérigos que estaban dispuestos a enfrentarse con el mismísimo Diablo,

la inferioridad de los aborígenes era un asunto indiscutible:

en ninguno de sus pueblos había una sola persona que tuviera las luces y los alcances de la gente que engalanaba la historia de la vieja España. Por más que lo buscaran, en Mesoamérica y en el lejano norte no existía ningún individuo equiparable con Séneca o con Alfonso el Sabio. Todos sus pobladores eran salvajes, seres que sólo podían ser vistos como «la gente más bárbara y fiera del nuevo orbe».[5] Por esta causa no resulta extraño que, ya bien entrado el siglo XVIII, uno de los misioneros que estaban en Sonora aún describiera a la indiada con durísimas palabras que parecen presagiar las ideas de Martín Luis Guzmán:

> Imagínese una persona que llena todas las condiciones para hacerse despreciable, baja y repugnante, una persona que en todos sus actos procede ciegamente sin ningún razonamiento ni reflexión; una persona insensible a toda bondad, que nada le merece simpatía, ni le avergüenza su deshonra, ni le preocupa ser apreciado; una persona que no ama la verdad ni la fe y que nunca muestra una voluntad firme; alguien a quien no le halaga ser honrado,

---

[5] *Vid.* p. e. Andrés Pérez de Rivas, *Historia de los triunfos de nuestra Santa Fe entre las gentes más bárbaras y fieras del nuevo orbe*, Madrid, Antonio Paredes, 1645.

ni le alegra la suerte, ni le duelen las penas; finalmente, una persona que vive y muere indiferentemente. Esa persona, es el retrato de un indio.[6]

En el siglo de las luces y del orgullo criollo, la bajeza ontológica de los aborígenes era una certeza, y poco o nada tenía que ver con el asombro que provocaban las creaciones de los indígenas muertos. La herencia del patrimonio que destruyeron los conquistadores era un pasado glorioso que se oponía al horror y la vergüenza que causaban los indios vivos.[7] Los insumisos eran el gran escollo que se enfrentaba al control del territorio y la creación de la comunidad homogénea que imaginaban los soberanos de la Casa de Borbón. La guerra —vista desde esta perspectiva— era indispensable para ordenar el territorio, para reducir a los indomables y construir los espacios de sobrevivencia.[8]

A pesar de la consumación de la independencia, durante el siglo XIX una buena parte de las discusiones sobre la inferioridad y la barbarie de los indígenas mantuvieron su rumbo y su impronta norteña. Ellas sólo se hicieron más poderosas gracias a los saberes que les ofrecían las nuevas ciencias que trataban de desentrañar y derrotar a los salvajes gracias a la biopolítica que bendecía sus acciones. Los afanes para medir sus cuerpos y su inteligencia estaban marcados por la búsqueda de lo primitivo y la confirmación absolutamente científica de su inferioridad. El tamaño de su cráneo —por ejemplo— era un claro indicador del volumen de su cerebro y, en consecuencia, sus capacidades de pensamiento

---

[6] Ignacio Pffefferkorn, *Descripción de la Provincia de Sonora*, Hermosillo, Gobierno del Estado de Sonora, 1984, t. II, p. 27.

[7] *Vid. supra*, cap. II.

[8] Cecilia Sheridan Prieto, *op. cit.*, p. 77.

eran mucho más reducidas que las de los blancos y los mestizos. La inexistencia de alguien parecido a Séneca no era una casualidad. Por esta razón, no es extraño que la Comission Scientifique du Mexique haya realizado importantes esfuerzos de antropometría, los cuales permitieron la publicación de libros que retiraban y demostraban la bajeza ontológica de la indiada que se negaba a la redención.[9]

En esos tiempos también se llegó a una conclusión que reforzaba algunas de las características esperadas: para la mayoría de aquellos «antropólogos» era claro que las mujeres indígenas eran mucho más inferiores y primitivas que los machos de su especie. Su notoria fealdad y sus pobres medidas confirmaban esta hipótesis. La doble discriminación había comenzado: ellas, además de indias, eran mujeres.[10] Ante estos hechos algo había que hacer: el antinacionalismo que se encarnaba en los indígenas tenía que ser remediado. Ellos, para ser mexicanos, tenían que dejar atrás su inferioridad y transformarse en no indios, en los mestizos idolatrados que podrían ser dignos de las Leyes de Reforma, del liberalismo de los juaristas y, por supuesto, también debían convertirse en los seres que renunciarían a su condición con tal de asumirse como una versión tropical de los *farmers* gringos que tanto les gustaban a los próceres de la reforma que estaban dispuestos a arrasar con las tierras comunales. Para los juaristas era

[9] *Vid.* p. e. E. T. Hamy, *Anthropologie du Mexique*, París, Imprimerie Nationale, 1891, y María Haydeé García Bravo, «*Anthropologie du Mexique* y el régimen de indigeneidad racializada en México siglo XIX», *Interdisciplina*, vol. 4, núm. 9, 2016.

[10] *Vid.* Karina Sámano Verdura, «De las indígenas necias y salvajes a las indias bonitas. Prolegómenos a la construcción de un estereotipo de las mujeres indígenas en el desarrollo de la antropología en México, 1899-1921», *Signos Históricos*, núm. 23, 2010.

perfectamente claro que las comunidades indígenas no tenían, ni podían tener, personalidad jurídica y, por lo tanto, no podían ser propietarias de ningún bien.[11] Sin embargo, nada —o casi nada— de esto pudo lograrse: los tiempos de guerra y la fragilidad del Estado no permitieron que la cruzada para desindigenizar a los indígenas lograra sus fines.

La llegada de los tiempos de orden y progreso tampoco cambió esta mirada; al contrario, la volvió aún más afilada de lo que era gracias a las nuevas creencias y los últimos alaridos de las modas científicas: los indígenas —según los más fervorosos creyentes del positivismo— tenían que dejar atrás las etapas primitivas para arribar al periodo positivo de la historia y sumarse al México que estaba naciendo. El país de las locomotoras y los chacuacos no merecía la existencia de los seres marcados por el salvajismo. Los eugenistas tampoco se quedaron atrás y todo lo apostaron a favor de los coitos adecuados y las acciones que impedirían que la herencia degenerada siguiera marcado a los mexicanos. Además, para los conversos a la fe de Herbert Spencer, era claro que —si todo esto fracasaba— la

---

[11] En la historia oficial, la Ley de Desamortización de las Fincas Rústicas y Urbanas de las Corporaciones Civiles y Religiosas de México (publicada en junio de 1856) siempre ha sido presentada como un episodio de la lucha para lograr la separación de la Iglesia y el Estado; sin embargo, en ella también se daba un golpe mortal a las tierras comunales de los indígenas. Para valorar este hecho, basta con leer algunos fragmentos de este ordenamiento: «Todas las fincas rústicas y urbanas que hoy tienen o administran como propietarios las corporaciones civiles [como las comunidades indígenas] o eclesiásticas de la República se adjudicarán en propiedad a los que las tienen arrendadas [...]. Las adjudicaciones y remates deberán hacerse dentro del término de tres meses, contados desde la publicación de esta ley en cada cabecera de partido». Así pues, como las tierras de las comunidades indígenas no estaban arrendadas a nadie, ellas podían ser compradas al gobierno; si lo hacían sus dueños, muy bien, y si otra persona las adquiría, pues también.

indiada retrógrada quedaría condenada a desaparecer o, en el mejor de los casos, sería obligada a transformarse en algo muy distinto de lo que era. El triunfo de los más fuertes y los superiores terminaría por ocurrir en poco tiempo, aunque —según ellos— también existían maneras de acelerar el paso de la historia y sus supuestas leyes. La duda es casi imposible: los conversos a la fe del progreso eran los parteros del futuro que estaba a la vuelta de la esquina.[12]

Así pues, si los indígenas eran mansos, sólo había que tener un poco de paciencia para que las fuerzas del progreso y la eugenesia los rescataran de su inferioridad: ellos podían ser redimidos en la medida de su capacidad para rendirse y obedecer a sus superiores, a los mestizos y los hombres blancos que evidentemente eran mejores que ellos. Sin embargo, cuando optaban por la rebelión, la vieja mirada de los conquistadores volvía por sus fueros: las armas eran el remedio definitivo. A comienzos del siglo XX —por sólo mostrar un ejemplo—, en un libro dirigido por Federico García y Alba, se precisaba la descripción de las horrendas características que tenían los levantiscos que corrían el riesgo de ser exterminados para instaurar el imperio del progreso: «No habrá seguramente, en toda la inmensidad del territorio mexicano, ni en sus más quebradas montañas, ni en sus más remotos pueblos, una raza [...] más abyecta que la raza seri».[13]

Ante estos salvajes sedientos de sangre y muerte, apenas existían dos caminos: la guerra de exterminio o la posibilidad de utilizar a las fuerzas de la naturaleza para transformarlos de manera definitiva. En el *Compendio de la historia general de México*, que fue escrito por Nicolás León —quien en aquellos días fungía como encargado de la Primera Sección de Antropología y Etnografía del

---

[12] *Vid. supra*, cap. III.

[13] Federico García y Alba (dir.), *México y sus progresos. Álbum directorio del Estado de Sonora*, Hermosillo, Imprenta Oficial, 1905-1907.

Museo Nacional de México— se leen unas cuantas líneas sobre los fines que tenía la guerra justa que se libraba en el norte del país: «los indios yaquis del estado de Sonora, que anteriormente estuvieron sublevados y se había conseguido reducirlos, volvieron a ponerse en armas el 24 de julio de 1899, siendo necesario volver a emprender contra ellos una nueva campaña de exterminio».[14] Desde la perspectiva de este connotado científico no había más remedio que aniquilarlos para controlar su territorio y fortalecer la idea de una comunidad absolutamente homogénea.

Retratos de los «peligrosísimos» yaquis que se sublevaron.
Fuente: Library of Congress.

Aunque las palabras de don Nicolás reflejaban las más duras acciones del poder, también existían otras que le apostaban al genocidio blando, justo como se señalaba en el Álbum *directorio del estado de Sonora*:

[14] Nicolás León, *Compendio de la historia general de México, desde los tiempos prehistóricos hasta el año de 1900*, México, Herrero Hermanos Editores, 1902, p. 560.

Destruirlos en masa, por más que ellos sean espantosamente inhumanos, no sería humano; confinarlos a sus serranías para después ir a cazarlos como a fieras y desalojándolos palmo a palmo como lo hicieron los americanos del norte con las razas aborígenes, no cabe en nuestra cultura ni es posible dada nuestra raza.

Entonces, la solución del problema depende de otro problema. Del arrancar al yaqui de ese suelo montañoso y abrupto que lo hace fuerte y sobrio, ágil y robusto y que conceptúa como absolutamente suyo, al grado de considerarlo como a una madre cariñosa que lo envuelve y lo alimenta y que favorece sus inicuos levantamientos.[15]

Gracias a este comprensivo argumento, la solución al problema yaqui era mucho más que clara y estaba al alcance de la manos de los más piadosos creyentes en la fe de progreso: las tierras de los indígenas debían ser entregadas a los blancos y los mestizos para que las explotaran de una manera científica, y los levantíscos tenían que ser enviados a otros lugares para que las fuerzas de la naturaleza los obligaran a evolucionar y los libraran de su evidente inferioridad que los hacía fuertes y sobrios.[16] Su captura y su exilio a la lejana penínsu-

---

[15] Federico García y Alva (dir.), *op. cit.*

[16] En uno de sus polémicos libros, Francisco Bulnes explica —desde el punto de vista de los mejores defensores del porfiriato— las causas de la guerra justa contra los yaquis: a Porfirio Díaz se le han hecho «cargos muy graves […] de crueldad […] con motivo de las guerras a los indios yaquis […]. Esos cargos […] están impregnados de ponzoña demagógica. […] La guerra del yaqui se ha presentado […] bajo el aspecto de una leyenda tierna […]. Existía feliz la tribu yaqui en el estado de Sonora, compuesta de indios bárbaros, mansos, semidulces, trabajadores, útiles, respetuosos con la población blanca, viviendo holgadamente con el producto de sus tierras; cuando de repente, la dictadura, para satisfacer la insaciable codicia de sus favoritos, despojó a los yaquis de sus tierras, que a vil precio pasaron a los extranjeros. Los agraviados se levantaron en armas y sostuvieron […] una lucha de más de veinte años, en la que el dictador

la de Yucatán ya estaban decididos como una muestra de la bondad de los mestizos que optaban por el genocidio blando.[17]

El destino final de los yaquis que no se rindieron a las fuerzas del «orden y el progreso».
Fuente: Library of Congress.

empleó los más refinados recursos de la crueldad [...]. [Sin embargo, tenemos que asumir que] la Constitución del 57 no reconoce tribus en suelo mexicano. Para ella solo hay mexicanos [...]; en consecuencia, el yaqui privilegiado y su tribu eran hechos contra la ley suprema [...] que el gobierno estaba en la obligación de hacer respetar. [...] Esa frase: "los yaquis fueron despojados de sus tierras" es inadmisible [...]. El general Díaz no podía reconocer propiedades a la nación yaqui, porque como mexicano, como civilizado, como gobernante, no reconocía a la nación yaqui. [...] ¿Pertenecían las tierras a la tribu yaqui? Ya he dicho que la tribu yaqui no podía tener ante el pueblo mexicano ni ante la Constitución ni ante la dictadura, personalidad jurídica, y no existiendo el propietario, no puede existir su propiedad» (Francisco Bulnes, *El verdadero Díaz y la revolución*, México, Eusebio Gómez de la Puente, 1920).

[17] Sobre la deportación de los yaquis a Yucatán, *vid.* p. e. John Kenneth Turner, *México bárbaro*, México, Ediciones Gandhi, 2011, y *cfr.* Eugenia Meyer, *John Kenneth Turner. Periodista de México*, México, Era, 2005.

Si bien es cierto que la certeza de la inferioridad de los indígenas justificaba la guerra en su contra y bendecía su transformación en verdaderos seres humanos, también lo es que estas acciones podían emprenderse gracias a la existencia de

una ley natural

que separaba a la humanidad en cristianos y paganos. Aquéllos —según los pensadores europeos más rigurosos del siglo XVI— seguían el camino que la divinidad había trazado y eran el pueblo de dios; en cambio, los idólatras eran los salvajes que persistían en avanzar por las rutas que conducían al infierno, la abyección y el pecado. Ellos eran lejanos de Dios y, para acabarla de fregar, también mancillaban la única fe verdadera que mostraría distintos rostros a lo largo del tiempo. Así pues, la guerra justa contra los indígenas era una manera de cumplir con los designios que se habían trazado en los espacios celestiales o que se habían descubierto en las leyes que regían el rumbo de la historia. A como diera lugar, los indios tenían que convertirse en parte de la comunidad cristiana que recibía a todos los seres humanos a condición de que abjuraran de sus viejas creencias.

En la Nueva España —como ya lo he dicho— muchos sacerdotes estaban absolutamente convencidos de la presencia del Chamuco. Fray Andrés de Olmos —por ejemplo— sabía que el Demonio cautivaba a los naturales con sus mordiscos, con sus babas emponzoñadas y que los seducía para hacerlos caer en un precipicio, en un barranco que sólo tenía como destino el infierno.[18] Además, él

---

[18] *Vid.* Fray Andrés de Olmos, *Tratado de hechicerías y sortilegios*, México, UNAM, 1990, p. 15.

estaba segurísimo de que no pocos aborígenes le rendían culto al Cornudo: los hechiceros y los que predecían el futuro tirando los granos de maíz, los que comían peyote o le entraban a los hongos, y los que aún practicaban las viejas ceremonias eran la prueba fehaciente de estas prácticas satánicas. Ante estos hechos, era evidente que él —al igual que muchos otros evangelizadores— necesitaba «el divino auxilio» o la fuerza implacable para lograr el cumplimiento de la ley natural que extinguiría el paganismo y las prácticas demoniacas.[19] La espada y la cruz tenían que estar unidas.

Como la lucha contra la idolatría marcaba los días de la Colonia, el paganismo se enfrentó a la posibilidad de su muerte, y en más de una ocasión terminó por esconder o fundir a sus ídolos con las imágenes de los altares. El sincretismo era una salida que no podía ser despreciada por los indígenas. Sin embargo, al consumarse la independencia, la ley natural que animaba a los conquistadores y los clérigos sufrió una transformación definitiva: los naturales ya no eran los paganos que debían ser enfrentados por sus nexos con el Coludo, ahora eran los seres que debían abandonar sus costumbres y su apariencia para convertirse en algo distinto de lo que eran. Ellos tenían que obedecer la norma celestial que se señalaba desde la primera constitución: los indígenas —por lo menos en el papel— tenían que dejar de existir para convertirse en mexicanos, y sus territorios debían desaparecer para fundirse con la nueva nación.[20] La vieja idea de la Iglesia seguía conservándose con toda su fuerza: todos podían pertenecer a ella si abandonaban sus

---

[19] *Vid.* p. e. Pedro Ponce, *Breve relación de los dioses y ritos de la gentilidad*, México, Imprenta del Museo Nacional, 1892.
[20] Alicia M. Barabas, «La construcción del indio como bárbaro: de la etnografía al indigenismo», *Alteridades*, vol. 10, núm. 19, 2000.

antiguas identidades. La vieja fórmula bíblica que rezaba: «Ahora te llamarás...», se mantenía con toda su fuerza.

Desde 1824 este mandato de la carta magna era claro, pero la mera verdad es que a los indígenas les vino bastante guango. Ellos, a pesar de las prédicas de los nacionalistas y los artículos constitucionales, siguieron siendo los que eran. La idea de la matria era más poderosa que la pertenencia a una patria abstracta. La certeza de saberse Juan, de vivir en San Pedro y ser un nahua era mucho más clara que la posibilidad de sumarse a la mexicanidad que borraba las señas de identidad. Esta actitud no era una casualidad: la nación que apenas se estaba creando —y que además se enfrentaba a los conflictos internos y los ejércitos extranjeros— no tenía la fuerza que se requería para cumplir con la ley natural que transformaba a los indios en mexicanos. Por esta razón, no resulta extraño que —a mediados del siglo XIX— Ignacio Ramírez señalara que, tras la ilusión de que había una patria, sólo existían «cien naciones que en vano nos esforzamos hoy en confundir en una sola».[21]

La ley natural que se encarnaba en las ideas del nacionalismo y nación dio paso a una tensión que parecía irresoluble: la vieja idea cristiana de un pueblo imaginado y compuesto por individuos abstractos se enfrentaba a la existencia de los pueblos reales y sus habitantes concretos.[22] Lo homogéneo y lo heterogéneo chocaban sin que uno de ellos pudiera imponerse por completo. La posibilidad de asumir la existencia de lo diverso como una cualidad nacional era imposible en esos momentos: las muchas etnias, las excesivas culturas y las leyes que nacían de los usos y costumbres tenían que

---

[21] *Apud* Charles H. Hale, «La guerra con Estados Unidos y la crisis del pensamiento mexicano», *Secuencia*, vol. 16, 1960.

[22] *Vid.* Luis Villoro, *Estado plural, pluralidad de culturas*, México, Paidós, 1998.

desaparecer para dar espacio a lo mexicano,[23] justo como lo proponían Francisco Pimentel y Antonio García Cubas, dos de los más afamados científicos de la segunda mitad del siglo XIX.[24]

A comienzos de los tiempos de don Porfirio, la ley natural aún era letra muerta. A pesar de los ríos de tinta, la indiada seguía siendo la indiada. Ante este hecho —además de enfrentarlos con las armas o desterrarlos para que las fuerzas de la naturaleza los transformaran por completo— tenían que tomarse cartas en el asunto: el blanqueamiento de los indígenas era un asunto prioritario. La uniformidad física, lingüística y moral eran imprescindibles para crear la nación.[25] En ese momento, los indios no sólo eran una vergüenza nacional que nada tenía que ver con los habitantes de la antigüedad, ellos eran un escollo para la edificación de una verdadera comunidad. Por fortuna, desde el punto de vista de algunos de los escritores más esperanzados de aquellos tiempos, el atavismo indio ya sólo se manifestaba en ciertos caracteres que poco a poco irían desapareciendo para fortalecer a los mexicanos.[26] El mestizaje avanzaba sin miramientos y, de nueva cuenta, el sendero se bifurcaba

---

[23] *Vid.* Enrique Florescano, «Etnia *vs.* Nación», *Nexos*, junio de 1999; François-Xavier Guerra, *Modernidad e independencias. Ensayos sobre las revoluciones hispánicas*, México, FCE, 1992, y Enrique Florescano, *Etnia, Estado y nación. Ensayo sobre las identidades colectivas en México*, México, Aguilar, 1998.

[24] *Vid.* p. e. Francisco Pimentel, *Memoria sobre las causas que han originado la situación actual de la raza indígena de México y medios para remediarla*, México, Imprenta de Andrade y Escalante, 1864.

[25] Beatriz Urías Horcasitas, *Indígena y criminal. Interpretaciones del derecho y la antropología en México, 1871-1921*, México, Universidad Iberoamericana, 2000.

[26] Aimer Granados García, «Francisco G. Cosmes y la definición de la "raza mexicana" durante el porfiriato», *Revista de la Universidad de México*, núm. 624, 2003.

en la paciencia y la posibilidad de acelerar el paso del progreso gracias a la eugenesia o la guerra justa que terminaría por reducirlos o exterminarlos.

A pesar de las matanzas y los sueños de progreso, las poco más de tres décadas que Díaz se mantuvo en el poder no fueron suficientes para lograr que la ley natural se cumpliera. El fracaso era evidente y los caudillos revolucionarios no se negarían a entrarle a este problema, que también los ponía frente a otra de las justificaciones que alentaban la guerra justa. Efectivamente, desde el siglo XVI

el sacrificio de los inocentes y la salvación de las almas

que aún no estaban perdidas obligaban a los clérigos a defender a los más débiles, a las víctimas de las acciones que ponían en riesgo el futuro de aquellos que podrían sumarse al pueblo de Dios.

Los inocentes no sólo debían ser salvados de los cuchillos sacrificiales y las prácticas luciferinas que irremediablemente condenaban sus almas; para no variar, ellos tenían que dejar de ser lo que eran para transformarse en integrantes del pueblo de Dios. Pero, en este caso, el mapa que conducía al paraíso no estaba escrito en náhuatl ni en ninguna otra de las lenguas de los aborígenes; cada una de sus palabras era tan española como la ruta a la gloria celestial. De esta manera, aunque los evangelizadores hacían grandes esfuerzos para dominar las voces indígenas y llevar la religión verdadera a los indígenas,[27] también surgió un ímpetu que avanzaba

---

[27] Los ejemplos de estos afanes son legión y, justo por esto, sólo muestro dos ejemplos de las obras que fueron creadas por los sacerdotes del siglo XVI para llevar el Evangelio a los indígenas: el *Vocabulario en lengua zapoteca, hecho y recopilado por el muy reverendo padre fray Juan de Córdova, de la orden de los predicadores, que reside en esta Nueva España*, México, Pedro Charte y Antonio Ricardo,

por un camino distinto: ellos debían perder sus voces para ser redimidos y formar parte de la comunidad imaginaria.

Aunque la agresión ya estaba anunciada, el inicio de la guerra lingüística no ocurrió durante los primeros años de la Colonia, para Felipe II era claro que la castellanización no podía acelerarse y que los esfuerzos para enseñar a leer en español tampoco debían redoblarse. Con la publicación de obritas como la *Cartilla para enseñar a leer* que se publicó en 1569 —cuya autoría se atribuye a fray Pedro de Gante—, o con la edición de catecismos como la *Doctrina cristiana en lengua mexicana*, las cosas iban por buen rumbo.[28] Las ideas de una república de indios y una república de españoles no estaba en entredicho. Sin embargo, tras la llegada de los Borbones al trono español, las hostilidades léxicas se decretaron de manera abierta: los nuevos monarcas —al apoyar las disposiciones del obispo Francisco de Lorenzana— intentaron proscribir las viejas palabras y obligar a todos los novohispanos al monolingüismo. La modernidad de la casa reinante también implicaba la creación de una comunidad imaginada, de un solo reino y una sola lengua que uniera a sus habitantes, a pesar de los esfuerzos para mostrar las mezclas de sangre que se retrataban en los cuadros de castas.

La impronta de los Borbones siguió haciéndose presente tras la independencia. Para la gran mayoría de los liberales era claro que los inocentes debían ser salvados: los hijos de los indígenas estaban obligados a perder sus lenguas tradicionales como un requisito

---

1578, y el *Arte de la lengua mexicana, concluido en el Convento de San Andrés de Ueytlalpan en la Provincia de la Totonacapan que es de la Nueva España el 1º de enero de 1547* de fray Andrés de Olmos (México, UNAM, 2002).

[28] Pilar Gonzalvo A., «La lectura de evangelización en la Nueva España», Seminario de la Educación en México, *Historia de la lectura en México*, México, El Colegio de México, 2005, p. 21.

fundamental para transformarse en mexicanos con todas las de la ley. El país necesitaba ciudadanos, y los caudillos decimonónicos —siguiendo los pasos de los revolucionarios franceses— estaban dispuestos a crearlos. Esos inocentes, quisiéranlo o no, eran vistos como el futuro de una nación homogénea y unida por una religión cívica. Ejemplos de esta idea no faltan: Ignacio Ramírez y Juan Rodríguez Puebla —por sólo mencionar dos casos— estaban completamente seguros de que las lenguas indígenas ya eran una historia completamente superada.[29]

Una de las muchas inocentes que debía dejar de ser lo que eran para transformarse en el futuro de la patria monolingüe y mestiza.
Fuente: Library of Congress.

[29] Guillermo de la Peña, «La antropología, el indigenismo y la diversificación del patrimonio cultural mexicano», en Guillermo de la Peña (coord.), *La antropología y el patrimonio cultural de México*, México, Conaculta, 2011, p. 73.

Las ideas de los liberales parecían muy poderosas, pero muy pronto se enfrentaron a las de sus adversarios: durante los tiempos de Santa Anna, Manuel Baranda —que chambeaba como ministro de Instrucción Pública— logró que el Congreso siempre revoltoso aprobara un plan de estudios que —además de español, francés, inglés, alemán y griego— contemplara la enseñanza del náhuatl, el tarasco y el otomí.[30] Incluso, durante el Segundo Imperio, Maximiliano de Habsburgo no le hizo el feo a las palabras de los indígenas, a él se deben las primeras leyes que fueron publicadas de manera bilingüe.

Todo parece indicar que los conservadores, los santanistas y los más fieles súbditos del imperio le apostaban a la posibilidad de crear una nación plural que podía tener otros mecanismos para lograr la comunión de sus habitantes; pero —al final del día— ellos fueron derrotados, y las viejas marcas de los Borbones y de la comunidad soñada por los sacerdotes cristianos se impusieron en la creación de la patria. La Ley de Instrucción Primaria que fue publicada en 1908 mostraba el camino preciso que soñaron los liberales: la educación tenía que ser laica y nacional «para fomentar el amor a la patria y sus instituciones», pues gracias a esto se podrían crear los ciudadanos que hacían falta y, de pilón, se contribuiría a acelerar el progreso del país.[31] La posibilidad de preservar las viejas palabras estaba cancelada: la unificación nacional por medio de la castellanización y el aprendizaje de la historia patria se impuso sin miramientos.[32]

---

[30] Anne Staples, «El entusiasmo por la independencia», en Dorothy Tanck de Estrada (coord.), *La educación en México*, México, El Colegio de México, 2011, p. 167.

[31] Engracia Loyo y Anne Staples, «Fin del siglo y de un régimen», en Dorothy Tanck de Estrada (coord.), *op. cit.*, pp. 209-210.

[32] Guillermo de la Peña, *op. cit.*, pp. 73-74.

En las clases de historia, salvo Cuauhtémoc, los héroes prehispánicos fueron condenados al olvido y en algunos casos —como el de Moctezuma II— ratificaron su condición infame. El bronce y el mármol ya sólo podían tocarles a los hombres que lucharon por la patria mestiza. Con la comprensión del mundo indígena ocurrió algo muy parecido: en tiempos de don Porfirio, México haría todo lo posible para incorporarse a las naciones más modernas y, curiosamente, exaltaría sus antigüedades para satisfacer la sed europea y estadounidense por lo exótico.[33] Los pabellones que se presentaban en las exposiciones internacionales son la mejor prueba de esta actitud: la estética neoazteca era la mejor manera de engalanarlos y conjugar un pasado insólito con el presente de progreso.[34] Evidentemente, esta mirada nada tenía que ver con los indígenas vivos, con los salvajes que se levantaban en armas y con los afanes que se llevaban a cabo para salvar a los inocentes de la degradación a la que estaban condenados. El indio bueno era el indio muerto.

Las nuevas ideas educativas no sólo hablaban del amor a la patria y del progreso a rajatabla, ellas también abogaban por la creación de un nuevo tipo de alumnos. Julio S. Hernández —uno de los educadores más sonados del porfirismo, y a quien se deben obras tan importantes como *El niño matemático*, *¡Que mueran los quebrados!* o el *Cálculo intuitivo*—[35] estaba convencidísimo de que los alumnos

[33] Paula López Caballero, «De cómo el pasado prehispánico se volvió el pasado de todos los mexicanos», en Pablo Escalante Gonzalbo (coord.), *La idea de nuestro patrimonio histórico y cultural*, México, Conaculta, 2011, pp. 143 y ss.

[34] Ricardo Pérez Montfort, «Nacionalismo y representación en el México posrevolucionario. La construcción de estereotipos nacionales», en Pablo Escalante Gonzalbo, *op. cit.*, p. 251.

[35] Todas ellas fueron publicadas por la Antigua Imprenta de Murguía a finales del siglo XIX y comienzos del XX.

que merecía la patria no sólo debían ser engendrados de acuerdo con los dictados de la eugenesia, pues también era indispensable que no le sacaran la vuelta a la higiene y, por supuesto, que asumieran las ideas de don Pancho Bulnes y cambiaran sus hábitos alimenticios para que pudieran dejar de ser lo que eran: unos seres bajos y condenados a la estupidez.[36] Para que esto quede claro, vale la pena asomarse a lo que se afirma en uno de sus libros más mentados:

> He aquí nuestra primitiva herencia en lo que se refiere a la alimentación: el indio de raza pura continúa sujeto al mismo régimen [...]. [Por esta causa,] el maestro de escuela tiene delante de sí un problema que resolver: [...] el maíz, el chile y el pulque como alimentos exclusivos no dignifican, sino degradan; no producen salud, sino desarrollan enfermedades; no crean ni sabios, ni artistas, ni pensadores, ni filósofos, que son los hombres progresistas por excelencia.[37]

Según el profe Julio, si en la historia de México existían casos como los de Benito Juárez, Ignacio Ramírez e Ignacio Manuel Altamirano —todos ellos indígenas de pura cepa—, esto se debía a un milagro operado por las fuerzas de «la suprema selección de la raza» que en la inmensa mayoría de las ocasiones no tenía piedad con la indiada que persistía en sus costumbres degradantes. Ni modo, así es la vida.

---

[36] Vid. Francisco Bulnes, *El porvenir de las naciones hispanoamericanas ante las conquistas recientes de Europa y los Estados Unidos*, México, Imprenta de Mariano Nava, 1899.
[37] Julio S. Hernández, *Guía práctica del educador mexicano. Recopilación de artículos pedagógicos sobre educación, metodología, organización, disciplina, legislación, programas escolares, etc.*, México, Antigua Imprenta de Murguía, s. f., p. 202.

Aquí tenemos a un grupo de indígenas vendiendo uno de los alimentos que «no dignificaban» y que, además, eran «insalubres y nocivos» para la inteligencia.
Fuente: Library of Congress.

Como seguramente ya es de sospecharse, cuando los triunfadores de la gran rebelión se bajaron del caballo, el problema de la salvación de los inocentes tampoco estaba resuelto. La indiada, por muy mexicana que pareciera, no tenía las virtudes que se necesitaban para formar parte de la nueva comunidad imaginada: un país redimible y absolutamente revolucionario. ¿Para qué le damos vueltas al asunto? Los inditos eran un problema, pero ellos también podían ser inventados para que concordaran con los sueños de los caudillos, tal como ocurrió durante el gobierno de Álvaro Obregón, pues durante esos años se comenzó a

soñar con los «verdaderos» indígenas,

con los seres humanos que sí estaban a la altura de la tierra de la gran promesa. Aunque este sueño estaba marcado por una concepción bifronte.

Desde que los sonorenses se levantaron en armas, su mirada hacia los indígenas ya se encontraba irremediablemente fracturada. Los hechos de su vida no podían olvidarse por arte de magia: muchos de sus contingentes estaban integrados por los yaquis y los mayos que se la rifaron con ellos hasta las últimas consecuencias; y, además —desde los tiempos de don Porfirio—, no pocos de los mestizos que le entraron a la bola también se habían enfrentado en un duelo a muerte con los salvajes de esos mismos grupos.[38] La certeza de que existían indios buenos y salvajes terribles estaba tatuada en sus mentes. Por esta razón, no resulta descabellado pensar que, para los triunfadores de la gran rebelión, la indiada estaba formada por dos tipos absolutamente diferentes de seres humanos: los que debían ser enfrentados en una guerra justa y los que podían convertirse en la «más auténtica especificidad» de lo mexicano.[39] El problema era el mismo de siempre: ¿cómo lograr que los salvajes se volvieran mansos y se transformaran en el más puro de los símbolos del nacionalismo?

[38] Javier Garciadiego, «Una revolución con varias guerras», en Juan Ortiz Escamilla (coord.), *op. cit.*, p. 177.
[39] Luis Villoro, *Los grandes momentos del indigenismo en México*, México, El Colegio de México, 1950, p. 196.

Tropas yaquis de los caudillos sonorenses en Agua Prieta.
Fuente: Elmer and Diane Powell Collection on Mexico and the Mexican Revolution, DeGolyer Library, Southern Methodist University.

El hecho de que algunos indígenas fueran vistos como la «más auténtica especificidad de lo mexicano» no implicaba que el ogro filantrópico se olvidara de ellos. Al contrario, esa virtud casi franciscana del régimen suponía que ellos —junto con los campesinos y los proletarios— se convertirían, junto con los campesinos y los proletarios, en los hijos predilectos de «la causa». Por esta razón, el indio devino en la encarnación de la injusticia social, «a la que —según Manuel Gamio— debía ponerse fin a través de su incorporación al progreso»,[40] a las mieles revolucionarias que inexorablemente lo conducirían a la tierra de la gran promesa.

Todo esto suena muy bien, y desde los años veinte se convirtió en una parte fundamental de los discursos oficiales de todos colo-

[40] Manuel Gamio, «Nacionalismo e internacionalismo», *Ethnos*, t. I, núm. 2, 1923.

res; pero el hecho es que los indios, para convertirse en el verdadero ejemplo de lo mexicano,

tenían que aprender cómo comportarse,

cómo hablar, qué comer, cómo vestirse, qué debían cantar y qué tenían que bailar, pues de otra manera no serían lo suficientemente típicos para serlo,[41] ni para merecer un lugar en los murales de Diego Rivera y sus secuaces. El indio que habla en esdrújulo y termina todos los verbos con una *s* bastante notoria, el que es manso y obedece a sus salvadores —aunque a ratos es medio canijo—, el que camina de a brinquitos y se viste de manta impoluta, era el ser perfecto que imaginaban los sonorenses y los caudillos que los sucedieron en el poder. Por supuesto que él también tenía que estar bastante jodido, de otra manera no existiría la posibilidad de que la revolución lo redimiera y le hiciera justicia. Un hecho que ya era notorio en algunos de los panfletos que circulaban desde 1913, como aquel en el que se lee lo siguiente:

> Ya no se trata de liberales o conservadores, y comienza a comprenderse que no hay, hoy en día, sino dos partidos viables: el de los que quieren que el indio coma, y el de los que quieren que el indio no coma [...]. Los raros pensadores que conocen sus necesidades y sienten la urgencia de una tardía justicia, no aceptan otro programa que el formulado por estas luminosas palabras: pan y

---

[41] *Vid*. Ricardo Pérez Montfort, «"La Noche Mexicana". Hacia la invención de lo "genuinamente nacional": un México de inditos, tehuanas, chinas y charros», en Leonardo Martínez Carrizales (coord.), *El orden cultural de la Revolución Mexicana*, México, UAM, 2010, p. 155.

libro, verdadera clave del porvenir de México. Lo demás es politiquería imbécil.[42]

Como lamentablemente el indígena soñado no existía, había que crearlo; y para esto era necesario volverle la espalda a la realidad y aplaudir en los teatros de revista o —en un afán bastante más sesudo y apantallante— imaginarlo como un proyecto que podía llevarse a cabo. En uno de sus ensayos, Ricardo Pérez Montfort cuenta que este indio estereotipado muy probablemente nació gracias al *Cuatezón* Beristán, el actor de carpa que fue capaz de dotarlo de algunas de sus características más notorias,[43] aquellas que retomaban los diálogos populares de la prensa decimonónica y que llegarían a su límite con algunos de los personajes emblemáticos del cine mexicano: Tizoc encarnado por Pedro Infante, el trágico protagonista de *La perla* representado por Pedro Armendáriz o, en la vis cómica, por los infinitos patiños que se pasaban de cabroncitos y que repetirían hasta el hartazgo los chistes creados por *Cuatezón*:

CURA: Está bien. Pasemos a otros «Santificar las fiestas».
INDIO: ¿Y eso qué es?
CURA: Pues no trabajar, ir a misa los domingos, ¿tú vas a misa los días de fiesta?
INDIO: […] siempre que puedo, pos no ve usté que allí es adonde veo a mi Juana, mi… pues… mi… Ya usté me entiende.
CURA: Calla, insensato. A la iglesia sólo se va a rezar, arrepiéntete.

---

[42] Cráter, *Piedad para el indio*, México, Imprenta de Revista de Revistas, 1913, pp. 27-28.
[43] Ricardo Pérez Montfort, «Indigenismo, hispanismo y panamericanismo en la cultura popular mexicana de 1920 a 1940», en Roberto Blancarte (comp.), *Cultura e identidad nacional*, México, Conaculta / FCE, 2015, pp. 540 y ss.

Indio: Pos me arrepentiré. Dejaré de verla, porque su tío no quere que me hable y sólo allí nos víamos.

Cura: Pues la ves en otra parte, pero si ella te quiere, tú le pides a su tío la mano... y...

Indio: Y para qué me sirve la mano. Yo la quero toda, padrecito, porque dígame, si me da la mano nada más, allá se queda con lo mejor.[44]

Aunque los aportes del *Cuatezón* parecen indiscutibles y hacían todo lo posible por convertir en homogéneas a las infinitas heterogeneidades del mundo indígena, cuando el personaje del teatro de revista aún no había sido parido, la pasión por el indio perfecto ya estaba presente en algunos de los caudillos de la bola, y lo mismo sucedía con no pocos de los intelectuales que eran cercanos a ella. Todo parece indicar que esta pasión empezó a revelarse con toda su fuerza desde que los constitucionalistas lograron imponerse a los otros alzados e iniciaron su política de alianzas y redoblaron sus ofertas de reivindicaciones.

Ejemplos de esta pasión no faltan, pero uno de ellos es muy interesante: en plena guerra, la colección Cvltvra publicó la antología de poesía indígena prehispánica preparada por Luis Castillo Ledón.[45] En estas páginas, si bien se hacía un profundo reconocimiento de las capacidades literarias de la indiada, también se asumía que, si los antiguos nativos no hubieran sido destruidos, «seríamos

---

[44] Leopoldo Beristáin, *La confesión del indio. Apud* Alfonso Morales, *El país de las tandas. Teatro de revista 1900-1940*, México, Museo Nacional de Culturas Populares, 1984, p. 84. Esta obra también es mencionada por Ricardo Pérez Montfort en el ensayo antes citado.

[45] Luis Castillo Ledón (prol. y comp.), *Antigua literatura indígena mexicana*, México, Cvltvra, 1917; *vid.* también. Freja I. Cervantes Becerril y Pedro Valero Puertas, *La colección Cvltvra y los fundamentos de la edición mexicana moderna (1916-1923)*, México, Juan Pablos / Secretaría de Cultura, 2016.

un pueblo homogéneo, de caracteres propios, inconfundible y, lo que es mejor, con verdadero sentimiento de la nacionalidad».[46] Pero como a ellos ya se los había cargado la tiznada, sólo quedaba la posibilidad de fundar una nueva patria en la cual tendrían que convertirse en algo superior de lo que eran: mexicanos a carta cabal.

Cuando la balacera empezó a tranquilizarse y el Barbas de Chivo se fue para el otro mundo, el país comenzó a mirar y apapachar a los indígenas soñados. Lo indio se volvió de lo más *chic* entre algunos de los caudillos, y lo mismo ocurrió con muchos de los intelectuales que los apoyaban. Una casa con equipales de Jalisco parecía más revolucionaria y comprometida con el pueblo que las que tenían sillones de terciopelo colorado. Y si en sus muros se colgaban pinturas de la escuela mexicana, la cosa era mucho mejor. No por casualidad en 1925 Pedro Henríquez Ureña estaba segurísimo de que en México existía un marcadísimo «deseo de preferir los materiales nativos y los temas nacionales».[47] Los mandamases, por lo menos de dientes para afuera, se mostraban como los hijos del verdadero pueblo que sólo tenían el compromiso —o la monomanía— de salvar a los más amolados: a los indígenas, los campesinos y los proletarios que anhelaban su redención. El resto, como lo decía Cráter, era pura politiquería que no servía para nada.

Lo indígena y lo típico se convirtieron en un asunto cotidiano y de toma de partido. La idea de lo exótico que surgió en tiempos de don Porfirio renació con nuevos aires. El obregonismo tenía que mostrarse absolutamente nacionalista y capaz de transformar al país: las balaceras y las acciones salvajes debían quedar atrás, los nuevos tiempos sólo tenían que mostrar los signos de la redención,

---

[46] Luis Castillo Ledón (prol. y comp.), *op. cit.*, p. v.
[47] Pedro Henríquez Ureña, «La Revolución y la cultura en México», *Revista de Revistas*, 15 de marzo de 1924.

del desarrollo, de la paz y, por supuesto, de un gobierno fuerte que instauraría un nuevo credo religioso. Incluso esta exaltación de los indígenas imaginados podía pensarse como una suerte de escudo que protegía al país de las prácticas extranjerizantes, del malvadísimo hispanismo y, por supuesto, de las costumbres que atentaban en contra de sus valores impolutos y sus costumbres maravillosas. Por esta razón es imposible sorprenderse ante los recuerdos de Daniel Cosío Villegas: «De la noche a la mañana, como se produce una aparición milagrosa, se pusieron de moda las canciones y los bailes nacionales, así como todas las artesanías populares [...] no hubo casa en que no apareciera una jícara de Olinalá, una olla de Oaxaca o un *quexqueme* chiapaneco».[48]

Aunque a golpe de vista parecería que lo indígena era el prodigio que revelaba la auténtica alma de los mexicanos, la mirada que los caudillos dirigían hacia la indiada también estaba marcada por un genocidio blando: la cultura indígena debía ser devorada y digerida por la revolución antes de convertirse en un algo digno de ser admirado.[49]

El momento definitivo de este proceso ocurrió en 1921, cuando —gracias a los festejos del centenario de la consumación de la independencia— se consagró la existencia de

los indios perfectos

que pronto se unieron a las chinas y los charros como los símbolos de la mexicanidad perfecta, defendible y presentable ante tirios y troyanos.

[48] Daniel Cosío Villegas, *Memorias*, México, Joaquín Mortiz, 1976, p. 92.
[49] Roger Bartra (comp.), *Anatomía del mexicano*, México, DeBolsillo, 2013, p. 10.

Para entrarle a este jelengue, Álvaro Obregón —que en ese momento ya estaba bastante bien aposentado en la silla del águila— no sólo ordenó la constitución del equipo de trabajo que se encargaría de las solemnísimas celebraciones, también dio línea sobre sus características: por ningún motivo se debía incurrir en el error que se había cometido durante las fiestas del centenario de los porfiristas. Lo fifí estaba terminantemente prohibido.[50] Debido a esto, la pachanga de los revolucionarios tenía que perder «su tono aristocrático y su indiferencia a nuestras tradiciones y costumbres».[51] Los organizadores, fieles a sus mandatos, le entraron a la chamba con todas las ganas del mundo. Sin embargo, el jolgorio no resultó tan lucidor como el de 1910. A pesar de que la comparación con el antiguo régimen no le favorecía, en esta fiesta ocurrieron dos hechos muy significativos para la consagración de lo indígena como esencia de lo mexicano: el concurso de la India Bonita y la exposición artesanal que se inauguró en esos días.

Gracias a *El Universal*, el país se enteró de que las indígenas también podían figurar en los certámenes de belleza. Las chamacas mestizas que iban a Estados Unidos para lucirse con poca ropa en el concurso de las mises universales ya tenían delante a las verdaderas mexicanas que se les paraban en jarras y no necesitaban andar pavoneándose con las carnes al aire.[52] A estas 10 mujeres del verdadero pueblo les bastaba y les sobraba con sus rasgos indios

---

[50] *Cfr.* Genaro García (dir.), *Crónica oficial de las fiestas del primer centenario de la independencia de México*, México, Talleres del Museo Nacional, 1911.

[51] *Apud* Alicia Azuela de la Cueva, «Las conmemoraciones cívicas: patria, pueblo y poder», en Enrique Florescano y Bárbara Santana Rocha (coords.), *La fiesta mexicana*, México, Secretaría de Cultura / FCE, 2016, t. I, p. 225.

[52] *Vid.* Rebeca Monry Nasr, *María Teresa de Landa. Una miss que no vio el universo*, México, INAH, 2018.

y su ropa típica, la cual —para que no ofendiera la vista del jurado ni de los lectores del periódico— tendría algunos cambiecitos para dejarla presentable. El chiste no era ser india, sino parecer una india a la altura de la revolución.

El certamen se llevó a cabo en 1921. A lo largo de él se publicaron muchas fotografías, entrevistas y reportajes que demostraban lo guapas y requetebuenas que estaban las participantes. Y para que no quedara duda de que estas «lindas inditas» sí estaban civilizadas, en la mayoría de las líneas ágata se sostenía que ellas —además de estar bastante sabrobskis— eran un claro ejemplo de la moral intachable y el estudio. Estas indígenas sacaban puros dieces y con sus novios nomás andaban de manita sudada; incluso, una de las más retratadas —la que se llevaría todas las flores— había llegado a la capital acompañada por su abuela, que sin duda era una chaperona infranqueable. Al parecer, las indias bonitas tenían el himen enterito, lo cual garantizaba que su descendencia no quedara marcada con las taras ancestrales.

Al final, sólo pasó lo que tenía que pasar: una de las participantes, María Bibiana Uribe, ganó con todas las de la ley.[53] Ella pasaría a la historia como la India Bonita. Las razones de su victoria eran antropológicamente indiscutibles y recordaban los importantísimos logros obtenidos por la Comission Scientifique du Mexique: el jurado —integrado por Manuel Gamio, Jorge Enciso y Rafael Pérez Taylor, entre otras personalidades del mundo de la ciencia y las artes— llegó a la conclusión de que esta chamaca se merecía los laureles en la medida en que su cuerpo reunía «todas las características de la raza: color moreno, ojos negros, estatura pequeña,

---

[53] Para los detalles precisos del concurso, *vid.* las notas que sobre este certamen se publicaron durante el segundo semestre de 1921 en *El Universal*.

manos y pies finos, cabello lacio y negro, etc.» Según ellos, María Bibiana pertenecía a «la raza azteca» (requete *sic*).[54] Así pues, gracias a estas linduras, por fin se demostró fehacientemente que los mestizos y los blancos ya podían perderle el asquito a la piel morena... el nuevo mexicano nacería gracias a los coitos que ellos tendrían con las indias bonitas que, en realidad, sólo eran unas mestizas en potencia.[55]

Aunque las intenciones de los organizadores quizá eran otras, la idea de la india bonita terminó en bastante propaganda y sobrado vacilón: María Bibiana se ganó 3 000 del águila por ser lo suficientemente indígena, y de pilón se agenció algunos regalos anunciando el jabón Flores del Campo y otros chunches. Incluso, para sorpresa de los lectores de *El Universal*, ella salió bastante bien parada el día que se reunió con el secretario de Relaciones Exteriores y su señora esposa para tomar el té de las cinco. Por si esto no fuera suficiente, María Bibiana debutó en el Teatro Principal, donde —después de que Aurelio González Carrasco declamaba con engoladísima voz su «Homenaje a la raza doliente»— aparecía en el escenario mientras el respetable le aplaudía y le gritaba piropos que, en algunos casos, no eran de caballeros.

Aparentemente las cosas estaban a todo dar: la india bonita estaba chula y más de un mestizo podía apuntarse para ser el papá de sus chamacos; sin embargo, en las carpas y los teatros de rompe y rasga los cómicos se dieron vuelo en contra de ella y del concurso, justo como sucedió con la obra *El indio bonito*,

---

[54] *Apud* Apen Ruiz, «La india bonita: nación raza y género en el México revolucionario», *Debate Feminista*, núm. 24, 2001.

[55] Apen Ruiz, «Nación y género en el México posrevolucionario: la India Bonita y Manuel Gamio», *Signos Históricos*, núm. 5, 2001.

que era protagonizada por la Rivas Cacho y *Tacho* Otero.[56] El mensaje de las carpas y los cómicos del peladaje era indudable: por más que se esforzaran el caudillo y *El Universal*, las indias no podían ser tan bonitas como se requería. No en vano, la mujer que mejor las representaría era una actriz que nada se parecía a ellas: Dolores del Río.

La presencia de las indias buenonas que se convertirían en las sacrosantas madres de los nuevos mestizos también estaba acompañada con un esfuerzo museográfico y editorial: la exposición de artes populares y la publicación de su espléndido catálogo.[57] Los fines de esta muestra no eran un arrebato: cada uno de los objetos que la integraban era una creación que reforzaba la existencia de los indígenas imaginados y, además, ellos ratificaban los lazos que unían a los mexicanos con sus hermanos morenos, los cuales ya estaban a un tris de sumarse al gran proyecto nacional. Según uno de los curadores de la exposición, el futuro no podía ser más promisorio: las artes populares, bien promocionadas y mejor vendidas, se convertirían en una fuente inagotable de riqueza. Gracias a las creaciones del pueblo, el PIB del país aumentaría sin freno, y a los meros meros no les quedaría más remedio que administrar la abundancia. La venta de ollas de barro, textiles y jícaras que emborrachan la vista, cestas con tejidos apretadísimos y sillas de montar podía sobrepasar a cualquier industria. Si los caudillos y las personas que les hacían el caldo gordo estaban encantados con estas creaciones que ratificaban su nacionalismo, era obvio que la gente de otros países cayera rendida ante la maravilla del exotismo mexicano.

---

[56] *Vid.* Ricardo Pérez Montfort, «"La Noche Mexicana"...», p. 154.
[57] Dr. Atl (coord.), *Las artes populares en México*, México, Cvltvra, 1921, 2 t.

El éxito de la exposición —según se comentaba en *El Heraldo de México*— no tenía precedentes. Leamos la nota en cuestión:

> El arte indígena mexicano, en sus más bellas manifestaciones, como lo son los finos sarapes de vivos colores, la loza esmaltada o simplemente cocida que encanta por la originalidad de su forma; los trabajos en pluma y cerda, tan estimados; los muebles de fina madera; las bateas con dibujos de colores vigorosos; todos estos primores y otros muchos fueron presentados [...] ante los ojos de los visitantes [...] gracias al empeño puesto por el señor Secretario de Relaciones Exteriores, y los conocidos artistas [el Dr. Atl], Jorge Enciso y don Roberto Montenegro.[58]

Ante esta descripción, la duda es imposible: los objetos que rodeaban a los personajes que se retrataron en las litografías que adornan a *Los mexicanos pintados por sí mismos* volvían por sus fueros, y lo mismo ocurría con la mirada de los fotógrafos extranjeros que durante el porfiriato estaban encantados con lo típicamente mexicano. Al igual que en el siglo XIX, los indígenas mansos y civilizables eran la muestra perfecta de la comunidad que algún día existiría. Los orígenes de los «preceptos nacionalistas del obregonismo se remontaban a etapas precedentes»[59] y, además, revelaban el camino que debían seguir los caudillos: a como diera lugar, los meros meros tenían que lograr la occidentalización de los indígenas y la indianización de la cultura.[60]

---

[58] *El Heraldo de México*, México, 20 de septiembre de 1921.
[59] David Brading, *Los orígenes del nacionalismo mexicano*, México, Era, 1980, p. 142.
[60] Ricardo Pérez Montfort, *op. cit.*, p. 151.

Dos fotografías de los tiempos de don Porfirio donde se revela la mirada que quedaba fascinada por lo típicamente mexicano.
Fuente: Library of Congress.

El gran reto era traer al seno de la familia mexicana a millones de indios para

__hacerlos pensar y sentir en español,__

y, por supuesto, para incorporarlos a la nación soñada por los sonorenses.[61] Sin embargo —y a diferencia de sus antecesores—, en estos imaginarios tenía que hacerse todo lo posible para abandonar la idea de inferioridad, justo como lo señaló uno de los secretarios de Educación Pública en un discurso memorable: «El pueblo de México, el indio de México y el mestizo de México no son elementos étnicos inferiores, sino grupos sociales abandonados».[62] Ellos eran el «cuerpo social» que debía ser redimido y llevado al paraíso.

El reto de los caudillos no era poca cosa, era el paso definitivo que llevaría a la meta que se había anunciado desde el siglo XVI. Por fortuna, los mandamases contaban con apoyos más que importantes: las ideas y las acciones de Manuel Gamio y José Vasconcelos, los organizadores del genocidio blando que permitiría la unificación nacional gracias a la occidentalización de la indiada.

A pesar de que posaba como un revolucionario de pura cepa, Manuel Gamio comenzó a destacar desde los tiempos de don Porfirio y, cuando la fiesta de las balas estaba a todo lo que daba, publicó una de sus obras más importantes: *Forjando Patria (pro*

---

[61] *Vid.* José Antonio Aguilar Rivera, «Moisés Sáenz y la escuela de la patria mexicana», en Moisés Sáenz, *México íntegro*, México, Conaculta, 2007, p. 16.

[62] Manuel Puig Casauranc, *apud* Ricardo Pérez Montfort, «Indigenismo...», p. 539.

nacionalismo).[63] Según el mentadísimo antropólogo, la situación de los indígenas era precisa y definible: ellos estaban sometidos a una existencia «oscura y dolorosa», a una vida casi salvaje que se manifestaba en su cultura «híbrida y defectuosa» que sin duda se oponía a la posibilidad de crear una patria:

> ¿Puede existir un verdadero sentimiento de nacionalidad en un país en el que hay diversas orientaciones culturales, es decir diversos modos de sentir, de producir y de obrar? —se preguntaba angustiado don Manuel Gamio— [...]. Esas diferencias, unidas a las diferencias étnicas de las agrupaciones humanas, que pueblan nuestro territorio, hacen imposible por hoy la existencia de una verdadera nación.[64]

El problema estaba canijo, pero estos seres alejados de la mano de Dios podían transformarse en humanos redimibles gracias a sus nexos con el mundo prehispánico, a los valores y prácticas ancestrales que podían convertirse en uno de los modelos de una mexicanidad que nada tendría que ver con los modelos y las prácticas extranjerizantes;[65] pero esto sólo se lograría en la medida en que el ogro filantrópico pudiera salvarlos. Tal como el mismo Gamio lo señala en *La población del valle de Teotihuacan*:

> Esto [...] no quiere decir que supongamos que la población indígena no posea aptitud para elevar su nivel cultural y que esté condena-

---

[63] Manuel Gamio, *Forjando Patria (pro nacionalismo)*, México, Porrúa, 1960. La primera edición de este libro data de 1916.

[64] Manuel Gamio, «Arqueología y nacionalidad», *La Vanguardia*, 30 de abril de 1915.

[65] José Ignacio Lanzagorta, «Forjar patrias», *Nexos*, septiembre de 2016.

da al aniquilamiento si no se procura su mestizaje; ya hemos dicho y repetido que el indígena tiene iguales aptitudes que el mestizo o el blanco; pero el miserable estado económico en que se ha debatido y se debate todavía, hace que dedique todas sus actividades al sostenimiento de su subsistencia orgánica, dejando para mejores tiempos su mejoramiento cultural.[66]

Así, cuando los sonorenses tomaron el poder, ya existía una idea básica: los indígenas tenían derecho a ser redimidos, a formar parte de la nación y transformarse en los más preclaros ejemplos de lo mexicano. Ante estos hechos, a los caudillos ya sólo les tocaba convertir el ideario en realidad. La castellanización redobló sus pasos y se propuso desaparecer las lenguas indígenas por considerarlas una barrera para la unificación nacional.[67] Durante muchos años, los niños no se enteraron de que hablaban español ni castellano, sino lengua nacional.[68] La propuesta de Gamio les venía como anillo al dedo a los caudillos; sin embargo, durante los años veinte la situación de los profes rurales estaba bastante más que amolada: el 20% apenas había llegado a cuarto año de primeras letras, la mitad no tenía terminada la primaria, y cerca

[66] Manuel Gamio, *La población del valle de Teotihuacan. El medio en que se ha desarrollado, su evolución étnica y social, iniciativas para procurar su mejoramiento*, México, Dirección de Antropología, 1922, pp. xxx-xxxi. *Vid.* Irving Reynoso Jaime, «Manuel Gamio y las bases de la política indigenista en México», *Andamios*, vol. 10, núm. 22, 2013.

[67] Carlos Montemayor, *Los pueblos indios de México. Evolución histórica de su concepto y realidad social*, México, DeBolsillo, 2008, p. 41.

[68] *Vid.* Guillermo Castillo Ramírez, «La propuesta de proyecto de nación de Gamio en *Forjando Patria (pro nacionalismo)* y la crítica del sistema jurídico-político mexicano de principios de siglo xx», *Desacatos*, núm. 43, 2013, y, del mismo autor, «Las representaciones de los grupos indígenas y el concepto de nación en *Forjando Patria* de Manuel Gamio», *Cuicuilco*, vol. 20, núm. 56, 2013.

de 8% sólo había pasado un tiempo en alguna escuela normal sin concluir la carrera. Los restantes, al parecer, sí se habían titulado o algo parecido.[69]

Las ideas de Gamio no eran las únicas que rifaban: las de José Vasconcelos también tenían lo suyo, pues de él dependía directamente la transformación de los indígenas en seres perfectos. Si bien es cierto que el secretario de Educación tenía tan buen corazón que se negaba a encerrarlos en reservaciones a la manera gringa y que le apostaba al jabón y a la despiojización como primeras medidas educativas, también lo es que su proyecto reforzaba la idea del monolingüismo: las casas del pueblo y las misiones culturales que se crearon en 1923 llevaron a las comunidades el mensaje civilizador que intentaba occidentalizar la indiada.[70] Nadie estaba en contra de que fueran la representación más pura de lo mexicano, tampoco estaba mal visto que por sus venas corriera la sangre de los creadores de culturas más apantallantes, y mucho menos se podía negar que merecieran entrar al paraíso. El problema era otro: ellos tenían que occidentalizarse para que México pudiera indigenizarse.

Los proyectos de don Pepe se anunciaron con bombo y platillo, y —para que no quedara duda sobre sus alcances— en las revistas que publicaba la Secretaría de Educación Pública se mostraban los grabados de las profesoras y los profesores que le entraban al quite y lograban la redención de los alumnos. Tan contentos estaban todos con lo que estaba a punto de ocurrir que, en los paneles del edificio de la SEP, Diego Rivera se dio vuelto retratando a los profes rurales y a la chamacada que había sido redimida. Todo parecía maravilloso; sin embargo, a la hora de la verdad, el éxito

[69] Engracia Loyo, «La educación del pueblo», en Dorothy Tanck de Estrada (coord.), *op. cit.*, p. 253.
[70] *Ibid.*, p. 249.

absoluto brilló por su ausencia, aunque la idea del genocidio blando se mantuvo sin grandes problemas. La posibilidad de pensar en un país de muchos colores era imposible.

En los años treinta el problema indígena aún parecía irresoluble. Las instituciones creadas por el ogro filantrópico, los congresos que se realizaban con el sano fin de encontrarle tres pies al gato, y los arrebatos discursivos de *Tata* Cárdenas tampoco habían llegado muy lejos. La guerra lingüística y los procesos de desindigenización no habían servido para mucho. Para acabarla de amolar, don Lázaro no entendía a los seres que estaban delante de él. Por más que los miraba, él no podía sacarse de la cabeza que los indígenas no eran indígenas, sino proletarios explotados. Y, para ratificar sus incomprensiones, en uno de los discursos que se aventó en el congreso indigenista de Pátzcuaro dijo que el problema de México no residía en lograr que el indio siguiera siendo indio... la bronca tampoco estaba en indianizar a México, sino en mexicanizar al indio.[71] Entre las palabras del *Tata* y lo que se decía en el siglo XIX había pocas diferencias.

Tal vez la única voz discordante era la de Moisés Sáenz, quien en unas pocas líneas dejó claro el problema:

> Nos acercamos al indio como mexicanos, para imponerle una teoría nacional y hasta un credo social [...]. Vamos a civilizar al indio afirmamos. Esto es justamente lo que han proclamado todos los invasores «colonizantes» antes que nosotros. [...] Somos tan incomprensivos como un turista. No se [trata de] incorporar al indio, sino integrar México.[72]

[71] José Antonio Aguilar Rivera, *op. cit.*, p. 21.
[72] Moisés Sáenz, *México íntegro*, México, Conaculta, 2007, pp. 144-145.

Por desgracia, la idea del país de muchos colores era incompatible con el nacionalismo y con los sueños de los caudillos. Los únicos que podían existir eran los indios imaginados: el México de la revolución no tenía lugar para otros, para aquellos que persistían en la necedad de ser ellos mismos y mantener el rumbo que los alejaba del ogro filantrópico. A partir de los años veinte, el genocidio blando y la redención se fundieron como la espada y la cruz. Sin embargo, los indígenas reales y necios no eran los únicos que debían ser enfrentados, la nación hipervirilizada y machista también tenía otros enemigos: los jotos extranjerizantes que ponían en duda los logros estéticos de la gran rebelión.

V

Una revolución de machos

> *La rígida censura que acalló a multitud de autores*
> *e ideas, salvo a los escogidos, y la prohibición o el*
> *desaliento de numerosas formas de literatura no política*
> *[...] desviaron la atención del público lector*
> *hacia obras nuevas y experimentales repletas [...]*
> *de ideales sociales [...] extravagantes.*
>
> Isaiah Berlin,
> *La mentalidad soviética.*
> *La cultura rusa bajo el comunismo*

Para ser un mexicano de a deveras no había de otra más que ser muy macho. Aunque en muchas ocasiones estos varones fueron derrotados por las tropas extranjeras o por los enemigos de su causa —y en no pocas se retiraron del campo de batalla con la cola entre las patas— todos tenían la certeza de que aún podían penetrar a sus rivales. Si no lo habían hecho con los plomazos y las bayonetas, por lo menos les quedaba la certeza de que sí lo harían a fuerza de albures y dobles sentidos que poco ocultaban. En este terreno y en las bravatas de cantina eran absolutamente invencibles; las charrascas, los verduguillos matapuercos y los trozos de los cajetes en los que se servía el pulque eran sus armas predilectas desde los tiempos de la Colonia.[1] Ya después, cuando llegaran los policías y los guardaran tras las rejas, vendrían los ruegos y los ojos humedecidos que ratificaban sus súplicas ante el *siñor* juez. Andar hasta la charola de los merengues era un atenuante tan valioso como las ofensas que habían recibido. A pesar de sus infaltables arrepentimientos, para todos era claro que estos briagos sí comían lumbre, y que su honor siempre tenía que ser lavado con sangre y que debía ser pulido a fuerza de moretones. Una palabra desafortunada, un arrimón a su vieja o un acercamiento indebido eran suficientes para que las ansias de bronca se quitaran el bozal. En realidad, si ellos perdían en las trompadas era un asunto de poca importancia: para eso estaban sus mujeres que podían aguantar los palos o ser sacrificadas por andar de pirujas.

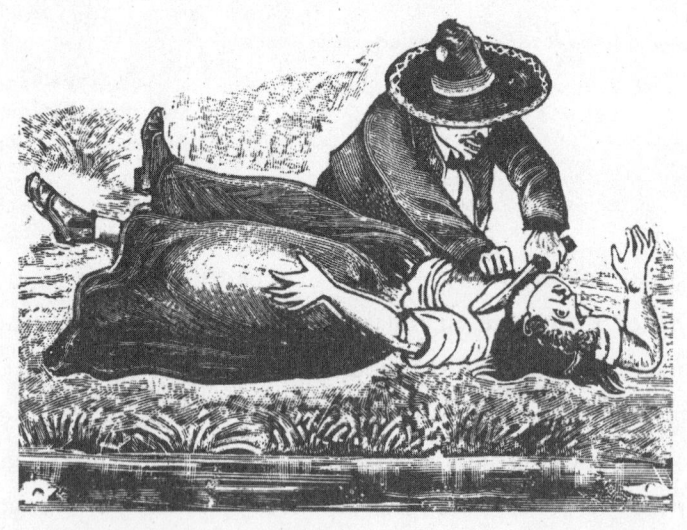

Una mujer recibiendo su «merecido» por «faltarle» a su hombre. Grabado de José Guadalupe Posada.
Fuente: Colección particular (JLTL).

[1] *Vid.* p. e. Teresa Lozano Armendarez, *La criminalidad en la ciudad de México, 1800-1821*, México, UNAM, 1987.

En este mundo absolutamente bragado, la mínima flaqueza en el machismo no sólo era un atentado contra la hombría, la virilidad y el honor de los mestizos idolatrados, sino también contra el más preclaro de los nacionalismos. Mexicano y macho ya eran sinónimos perfectos desde el siglo XIX. Por esta razón no me sorprende lo que algunos viajeros de aquellos tiempos escribieron sobre sus exaltadísimas costumbres: «En cuestiones del amor —dice Carl Christian Sartorius—, el mestizo es como la pólvora: nada de arrumacos sentimentales ni de suspiros a la luz de la luna; sólo le satisface la posesión, y para lograr la ansiada conquista nada lo detiene ante ningún obstáculo».[2] Al parecer, donde los machos ponían el ojo, también ponían la bala. Ellos eran casi idénticos al Zarco, el personaje de la novela de Ignacio Manuel Altamirano que mostraba las mejores y más acentuadas características de la hombría que apenas reconocía la existencia de unas pocas mujeres de pelo en pecho.[3] El resto sólo eran las hembras sometidas o sometibles, y no se merecían una canción como la que en el siglo XIX describía a la peligrosísima Carambada, quien —sin tentarse el alma— mataba y asaltaba en el Bajío para refrendar su parecido con los hotentotes:

> La Carambada fue airada
> a apelar a todo vuelo,
> y pecherona y bragada,
> nos dejó mirando al cielo.

[2] Carl Christian Sartorius, *México hacia 1850*, México, Conaculta, 1990, p. 175.
[3] *Vid.* Ignacio Manuel Altamirano, *El Zarco (Episodios de la vida mexicana en 1861-1863)*, México, Establecimiento Editorial de J. Ballescá y Cía., 1901, y Roberto Miranda Guerrero, «Exploraciones históricas sobre la masculinidad», *La Ventana. Revista de Estudios de Género*, núm. 8, 1998.

La Carambada decía,
soy el terror de esta zona,
ya no tiembles vida mía,
no te pondré tu corona.

Con sus pistolas al cinto,
con su puñal afilado,
la valiente Carambada
atacó hasta la Acordada.

Carambada valerosa,
mujer de gran bizarría,
el Bajío repetirá,
tus hazañas a porfía.[4]

Además de esto, para confirmar sus virtudes delante de tirios y troyanos, los machos tenían la sagrada obligación de pasarse de lanzas, de sabrosear a todas las mujeres que les pasaran delante de los ojos y convertir sus piropos en una de las señas de identidad del país. Las palabras de fuego que penetraban a las mujeres que no se parecían a la Carambada era una característica de los mexicanos idealizados por el nacionalismo. Los ejemplos de estas chuleadas son legión, pero vale la pena asomarse a una de ellas, la que mereció una portada de *La Guacamaya*, donde dos pelados le miran los chamorros a una lindísima señorita mientras afirman:

[4] *Apud* Higinio Vázquez Santana, *Historia de la canción mexicana, canciones, cantares y corridos coleccionados y comentados por...*, México, Talleres Gráficos de la Nación, 1931.

—Tú dices, con esas carnes
¡quién va a comer en vigilia!
Ni el pescado más sabroso
del canal de Santanita,
ni el huachinango más rico,
ni el bagre, ni las sardinas,
cambiaba por esas piernas
de pura carne maciza.[5]

Nada sé sobre lo que pensó la señorita de abultado trasero y piernas de «pura carne maciza», pero —si les hago caso a las costumbres de la época— no me queda más remedio que asumir que se tenía bien merecida la piropeada... ¿quién le mandaba andarse paseando por la calle sin su hombre, o ya de perdida sin su padre o uno de sus hermanos? Y por si esto no bastara para demostrar su culpabilidad más que fehaciente, ¿quién fue el baboso que le dijo que debía alzarse las enaguas para que la falda no se le manchara en el lodazal? En el fondo, todos sabemos qué es lo que siempre pasa: el hombre es fuego, la mujer estopa... y llega el diablo y le sopla.

Aunque el machismo era una de las señas de identidad del más preclaro nacionalismo —y por ello debía ser cultivado y exaltado hasta sus últimas consecuencias—, no faltaban los desviados que ponían en ridículo a la patria con sus costumbres afeminadas y extranjerizantes. La jotería[6] era uno de los males que llegaban de otros países para pervertir a los mestizos que se esforzaban para

[5] «Vigilia», *La Guacamaya*, México, 28 de diciembre de 1905.
[6] Todo parece indicar que la palabra *joto* tiene un origen carcelario, pues en la Crujía J de Lecumberri se encarcelaba a los homosexuales que caían en manos de las autoridades. Esta prisión se inauguró en 1900, y al año siguiente la palabra *joto* comenzó a ser publicada en las hojas volantes y la prensa de a centavo.

VIGILIA

—Tú dices, con esas carnes
¡quién va á comer de vigilia!
Ni el pescado más sabroso
del canal de Santanita,

ni el huachinango más rico,
ni el b gre, ni las sardinas,
cambiaba por esas piernas
de pura carne maciza.

Portada de *La Guacamaya* donde dos léperos se relamen los bigotes mientras le miran los chamorros a una mujer. Grabado de José Guadalupe Posada.
Fuente: Colección particular (JLTL).

posar como machos a toda prueba. Las mariconadas seguramente eran cosa de franceses, o tal vez de gringos e ingleses, pero jamás de españoles, a ningún mestizo hipervirilizado le convenía que en su nopal genealógico se asomara un pariente invertido.

Por fortuna para la patria, desde mediados del siglo XIX la prensa se encargó de denunciarlos y pitorrearse de ellos con toda la mala leche que cabía en sus líneas. En *El Museo Yucateco*, por sólo mostrar algunas de las palabras que se repetían aquí y allá, se señalaba con una precisión casi envidiable que esos hombres eran «repugnantes a la vista», pues eran unos

> pisaverdes adonizados, [unos] monos con traje de hombre, y [unos] muñecos con resortes animados que disertan todo un día sobre alguno de sus rizos, o sobre un pueril objeto de caprichosa moda,

[ya que, para acabarla de amolar] se dan colorete, [...] llevan corsé, [y] hacen visajes cada vez que pasan delante de un espejo. [Por ello] son finalmente el escarnio de la sociedad por sus afectadas ridiculeces y afeminados modales.[7]

Como seguramente ya es de suponerse, los que se arreglaban de más y andaban con la mano caída no eran los únicos que merecían la denuncia y la burla, los varones que padecían a las mujeres que salían de sus hogares para chambear también recibían los rayos más achicharrantes del machismo. El horror de volverse mandilón no era poca cosa. Ser el hombre de una chiera coqueta, de la dueña del puesto de comida que se había montado a la entrada de una pulquería, de una costurera que soñaba de más,[8] o de una mesera cuya honra siempre estaba en entredicho,[9] no era un asunto sencillo de sobrellevar. Y exactamente lo mismo ocurría si el santo varón andaba de amores con una de las chinas que levantaba pasiones, pues ellas —según le informaron a madame Calderón de la Barca— tenían una «reputación poco recomendable».[10]

Esas féminas —al igual que las que chambeaban en las oficinas y en el comercio— desafiaban el mandamiento que las condenaba

---

[7] «La muger viril», *El Museo Yucateco. Periódico científico y literario*, Campeche, 1841, t. I, p. 39.

[8] Sobre los coqueteos de estas mujeres, *vid.* Juan de Dios Arias *et al.*, *Los mexicanos pintados por sí mismos. Tipos y costumbres nacionales*, México, Imprenta de M. Murguía y Compañía, 1854. Y si el lector se encarrera, también puede leer las crónicas de Guillermo Prieto y Manuel Payno sobre estas mujeres.

[9] *Vid.* Diego Pulido Esteva, «Las meseras en la Ciudad de México, 1875-1910», en Elisa Speckman Guerra y Fabiola Bailón Vázquez (coords.), *Vicio, prostitución y delito. Mujeres transgresoras en los siglos XIX y XX*, México, UNAM, 2016.

[10] *Vid.* Madame Calderón de la Barca, *La vida en México durante una residencia de dos años en ese país*, México, Porrúa, 1977, 2 vols.

a estar cargadas y detrás de la puerta. No por casualidad las leyes juaristas les impedían salir a trabajar o comerciar sin el permiso de sus padres, hermanos o maridos. Así pues, es obvio que esos blandengues se habían ganado a pulso las rimas que se publicaban en la prensa de a centavo en tiempos de don Porfirio:

> Mientras la mujer asiste
> al taller y a la oficina,
> y de casimir se viste,
> y de la casa desiste,
> y entra airosa a la cantina,
> el hombre barbilampiño
> queda haciendo el desayuno
> cose, plancha y cuida al niño
> y todos con gran cariño (?)
> le llaman cuarenta y uno.[11]

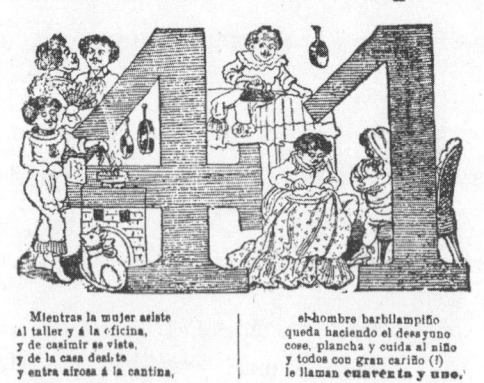

Portada del número 41 de *La Guacamaya*, en la que no queda más remedio que pitorrearse de los maridos que se niegan al machismo. Grabado de José Guadalupe Posada.

Fuente: Colección particular (JLTL).

[11] «El feminismo se impone», *La Guacamaya*, México, 25 de julio de 1907.

Si se miran las cosas con cierta calma, los versos publicados en *La Guacamaya* no estaban tan equivocados: los mandilones, debido a sus acciones poco viriles, cargaban con el estigma de la mariconería, mientras que los machos de a deveras vivían marcados por el pánico a la cornamenta que pondría en duda su hombría. Por fortuna, ellos también podían lavar su deshonra echándose al plato a la zorra que los dejó mal parados al irse a la cama con cualquier hijo de la fregada. En estos casos, el crimen estaba más que justificado... ¿qué hombre que se preciara de serlo podría andar por el mundo con un notorísimo par de pitones?

A pesar de su miedo a ser coronados con un par de astas, los machos de a deveras no podían existir sin su complemento perfecto:

una hembra sufridora,

católica, y entregada a él y a su familia. Poco importaba si se vivía en la pobreza, en la medianía que siempre caminaba sobre el filo de la navaja, o en la opulencia que se nutría de la paz porfiriana, el destino de las mujeres era claro y apenas ofrecía dos grandes caminos: la madre abnegada y la piruja que terminaría muy mal (con tuberculosis de preferencia, claro está). Los iconos de Sara García y las rumberas ya estaban anunciados. Las otras rutas no tenían cabida, y si se tomaban eran un asunto claramente monstruoso que revelaba el furor uterino que no podía ser apagado por su hombre. Según los pensadores más chichos de aquellos días, ser lesbiana implicaba que esa mujer no estaba satisfecha con los arrumacos de su macho, y por eso no le quedaba más remedio que entrarle con otra vieja.

Una rápida ojeada a los libros que ayudaban a elegir una buena pareja para casarse como Dios manda deja en claro aquellas expectativas. Los clasemedieros los leían como si fueran el Talmud, a los fifís les encantaban y tal vez —sólo tal vez— los más jodidos se enteraban de su contenido gracias a lo que miraban y oían en las calles o en las casas de sus patrones. De alguna manera, esas enseñanzas se filtraban entre los intersticios de la sociedad, y ratificaban las creencias que tenían una antigua raigambre.[12]

Un manual en verso que se vendía en las librerías mexicanas aclara con una precisión envidiable que sólo existían dos tipos de mujeres: las que nomás servían para darle vuelo a la hilacha y las que tenían como único destino el altar. Las primeras eran fáciles de distinguir —sobre todo cuando el sacrosanto varón amanecía crudísimo con ellas en el petate—, pero las segundas merecían algunas aclaraciones que no les venían nada mal a los machos:

> No lleves mujer al templo
> de educación descuidada,
> que no esté bien preparada
> por su madre en el ejemplo.
>
> No puede ser buena esposa
> ni hacer feliz al marido
> la mujer que no ha tenido
> madre honesta y hacendosa.[13]

---

[12] Cabe aclarar que la gran mayoría de los manuales de este tipo que he revisado fueron impresos en España y sólo unos pocos en México. Supongo que esto se debe a las estrecheces que vivían las editoriales y a que el gobierno —que sin duda era uno de los principales editores— no le interesaban estos temas. Lo que sí es un hecho es que estos libros tenían buena presencia en el mercado, y una prueba de ello es su presencia en las bibliotecas y las librerías de viejo. Además de estos libros, en la prensa de la época y en las revistas para mujeres que se publicaban en el país se daban consejos casi idénticos.

[13] *El matrimonio, pleito en verso entre T. Guerrero y R. Sepúlveda*, Madrid, Imprenta de la Viuda e Hijos de Galiano, 1873, p. 23.

Revisar el pasado familiar no sólo era un asunto que abonaba a favor de la eugenesia que tanto les preocupaba a los nacionalistas y los científicos que estaban convencidísimos de los coitos adecuados y las mieles del progreso,[14] las buenas costumbres también eran fundamentales para conseguir una esposa que no fuera idéntica a un grillete o que se comportara como una zorrita que terminaría coronando a su marido con cualquiera de sus compadres, sus cuates o con un desconocido que le ofreció el toro y el moro con tal de llevársela a lo oscurito.

Aunque el poeta no lo dice, también era necesario fijarse en las diversiones que le gustaban a la mujer: la lectura de novelas era un claro indicio de que podían ser tentadas por el diablo de la lujuria, pues ellas harían todo lo posible por parecerse a sus protagonistas que siempre terminaban en malos pasos.[15] Para las mujeres decentes estaban los libros de rezos, las vidas de santos y santas, o los catoliquísimos y emperifollados manuales que sí les enseñaban a portarse como debían. Sólo algunas, las más aventadas, se atrevían a emputecer por interpósita persona mientras leían *Santa* de Federico Gamboa.

Además de tener un himen de hierro y una fidelidad a toda prueba, de contar con un notorio analfabetismo literario y ser retebuena para el quehacer —«hacendosa», dice el autor de *El matrimonio, pleito en verso*—, era imprescindible que esa mujercita fuera sonriente, aguantadora y sufridora, justo como lo enseñaba la Baronesa Staffe a sus más atentas lectoras que andaban bastante urgidas por ser o parecer fifís:

[14] *Vid. supra.*
[15] *Vid.* p. e. Stefan Bollmann, *Mujeres y libros. Una pasión con consecuencias*, México, Seix Barral, 2015.

> Muchos maridos huyen [...] del triste hogar doméstico y buscan en otra parte la felicidad perdida. [Por esta causa, la mujer tiene que aceptar que] las quejas y lamentaciones a nada conducen. Cierre los labios y contenga los gemidos. Haga, al contrario, por sonreírse, que así dará dulzura a su rostro pálido; reprima y disimule como mejor pueda la crispación de sus facciones, y finja serenidad y calma.[16]

Con estos consejos, que no parecen salidos de la pluma de una mujer de la nobleza sino de un escritor fantasma al que le urgía ganarse unos centavos, se podía evitar que el esposo escapara del destino que se auguraba en uno de los refranes más sabios: «Marido que no es casero, canta en otro gallinero». Aunque también cabe otra posibilidad que no puede ser desdeñada así como así: si a pesar de los labios cosidos y las sonrisas que ocultaban los retortijones del coraje, los hombrecitos terminaban engañando a su esposa, a ella siempre le quedaba el consuelo de que era la catedral y que las otras apenas eran unas capillitas, un entretén de a ratito. El marido era débil y las pirujas que lo asediaban se aprovechaban de la flaqueza de su carne.

Y para que nada fallara en el matrimonio, la buena mujer también debía seguir a pies juntillas los sabios decires de la famosísima Condesa de Tramar. Ella —¿quién puede dudarlo?— era una experta indiscutible en las sagradas obligaciones de las damas que sí sabían cómo conservar a sus parejas, por esta razón, era obvio que

---

[16] Baronesa Staffe, *Mis secretos para agradar y para ser amada*, Madrid, Saturnino Calleja Editor, 1876, pp. 21 y 23.

el primer acto [de la esposa] debe ser el de respetar al marido, obedecerle y demostrarle un afecto tierno y abnegado. Muchas mujeres caprichosas y casquivanas quieren experimentar el sentimiento para juzgar de su poder. Esta es una gravísima falta; el sentimiento se cansa, se turba la tranquilidad del hogar, y las desuniones en los matrimonios, muchas veces, no tienen más origen que ese afecto novelesco y demasiado exigente.[17]

Ante estos hechos, el destino era clarísimo: las páginas de las más reputadas integrantes de la nobleza imaginaria, los versos populares que se imprimían en las hojas volantes, y los clérigos que daban consejos de buena fe a través de sus sesudísimos tratados matrimoniales[18] o que respaldaban las obras escritas por damas pías,[19] estaban completamente de acuerdo en que las mujeres tenían que aguantar vara. Si alguna se negaba a seguir la ruta adecuada, su futuro era predecible, y peor le iría si le apostaba a crear «un paraíso de amor sáfico», ya que, para mantener sus relaciones nefandas, tendrían que aceptar «las pretensiones de algunos próceres que las ablandan con soberbios presentes»,[20] a cambio de sus favores en la cama. Acostarse con un par de lesbianas, además de ser un acto caritativo que apagaba el furor uterino, era una tentación difícil de rechazar. Total, si ellas no querían, ya se

---

[17] Condesa de Tramar, *El trato social. Costumbres de la sociedad moderna en todas las circunstancias de la vida*, París / México, Librería de la Viuda de Ch. Bouret, 1915, p. 7.

[18] *Vid.* p. e. R. P. Ventura de Ráulica, *La mujer católica*, México, Imprenta de la Biblioteca de Jurisprudencia, 1874.

[19] *Vid.* p. e. Madame de Mercey, *La mujer cristiana, desde su nacimiento hasta su muerte*, Madrid, Salvador Sánchez Rubio Editor, 1865.

[20] Heriberto Frías, *Los piratas del boulevard*, México, Conaculta, 2009, pp. 159 y ss.

enfrentarían al verduguillo de su hombre que les cobraría con altísimos intereses sus perversiones.

A pesar de estos arrebatos machistas —o quizá por ellos—, la jotería y el travestismo tenían cierta permisividad y casi siempre invitaban al relajo: durante los tiempos de don Porfirio los bailes en los que

los machitos se vestían de hembritas

no eran tan criticados como los pisaverdes afeminados o los pollos que se pasaban de amanerados y se contoneaban en el Paseo Montejo o en el *boulevard* de Plateros. La razón de este chance es casi adivinable: en la mayoría de estas pachangas participaban los integrantes de la aristocracia, y sus disfraces merecían un artículo de varias columnas en la prensa que se afanaba por cubrir lo más *chic* de los acontecimientos sociales. En el fondo, todo quedaba en puro jelengue y la mariconería no pasaba de ser una puntada. Ellos sí eran decentes y no se comportaban como los putos arrabaleros que ofendían la vista y el pudor de los mexicanos.

Un ejemplo de esta actitud nunca está de más: el 7 de septiembre de 1894, según se lee en *El Universal*, se celebró una pachanga de este tipo en una de las mansiones de la Calle de la Cadena —la misma en la que vivía don Porfirio—, y en ella destacaron Santiago Mori, que llegó vestido de bailarina, y el joven F. Alagra, que se atavió como una «*demoiselle de compagnie*».[21]

---

[21] *Apud* Michael Shuessler, «El "Baile de los 41": leyenda urbana y punto de partida de la homocultura mexicana», en Carlos Illades y Georg Leidenberger (coords.), *Polémicas intelectuales del México moderno*, México, Conaculta / UAM, 2008, pp. 268 y ss.

El chiste, hasta donde alcanzo a entender, era ser fifí y no armar borlotes. La discreción y el lugar adecuado eran fundamentales para travestirse sin problemas. Después de la fiesta, el mundo recuperaba su ritmo, y los machos calados se pavoneaban sin recodar sus joterías y sus amaneramientos. En caso contrario, las autoridades se apresuraban a cumplir con los mandatos del Código Penal que imponía «arresto mayor y multa de 2 a 550 pesos» a las personas que ultrajaran la moral con sus acciones contrarias al pudor.[22]

En tiempos de Díaz, la sodomía y el travestismo —a diferencia de lo que ocurría en otros países mucho más moralinosos— no eran considerados como delitos. Las marcas de la revolución francesa y las leyes napoleónicas aún se notaban en la legislación mexicana. Sin embargo, en noviembre de 1901 el escándalo llegó a su límite más alto: en la cuarta Calle de la Paz la chota interrumpió una fiesta donde cerca de una veintena de varones bailaba con sus parejas travestidas.[23] Una escena que —al decir de la prensa— les revolvió el estómago a los policías que se pasaban de machines y persinados.[24]

---

[22] *Código penal para el Distrito Federal y Territorio de la Baja California, sobre delitos del fuero común, y para toda la República Mexicana sobre delitos contra la federación*, Chihuahua, Librería de Donato Miramontes, 1893, p. 197, libro III, cap. II, arts. 786 a 788.

[23] Para reconstruir el escandalazo de los 41 utilicé las siguientes fuentes: Robert McKee Irwin, «*Los cuarenta y uno:* la novela perdida de Eduardo Castrejón»; Carlos Monsiváis, «Los 41 y la gran redada» (ambos en Eduardo Castrejón, *Los cuarenta y uno: novela crítico-social*, México, UNAM, 2013); Alejandro Brito *et al.*, *¡Que se abra esa puerta! Sexualidad, sensualidad y erotismo*, México, Museo del Estanquillo, 2017, y Michael Shuessler, *op. cit.* Las citas de la prensa de la época provienen de estos ensayos.

[24] *Vid. El Popular. Diario independiente de la mañana*, México, 21 de noviembre de 1901.

Aquí tenemos a los 41 dándole «vuelo a la hilacha». Grabado de José Guadalupe Posada.
Fuente: Colección particular (JLTL).

Según lo que se cuenta en la leyenda urbana, la mayoría de los 41 que estaban en el jelengue eran miembros de familias ilustres, y uno de ellos era el mismísimo yerno del mandamás del país. El asunto de si él era o no uno de estos jotos nunca ha sido demostrado a cabalidad, pero la prensa, siempre dispuesta al escándalo, les soltó la rienda a sus redactores y la inmensa mayoría de los periódicos puso el grito en el cielo,[25] tal como se lee en uno de los artículos publicados en *La Patria*:

> Entre algunos de esos individuos fueron reconocidos los pollos que diariamente se ven pasear por Plateros. Estos vestían elegantísimos trajes de señora, llevaban pelucas, pechos postizos, aretes, chocolos bordados, y en la cara tenían pintadas grandes ojeras y chapas de color. Al saberse la noticia en los *boulevards*, se hacen

---

[25] Sobre lo que se dijo en la prensa sobre los 41, *vid*. Robert McKee Irwin, *op. cit.*, pp. 8-14.

toda clase de comentarios y se censura la conducta de dichos individuos. No damos a nuestros lectores más detalles por ser en sumo grado asquerosos.[26]

El escándalo había estallado, y la sociedad se horrorizó ante los horrorosos jotos que ahora sí se pasaron de la raya.

Al final todos (o casi todos) terminaron en el bote, y mientras el gobernador del Distrito Federal decidía qué hacer con esos infames invertidos, los mandó a barrer las calles como primera lección. Ellos debían mostrar sus impudicias ante todos los chilangos que estaban más que dispuestos para hacerles burla y convertirlos en un asunto de puritito choteo. Un hecho que también fue narrado en los versos populares que se publicaron en una hoja volante impresa por Antonio Vanegas Arroyo:[27]

> Al día siguiente ¡oh dolor!
> A patinar se los llevan,
> con macizas escobotas
> que coger pueden apenas.
> ¡Qué figuras tan chistosas
> los maricones hacían!,
> levantándose las naguas,
> y barriendo de prisita.

---

[26] *La Patria*, México, 20 de noviembre de 1901. *Apud* Luis Mario Schneider, «El tema homosexual en la nueva narrativa mexicana», *Casa del Tiempo*, vols. 49-50, 1985.

[27] *Vid.* Jaddiel Díaz Frene y Ángel Cedeño Vanegas, *Antonio Vanegas Arroyo, andanzas de un editor popular (1880-1901)*, México, El Colegio de México, 2017.

Como era una calle pública
donde hacían la limpieza,
se tapaban las carotas
con pañuelos de seda.

Ya después, para que se volvieran hombrecitos y se curaran de sus males, el gobernador chilango los condenó a incorporarse al ejército y sumarse a la guerra contra los mayas que andaban bastante alebrestados. Las armas y las balaceras eran buenos remedios para curarlos de sus mariconerías. Aunque esta decisión abonaba a favor de la recuperación de la virilidad —y parecía tan buena como los coitos forzosos, los tratamientos mesméricos y la gimnasia—, no hubo manera de que se salvara de las críticas: las autoridades —según afirmaba *El Hijo del Ahuizote*— habían confundido «los cuarteles con las casas de corrección» y, para acabarla de fregar, era claro que las fuerzas armadas no podían recibir a los «individuos que han abdicado de su sexo», pues «la Nación no debe honrar [...] a quienes se han degradado con los usos del colorete, [ni con] los vestidos de [...] prostitutas, ni a los que les sirvieron de parejas».[28] El ejército era un asunto de hombres, de machos probados que, en el peor de los casos, asumían el apotegma que le venía muy bien a la milicia: en tiempos de guerra cualquier hoyo es trinchera.

Visto a la distancia, el escándalo de los 41 marca el resurgimiento de la homofobia que se acentuaría durante

la gran rebelión que apuntaló al machismo

y disfrazó la situación de las mujeres. Los mexicanos, aunque quisieran otra cosa, ya no podían ser los que eran: los imaginarios de

---

[28] *El Hijo del Ahuizote*, México, 24 de noviembre de 1901.

los caudillos y las marcas de la guerra los obligaban a ser distintos, a adecuarse a los dictados de la misa negra de los sonorenses y los mandamientos del nacionalismo que estaba empecinado en crear una patria perfecta. Los fideos se habían acabado, y ya sólo quedaban los jodeos.

La furia de la bola no sólo se reveló en los horrores que dieron paso al drama que justificaba la llegada al paraíso soñado por los caudillos,[29] la guerra también trastocó la vida moral del antiguo régimen: las señoritas de buena familia no fueron las únicas que perdieron la virginidad gracias a la brutalidad de los revolucionados, las mujeres del pueblo vivieron situaciones idénticas. A los alzados sólo les importaban la posesión o la penetración, y nada ni nadie podía detener sus deseos. Las amenazas del paredón o del mecate en el pescuezo, o la fuerza de las armas bastaban y sobraban para lograr lo que se proponían. Y si por alguna razón incomprensible todo esto fallaba, para eso estaban los cuates siempre dispuestos a entrarle al tumulto. Las piernas se abrían o se abrían. Así, mientras la rebelión avanzaba, los nuevos bastardos comenzaron a poblar el país, y pronto se convirtieron en el objeto de la revolución antropológica y cultural. Ellos, los vástagos de la bola, eran los nuevos hijos de la chingada que debían ser reivindicados. La maldición de la Malinche volvía con toda su fuerza.

La gran rebelión destruyó el pudor, entronizó al machismo y canonizó la violencia sexual.[30] Así, sin importar la coloratura de los caudillos y las tropas, las características de los revolucionarios se

---

[29] *Vid. supra*, cap. I.

[30] Carlos Monsiváis, «El mundo soslayado (Donde se mezclan la confesión y la proclama)», en Salvador Novo, *La estatua de sal*, México, Conaculta, 2002, p. 18.

generalizaron sin que nadie pudiera marcarles el alto: ellos debían tener una virilidad inmaculada, tenían que ser valientes hasta el suicidio y, por supuesto, estaban obligados a despreciar a lo blandengue, a lo joto, a la mariconería que sólo ensuciaba sus blasones. La identificación de lo mexicano con lo macho volvía con toda su fuerza y se convertía en una de las señas de identidad de lo revolucionario, pues los alzados —como dice el corrido— eran puros mexicanos que no conocían el miedo y que, con dos farolazos entre pecho y espalda, estaban más que dispuestos a entrarle a la camorra.[31]

Un «lindo» pleitazo de borrachos (con mujeres incluidas). Grabado de José Guadalupe Posada.

Fuente: Library of Congress.

Y para que no quedara duda de esto, uno de los generales revolucionarios puso en claro las cosas. Según Francisco L.

---

[31] *Vid*. Vicente T. Mendoza, Lírica narrativa de México. El corrido, México, UNAM, 1964, p. 57.

Urquizo —que además de soldado fue un novelista de los buenos—, el 41 quedó absolutamente proscrito para evitar las suspicacias y las habladas: «En México, el número 41 no tiene ninguna validez y es ofensivo [...]. Decirle a un hombre 41 es decirle afeminado [...]. No hay en el ejército, División, Regimiento o Batallón que lleve el número 41. Llegan hasta el 40 y de ahí se salta al 42 [...]. Nadie cumple 41 años, de los cuarenta se salta a los 42».[32] El mensaje es impecable: la jotería no tenía cabida entre los revolucionarios, los soldados y los machos soñados por el nacionalismo de los caudillos.

Contra lo que pudiera suponerse, las cosas no se quedaron de este tamaño, los triunfadores de la gran rebelión tenían que llegar más lejos. Cuando las balaceras comenzaron a estarse sosiegas y se inició la misa negra de los sonorenses, las mujeres adquirieron la obligación de transformarse en los imaginarios que desafiaban a la realidad. Las soldaderas —que fueron descritas por Salvador Novo como una serie de Catalinas de Médicis encuadernadas a la rústica—[33] se convirtieron en las adelitas que presagiaban a

las verdaderas mujeres mexicanas,

a las hembras que sí estaban a la altura de la gesta. Sus imágenes, cuidadosamente seleccionadas y trastocadas, dieron paso a un nuevo mito, el de la chimiscolera que acompañaba a su Juan y se la rifaba en las balaceras con tal de alcanzar la tierra de la gran promesa.[34] En este mundo creado por los sonorenses y sus empleados

---

[32] Francisco L. Urquizo, *Símbolos y números*, México, Costa-Amic, 1965, p. 67.

[33] Salvador Novo, *op. cit.*, p. 55.

[34] *Vid.* John Mraz, *México en sus imágenes*, México, Artes de México /

más leales, la mujer mexicana quedó condenada a descubrir su verdadero y único destino: ser un ejemplo del nacionalismo que se oponía a las costumbres extranjerizantes que se encarnaban en las «pelonas» enloquecidas por el shimmy y el jazz, o en las trinches viejas que se volvían andróginas debido a los nuevos vestidos que renegaban de los rebozos y el pudor. Eso de andar con las patas al aire y bailar como epilépticas era cosa de pirujas.

Ante estas mujeres no había más remedio que tomar medidas ejemplares: en sus murales, Diego Rivera las retrató emputecidas y recibiendo las escobas que por fin las redimirían; la prensa las denunció por sus conductas anómalas y claramente inmorales y, para coronar esta cruzada a favor de la patria, los estudiantes la emprendieron en contra de ellas. El 21 de julio de 1924 un grupo de alumnos de la Escuela Nacional Preparatoria rapó a una de esas zorras, y al día siguiente sumaron sus esfuerzos a los jóvenes de la Escuela de Medicina para insultar, empapar y simular rapes con todas las *flappers* que se les atravesaban. Incluso, según se decía en los periódicos, estos muchachos cultos y nacionalistas arrastraron a dos de esas mujerzuelas a las regaderas de su escuela para lavarlas y trasquilarlas.[35] Sus pelos, sus ropas y sus coloretes eran un insulto a la nación y las familias. Ellas no podían cometer el pecado de lo extranjerizante y lo sicalíptico, su destino era beber del cáliz que las purificaría y las llevaría a la tierra prometida.

Conaculta / BUAP, 2014, pp. 107 y ss.

[35] Nathaly Rodríguez Sánchez, «Esas mujeres con corte a lo muchacho y con las piernas al aire. Las pelonas y la transformación de la feminidad en la Ciudad de México en la década de los veinte», en Pilar Gonzalbo Aizpuru y Leticia Mayer Celis (eds.), *Conflicto, resistencia y negociación en la historia*, México, El Colegio de México, 2016, pp. 295 y ss.

Aquí tenemos a una de las pelonas con las patas al aire mientras se zandunguea para ganarse «su merecido».
Fuente: Library of Congress.

En estas acciones podían mirarse algunos vestigios de los sueños mujeriles de los caudillos de la gran rebelión. Según las alzadísimas participantes en el Primer Congreso Feminista de Yucatán, las revolucionarias tenían que enfrentarse a las mujeres que eran esclavas de la moda, a las que hacían versos y leían novelas, a las que sólo pintaban y bordaban, pues las verdaderas hijas de la bola sólo tenían por delante una vida «austera, sencilla y honesta», que les permitiría asumir hasta sus últimas consecuencias la «responsabilidad de su deber cívico».[36] Ellas —lo juro por mi sagrada madre-

---

[36] *El Primer Congreso Feminista de Yucatán convocado por el C. Gobernador del Estado, Gral. D. Salvador Alvarado y reunido en el teatro «Peón Contreras» de esta ciudad del 13 al 16 de enero de 1916. Anales de esa memorable asamblea*, Mérida, Talleres Tipográficos del Ateneo Peninsular, 1916, p. 13.

cita— tenían la sagrada obligación de parecerse a las pobladoras de los murales que adornaban los edificios públicos y, de pilón, debían sumarse a las campañas de ingeniería social que emprendería el Estado desde los años veinte. La posibilidad de ser una «pelona» estaba cancelada: éste era el camino que sólo podían tomar las envilecidas extranjerizantes que perpetraban delitos contra la raza y la patria. Las *flappers* seguramente contraerían enfermedades inconfesables, y su descendencia —al igual que la de las pirujas— quedaría marcada por la degeneración provocada por la sífilis o, por lo menos, caería en las garras del abominable alcoholismo que era perseguido por los revolucionarios más alebrestados.

Aunque los discursos sobre las verdaderas revolucionarias estaban a la orden del día, y algunas mujeres le apostaban a lo extranjerizante y hasta se atrevían a enseñar de más en los concursos de belleza que se realizaban en Estados Unidos, la realidad cotidiana seguía por un camino distinto. Las declaraciones de los caudillos y sus empleados más fieles sólo eran asuntos de dientes para afuera. Casi una década después de que se llevara a cabo el Primer Congreso Feminista de Yucatán las cosas ya eran tantito más que ridículas: mientras el gobierno revolucionario y comecuras imprimía toneladas de folletos que abogaban a favor del control de la natalidad y la liberación de las mujeres, en la vida diaria la situación era muy diferente, justo como lo señalaba Maude Mason Austin en su libro de viajes dedicado a la península:

> En todas las clases de Yucatán se considera a las hijas como bienes: sus padres pueden hacer cualquier tipo de arreglo para disponer de ellas en forma ventajosa, de acuerdo con sus derechos de propiedad e inclinaciones políticas. [...] Existe además la segura infidelidad del hombre, el encarcelamiento en una especie de harén de estas jóvenes,

cuya belleza pasajera está destinada a la maternidad. [...] El divorcio para ellas es impensable y resulta mucho más reprochable que no ser virgen. Su religión así se lo enseña. Consideran el divorcio un pecado y se someten a cualquier condición de abuso y de infidelidad antes que acudir a los fáciles juzgados de divorcio yucatecos.[37]

Para las mujeres —salvo algunos casos extrañísimos que se volvieron símbolos impolutos con una sola ceja— la revolución feminista sólo ocurrió en la imaginación de los caudillos o en los murales que se pintaban a diestra y siniestra. Las viejas, aunque se disfrazaran de mexicanas por los cuatro costados, tenían que mantener y fortalecer las certezas finiseculares: a la hora de la verdad, entre los libros escritos por la nobleza imaginaria y las prédicas de los triunfadores de la rebelión no había gran distancia. La bola, por lo menos en este sentido, parece ser una restauración con un nuevo ropaje: el corsé tenía que sustituirse con el rebozo, y el misal con un libro revolucionario impreso o bendecido por el gobierno que usurpaba el lugar de los curas. Del resto, los cambios eran infinitesimales.

Si las hijas de la bola no la pasaban nada bien,

la condición de los homosexuales

era bastante peor. Declararse joto delante de los caudillos más bragados casi era un acto suicida: el clóset y el silencio eran las únicas opciones para conservar la vida o la chamba. Cuentan que Emiliano Zapata, al enterarse de que Manuel Palafox —uno de sus ideólogos más cercanos y que fue el autor de su ley agraria—[38] era un

---

[37] Maude Mason Austin, *En Yucatán*, México, Conaculta, 2005, pp. 30-31.
[38] *Vid*. Carlos Humberto Durand Alcántara, «El derecho agrario zapatista (el tránsito entre lo clasista y lo étnico)», *Alegatos*, núm. 43, 1999.

invertido, apenas pudo aguantarse la ganas de ponerlo delante del pelotón. La verdad es que se salvó por un pelo. Estamos ante algo muy parecido a lo que seguramente habrían hecho Pancho Villa, Álvaro Obregón, Plutarco Elías Calles o Pablo González si hubieran descubierto a un sodomita entre sus tropas. La gran rebelión era un asunto de machos en donde las joterías no tenían cabida.

Un espléndido ejemplo de esta mirada es el caso de Francisco Villa, quien, a fuerza de acciones, habladas, novelas y películas protagonizadas por Pedro Armendáriz, se convirtió en el más puro ejemplo del machismo. En *¡Vámonos con Pancho Villa!*[39] —una de las obras más importantes del nacionalismo revolucionario que no leía sus novelas— el Centauro ya se revela como el macho perfecto: a su favor no sólo tenía la hombría, las sobradas viejas y una bravura que rozaba lo suicida, pues su transformación en un icono del carácter del mexicano también iba acompañada de una virilidad hiperbólica y la supresión absoluta de las figuras femeninas. En una de las escenas de esta novela, él —después de matar a balazos a la esposa y la hija de uno de sus seguidores— sólo puede mostrarle la verdad de la bola: «Ahora ya no tienes a nadie, no necesitas rancho ni bueyes. Agarra tu carabina y vámonos». Ellas, con sus quejumbres y sus arrumacos, sólo eran un estorbo para «la causa».

Las mujeres —a la hora de la verdad— sólo servían para hacer las tortillas y moverse en la cama sin ansias de sentir placer. Las hembras que acompañaban a los alzados, o las que se topaban en sus andares, apenas eran personas sometidas o sometibles. Villa —aunque aún

---

[39] Rafael F. Muñoz, «¡Vámonos con Pancho Villa!», en Antonio Castro Leal (comp.), *La novela de la Revolución Mexicana*, México, Aguilar, 1974, t. II.

no había sido enaltecido como héroe por los caudillos sonorenses—ya mostraba «la convergencia entre masculinidad y nacionalismo».[40]

Un grupo de soldaderas cocinando, ellas —lamentablemente— aún no se habían dado cuenta de que eran el ejemplo de lo revolucionario y del feminismo que las convertiría en uno de sus símbolos.
Fuente: Elmer and Diane Powell Collection on Mexico and the Mexican Revolution, DeGolyer Library, Southern Methodist University.

Desde la fiesta de las balas y hasta los tiempos en que los caudillos se bajaron de sus caballos para construir un país autoritario, lo nacional y lo masculino quedaron delimitados por una brevísima lista de símbolos que no podían ignorarse. Y al igual que en el siglo XIX, apenas existían algunas mujeres que merecían cierto respeto, las matasiete más afamadas que seguían los pasos de la Carambada, y las que, como la Valentina, levantaban pasiones mortuorias:[41]

---

[40] Max Parra, *Writing Pancho Villa's Revolution: rebels in the literary imagination of Mexico*, Austin, University of Texas Press, 2005, p. 118.

[41] *Vid*. Carlos Monsiváis, *Las esencias viajeras*, México, FCE / Conaculta, 2012, pp. 186 y ss.

Valentina, Valentina,
yo te quisiera decir
que una pasión me domina
y es la que me hizo venir.

Dicen que por tus amores
un mal me va a seguir,
no le hace que sean el diablo
yo también me sé morir. [...]

Valentina, Valentina,
rendido estoy a tus pies,
si me han de matar mañana
que me maten de una vez.

Si en tiempos de los balazos la homofobia ya estaba fuertecita, desde que los sonorenses tomaron el poder

el clóset y la negación se afianzaron

hasta convertirse en una marca indeleble de los gobiernos revolucionarios. La duda no tiene cabida: el machismo de los triunfadores de la gran rebelión condenó al silencio a las voces discordantes.[42] Lo importante era que la imagen de la revolución fuera única, y que aquellos que insistieran o buscaran otros caminos no lograran sobrevivir ni pronunciar sus palabras. Incluso los que se doblegaron ante el poder en muchas ocasiones no lograron mantener sus voces y se convirtieron en el coro que repetía los rezos de la misa

---

[42] *Vid. infra*, cap. VI.

negra.⁴³ Ellos sólo eran unos maricones extranjerizantes que, en el mejor de los casos, podían aspirar al silencio con tal de conservar sus chambas. Por esta causa no resulta extraño que Luis Montes de Oca y Genaro Estrada —por sólo mencionar dos casos— vivieran sin mostrar sus preferencias de una manera abierta, aunque las murmuraciones y los señalamientos los persiguieron durante sus gestiones.⁴⁴ Ser secretario de Estado y joto eran ocupaciones incompatibles.

La mariconez se convirtió en un arma política: serlo, parecerlo o ser acusado de cachar granizo era suficiente para poner en riesgo el futuro del destinatario de los ataques. Ningún caudillo, por más revolucionario que fuera, aceptaría retratarse junto a una loca declarada. Tan era así que, según afirma Alfonso Taracena, las murmuraciones sobre la homosexualidad eran una acusación terrible. Cuando el Dr. Atl se peleó a muerte con José Vasconcelos, nada se tardó en contar que en una ocasión lo había sorprendido en «posiciones equívocas» con Jamie Torres Bodet y Bernardo Ortiz de Montellano.⁴⁵ Nada se sabe de cómo se libró el ministro de Educación de estas gravísimas acusaciones, pero lo que sí es un hecho es que el Dr. Atl quedó fuera de sus proyectos artísticos y tuvo que buscar al secretario de Relaciones Exteriores para que lo reivindicara en las fiestas del centenario de la consumación de la independencia.⁴⁶

Las acusaciones a don José no se terminaron con esto: después de que volvió de su exilio tras su derrota electoral y su fallidísima

---

⁴³ *Cfr.* Isaiah Berlin, *La mentalidad soviética. La cultura rusa bajo el comunismo*, Barcelona, Galaxia Gutenberg, 2009, pp. 56 y 63.

⁴⁴ *Vid.* Carlos Monsiváis, «Los iguales, los semejantes, los (hasta hace un minuto) perfectos desconocidos. (A cien años de la redada de los 41)», *Debate feminista*, año 12, vol. 24, 2001.

⁴⁵ Alfonso Taracena, *José Vasconcelos*, México, Porrúa, 1982, p. 67.

⁴⁶ *Vid. infra*, cap. VI.

insurrección, Taracena se encontró con Salvador Novo, quien le dijo que Federico García Lorca había hablado pestes de su relación con Antonieta Rivas Mercado. El Maestro de América, al parecer, no era tan macho como lo decía y lo presumiría en sus memorias. Ante estos hechos, Vasconcelos, seguramente con ganas de cortar por lo sano, sólo le respondió a don Alfonso: «Ese putete de Lorca».[47] Si el que hablaba era un maricón, sus palabras no podían tener ningún valor.

La idea de la jotería como una amenaza al nacionalismo tuvo uno de sus momentos estelares en

la persecución a «Los Anales»,

a los escritores que pensaban en el extranjero, que tenían una hombría mucho más que dudosa y que, para acabarla de fregar, se atrevían a estar en contra de la estética y los dictados literarios de los caudillos de la gran rebelión. Si la revolución era un monolito, la literatura también tenía que serlo y los que se atrevieran a asumir otras ideas debían ser condenados. Veamos este asunto con cierta calma.

Es obvio que la literatura de la revolución corrió casi al parejo de la guerra y el señorío de un gobierno autoritario;[48] sin embargo,

---

[47] Alfonso Taracena, *op. cit.*, pp. 85-86.

[48] Entiendo bien que la literatura de la revolución siempre es un asunto espinoso: aunque existe un acuerdo casi generalizado de que comienza con las novelas de Mariano Azuela (*Andrés Pérez, maderista* y *Los de abajo*), la discusión sobre su final siempre es polémica: si concluye con el *Pedro Páramo* de Juan Rulfo, *La muerte de Artemio Cruz* de Carlos Fuentes, con *Los relámpagos de agosto* de Jorge Ibargüengoitia o con cualquier otra obra está mucho más allá de la intención de estas páginas. En este capítulo sólo me refiero a lo que sucedió desde las primeras novelas de don Mariano hasta los años treinta y su final queda mucho más allá de mis intenciones.

debido a algunas razones por demás estrambóticas, ella se convirtió en uno de sus símbolos más recurrentes: los nombres de Mariano Azuela, Martín Luis Guzmán, Rafael F. Muñoz y muchos otros se transformaron en parte del panteón que enaltecía a la gesta y sus héroes de bronce. Ser revolucionario y no salir en una novela era una afrenta. Incluso para que esta unión entre la sagrada revolución y sus novelistas quedara más allá de cualquier duda, la mayoría de estos escritores fueron reconocidos y recompensados por el gobierno que se autoproclamaba como único heredero de la bola.[49]

Aunque aquellos autores tenían otras ideas en la cabeza, sus libros —junto con los murales y los cuadros de la escuela mexicana de pintura— trocaron en ejemplos del orgullo patrio, y en algunos casos (como ocurrió con *Los de abajo* de Mariano Azuela) se convirtieron en las lecturas obligatorias que supuestamente enseñaban las maravillas de la revolución, las cuales —de puritito pilón— anunciaban el paraíso que estaba a punto de alcanzarse gracias a los sacrificios del pueblo que seguía la ruta hacia la tierra de la gran promesa. Desde la perspectiva del poder y la educación pública, estos creadores eran unos revolucionarios a carta cabal. Nada de esto parece extraño, muchos profes de literatura de las secundarias aún siguen convencidos de esto y lo peroran delante de sus alumnos que sólo bostezan como leones. Pero si la miramos con cierta calma, nada, o casi nada de esto, se muestra en la narrativa de la revolución.

[49] Los ejemplos de estos reconocimientos no son pocos. En 1946 el gobierno de Ávila Camacho estableció el Premio Nacional de Artes y Ciencias y entre los primeros galardonados se encontraban varios de estos autores: Mariano Azuela lo recibió en 1949 y posteriormente le fue entregado a Martín Luis Guzmán; algo muy parecido a lo que ocurrió con El Colegio Nacional, pues a él también se sumaron Azuela y José Vasconcelos. Evidentemente, estos reconocimientos se extendieron a los pintores de la escuela mexicana y a los músicos que estaban endiosados con el nacionalismo.

Estos muertos son mucho más cercanos a la literatura de la revolución que a lo que se dice de ella.

Fuente: Elmer and Diane Powell Collection on Mexico and the Mexican Revolution, DeGolyer Library, Southern Methodist University.

No es necesaria una lectura muy atenta para descubrir que la literatura de la revolución cuenta exactamente lo contrario de lo que se imagina de ella: los libros de Mariano Azuela, Martín Luis Guzmán, Rafael F. Muñoz y José Vasconcelos —por sólo mencionar cuatro casos— son una crítica abierta e implacable a la violencia, a los caudillos y al régimen que crearon. Su mirada está tatuada por los signos del horror y el desprecio. En *Los de abajo*, *El águila y la serpiente*, y en *La sombra del caudillo* o en *¡Vámonos con Pancho Villa!* —al igual que en el *Ulises criollo* y *La Tormenta*— están las palabras de lo claramente contrarrevolucionario que «pinta con colores terroríficos la barbarie y la prepotencia de mandones y matones».[50]

[50] José Joaquín Blanco, «Las piedritas en el zapato. Obsesiones, manías y supersticiones de la cultura mexicana del siglo xx», en Víctor Díaz Arciniega *et al.*, *Del color local al estándar universal. Literatura y cultura*, México, INAH, 2010, p. 47. *Vid.* también José Joaquín Blanco, «Los años veinte», y Manuel Fernández Perera, «Los años treinta», ambos en Manuel Fernández Perera (coord.),

Es más, algunas de estas obras —como las de Martín Luis Guzmán— se publicaron en el exilio forzoso.[51] Sin embargo, en la mayoría de las ocasiones, nada de esto le preocupó al gobierno de los caudillos: estas novelas fueron canonizadas y transformadas en lo contrario de lo que eran. Así, después de que se integraron al santoral de la bola, esas obras dejaron de ser una «crítica de la violencia, del autoritarismo y la injusticia», para devenir en una «mera conmemoración (incluso abusiva) de una clase política en el poder».[52] Sólo cuando eran llevadas al cine de una manera poco conveniente —como ocurrió con *La sombra del caudillo* en la peli de Julio Bracho— merecían quedarse enlatadas por desprestigiar a la gesta y sus instituciones.[53]

Aunque no puedo demostrarlo a cabalidad, estoy convencidísimo de que esta transmutación tuvo dos orígenes que terminaron entrelazándose de una manera prodigiosa:

el analfabetismo (casi funcional o por lo menos desviado) de los caudillos

y la capacidad del gobierno revolucionario para apropiarse de todo lo que oliera a la bola.

Don Álvaro Obregón, además de ser todo lo que era, también tenía una vis poética que estaba más allá de las suspicacias y las críticas. Sus hombres sabían —o por lo menos sospechaban— que

La literatura mexicana del siglo xx, México, FCE / Conaculta / Universidad Veracruzana, 2008.

[51] *Vid.* p. e. Marta Portal, «El exilio madrileño de Martín Luis Guzmán», *Anales de Literatura Hispanoamericana*, núm. 22, 1993.

[52] José Joaquín Blanco, «Las piedritas...», p. 69.

[53] *Vid.* p. e. Carlos Martínez Assad, «¿Por qué el film "La Sombra del Caudillo" fue censurado por el ejército mexicano durante más de 30 años?», *Relatos e Historias de México*, núm. 95.

Benjamín Hill había muerto envenenado, que Francisco Murguía —quien fue una de sus piezas fundamentales en contra de Villa— terminó delante del pelotón, y que, para que no hubiera ninguna duda, el cadáver de Lucio Blanco apareció hinchado y flotando en el Río Bravo. Con estos méritos literarios, ¿quién tenía los tamaños para decirle que sus creaciones eran malísimas? Así pues, a la menor provocación, y después de ponerse agua de colonia francesa, él tomaba la pluma y llenaba una cuartilla con versos (casi) inmortales. Para muestra, basta con un ejemplo para quitarse las chinguiñas ante sus arrebatos:

> He corrido tras la Victoria
> y la alcancé;
> pero al hallarme junto a ella,
> desperté.
> Los rayos de su divisa
> alumbraban en redor,
> de los muertos, la ceniza;
> de los vivos el dolor.[54]

Pero Obregón no sólo se contentaba con escribir sus maravillosos y sublimes poemas; aunque muchos puedan dudarlo, también tenía sus debilidades literarias: leer a Vargas Vila le parecía un sueño cumplido y un acercamiento a las obras de mayores vuelos. ¿Quién podía ser mejor que este autor colombiano? Si alguien —como Carlos Noriega Hope— le preguntaba las razones por las que le encantaban las páginas de un autor atroz y cursi, el caudillo

---

[54] *Apud* José Rubén Romero, «Álvaro Obregón», en José Rubén Romero *et al.*, *Obregón, aspectos de su vida*, Cvltvra, México, 1935, p. 28.

—bragado como era— sólo le respondía que era un «gran lirófo-ro» (requetecontra *sic*). Es más, al machismo de Obregón le venía bastante guango que su poeta de cabecera tuviera algunos devaneos homosexuales en *La conquista de Bizancio*.[55]

El caso es que, cuando ya estaba bien sentado en la silla presidencial, Obregón invitó a su bardo preferido y lo anduvo zandungueando por donde se le pegó la gana, y a nada estuvo de perpetrar un horror que envidiarían los surrealistas más trasnochados: el gran Vargas Vila —cursilísimo como era— le pidió que se coronara a Salvador Díaz Mirón con unos laureles de oro en los que estuvieran escritos los nombres de los más grandes poetas griegos y latinos. El caudillo estaba más puesto que un calcetín para llevar a cabo el grandiosísimo homenaje que le proponía su literato preferido. Por fortuna para su capacidad de vergüenza, don Salvador se negó a tan importante reconocimiento y se conformó con un cargo público de poca monta en Veracruz.[56]

Si Obregón era uno de los caudillos militares más letrados, el resto de sus secuaces apenas podía reconocer a la *o* por lo redondo.[57] Para ellos, abrir un libro y recorrer sus páginas era un esfuerzo que estaba más allá de lo posible; sin embargo, es de reconocerse que tenían una

---

[55] J. M. Vargas Vila, *La conquista de Bizancio*, París / México, Librería de la Viuda de Ch. Bouret, 1910.

[56] Pedro Castro, *Álvaro Obregón. Fuego y cenizas de la Revolución Mexicana*, México, Era / Conaculta, 2009, pp. 187 y ss.; Hernán Robleto, *Obregón, Toral y la madre Conchita*, México, Botas, 1935, y Justino N. Palomares, *Anecdotario de la Revolución*, México, s. p. i., 1957.

[57] Evidentemente, no me refiero a todos los hombres de Obregón: los caudillos culturales que lo acompañaron eran bastante letrados. Los casos de José Vasconcelos y el Dr. Atl son buenos ejemplos y sus libros son una espléndida muestra de sus capacidades.

capacidad asombrosa: si ellos pudieron transformar a sus enemigos mortales en integrantes del panteón revolucionario —como sucedió con Carranza, Zapata y Villa—, lo mismo hicieron con la literatura de la bola. Su analfabetismo (casi funcional o por lo menos desviado) rimaba a la perfección con el analfabetismo del pueblo y, gracias a esta prodigiosa conjunción, ni los caudillos ni la gran mayoría de gente de a pie leyeron las novelas que ponían del asco a la rebelión. Para todos, el discurso que se repetía de una manera incesante era suficiente para juzgarlo y comprenderlo todo: la revolución era la revolución, y todos sus participantes —quisiéranlo o no— eran héroes que merecían los laureles que rechazó Díaz Mirón y que se convirtieron en un monumento forrado de cantera de Chiluca.

A pesar de que la conjunción de los analfabetismos fue determinante para que la literatura de la revolución se transformara en lo que no era, el control gubernamental de la cultura también resultó imprescindible para lograr esta metamorfosis. Veamos este asunto. En los años treinta del siglo pasado el profesor británico Anthony Blunt se sumó a la redacción de un libro más que interesante: *The Mind in Chains*.[58] En el ensayo que incluyó en esta obra, Blunt llenó de flores a la Unión Soviética y algo casi idéntico hizo con Hitler, al tiempo que también le dedicó unas líneas al arte en México. La situación que pintaba era muy simple: el realismo socialista era lo más adecuado y chicho que había ocurrido en la historia reciente, las propuestas nazis casi resultaban buenísimas y, para acabar de rematar, estaba convencidísimo de que los murales de Diego Rivera le ayudaban «al proletariado a producir su propia cultura». Como el profe Blunt ya estaba encarrerado y endiosado

---

[58] C. Day Lewis (ed.), *The Mind in Chains: Socialism and the Cultural Revolution*, Londres, Frederick Muller, 1937.

con los totalitarismos y los autoritarismos, no le tembló la mano al señalar que si bien era cierto que a Hitler se le había pasado la mano, no había «nada intrínsecamente malo en la organización de las artes por parte del Estado» y que un ejemplo de esto era el régimen mexicano que iba por muy buen camino.[59]

La literatura de la revolución —dijeran lo que dijeran sus páginas— también tendría que ser administrada y organizada por el gobierno de los caudillos. Al fin y al cabo nadie la leería, y si milagrosamente esto ocurría, apenas unos cuantos se enterarían de las maledicencias que no podrían señalar ni comentar. A finales del siglo XIX el índice de analfabetismo superaba el 80% de la población,[60] y en los años veinte iba más allá del 60% de los mexicanos.[61] Lamentablemente no hay datos sobre los profes analfabetas, pues se daba por hecho que sabían leer y escribir. Por donde quiera que se le vea, el riesgo era mínimo, lo importante era el control absoluto de las artes y su transformación en propaganda gobiernista. El nacionalismo y el machismo eran las únicas opciones que existían… el que osara

apostarle a la jotería y al malinchismo

tenía que ser perseguido y condenado. La posibilidad de ser contemporáneos de todos los hombres era imposible en un régimen autoritario.

[59] La historia de Anthony Blunt la tomé de un ensayo que George Steiner publicó en *The New Yorker*: «El erudito traidor», en Robert Boyers (ed. y comp.), *George Steiner en* The New Yorker, México, FCE / Siruela, 2009, pp. 27 y ss.
[60] José Narro Robles y David Moctezuma Navarro, «Analfabetismo en México: una deuda social», *Revista Internacional de Estadística y geografía*, vol. 3, núm. 3, 2012.
[61] INEGI, *Estadísticas históricas de México*, México, INEGI, 2000, t. II, pp. 87 y ss.

Aunque el muralismo y la literatura de la revolución estaban en los cuernos de la luna (o por lo menos estaban a un tris de lograrlo),[62] y los artistas sólo tenían la posibilidad de chambear para el gobierno o ganarse unos pocos fierros como colaboradores en los periódicos y las revistas, había algunos que no estaban del todo convencidos de las maravillas que se pintaban y se publicaban. Y por si esto no fuera suficiente, también estaban seguros de que la rebelión había sido un horror y que muchos de los autores de las novelas sobre la bola sólo habían metido la pata:

[estos escritores] han querido hacer de un espécimen, un género —le dijo Salvador Novo a Emmanuel Carballo varios años más tarde—, lo cual es una aberración zoológica. A estos brutos —los revolucionarios como Zapata y Villa— los escritores los hicieron hombres, figuras: les concedieron la facultad de raciocinio, la conciencia de clase, la posibilidad de indignación y del amor ante determinadas circunstancias sociales. En otras palabras, los inventaron.[63]

Poco a poco la mala yerba comenzó a cundir: Salvador Novo —que ya era uno de los jotos más notorios— publicó en *El Universal Ilustrado* sus antologías dedicadas a la poesía estadounidense moderna y a los poetas franceses modernos. Para muchos bra-

---

[62] Lo del tris es importante, pues la gran difusión que tendrían las novelas de Mariano Azuela —y de otros autores que serían canonizados por el régimen— se inició en los años veinte: del 29 de enero al 2 de abril de 1925, *Los de abajo* se publicaron por entregas en *El Universal Ilustrado*. *Vid.* Yanna Hadatty Mora, *Prensa y literatura para la revolución. La novela semanal de* El Universal Ilustrado, México, UNAM / El Universal, 2016.

[63] *Apud* Carlos Monsiváis, *Salvador Novo. Lo marginal en el centro*, México, Era, 2004, p. 23.

gados, la aparición de los versos de Jean Cocteau o Guillaume Apollinaire era pasarse de la raya, y lo mismo ocurría con sus poemas que se negaban a lo proletario y con sus ensayos que se burlaban de la revolución al escribir cosas inaceptables, justo como lo hizo en «¡Ya viene Pancho Pistolas!»:

> Pancho Villa, has muerto. Yo ignoro las fechas de tus hechos; quede hacer tu historia a los que no sintieron tus soberbios anacronismos. Yo tuve, como dice la Educación, el honor de conocerte. Supe que te casaste, por lo civil y por la iglesia, con todas las muchachas que te gustaban. Que, como lo manda la Salve, a los ricos los dejaste sin cosa alguna. Que sin saberlo, iniciaste un fecundo rapto de las Sabinas […]. Que se escribirán crónicas, libros de tu vida y anécdotas para los yanquis y los niños.[64]

Efectivamente, las voces discordantes y la jotería comenzaban a mostrarse en algunas páginas, en ciertas obras de teatro[65] y, para horror de muchos, en las personas que trabajaban en el gobierno para mantener sus retorcidas actividades literarias. En 1924, cuando Julio Jiménez Rueda publicó un artículo que le apostaba a la literatura a la soviética y se quejaba del «afeminamiento de la literatura nacional», las cosas comenzaron a ponerse color de hormiga.[66] En esas páginas quedó claro que —por lo menos desde

---

[64] Salvador Novo. «¡Ya viene Pancho Pistolas!», *El Universal Ilustrado*, México, 26 de julio de 1923.
[65] *Vid*. Fabienne Bradu, «Antonieta Rivas Mercado y el Teatro Ulises», *Revista de la Universidad de México*, núm. 486, 1991.
[66] En la reconstrucción de la polémica contra los Contemporáneos, a menos que se indique lo contrario, sigo a pies juntillas el libro fundamental de Guillermo Sheridan: *Los Contemporáneos ayer*, México, FCE, 1985, pp. 254 y ss. Así pues, si meto la pata no es culpa de Sheridan, sino mía.

su punto de vista— ningún escritor invertido estaba a la altura de los reclamos de la gran rebelión y la misa negra de los caudillos. Novo, al igual que sus cuates y sus seguidores, estaba marcado por una «desorientación moral» que le impedía comprender «el alma de pueblo».

En septiembre de ese año *El Machete* también se lanzó en contra de las mariconadas que, en un descuido, podían poner en peligro a la revolución. Diego Rivera estaba encantadísimo con la idea de denunciarlos, y pitorrearse de Novo y sus amigos en un artículo versificado que tenía el lindo título de «Los Anales». El mural que los representaría en la Secretaría de Educación Pública debía convertirse en letras proletarias y machistas. Así, sin decir agua va, en el más comunista de los periódicos apareció un grabado de José Clemente Orozco donde los jotos joteaban y se agarraban las nalgas o el pene, el cual era acompañado de unos poemitas que nada le envidiaban a las hojas volantes de Vanegas Arroyo.[67] No por casualidad uno de estos invertido llamaba a la contrarrevolución con las siguientes propuestas:

> Me viene la idea más luminosa
> y escuchen atentos, que es una gran cosa;
> para que el fachismo no vuelva a abortar,
> un himno fachista vamos a inventar,
> un himno grandioso que exalte a la gente,
> un himno que sea de fuerza, un torrente,
> un himno que diga triunfos y glorias,
> que sea estandarte de nuestras victorias!!

---

[67] Carlos Monsiváis, *op. cit.*, pp. 165 y ss., y Luis Felipe Fabre, *Escribir con caca*, México, Sexto Piso, 2017.

> Propongo, monines que el cuatro y el uno,
> uno, buen poeta y el otro oportuno,
> saquen de su numen rica inspiración,
> aislándose a solas en aquel rincón.[68]

Ellos, sin duda alguna, eran los maricas de derecha que debían ser eliminados.

El pleito contra los jotos extranjerizantes había comenzado, y al año siguiente las cosas siguieron por el mismo camino. En *El Universal Ilustrado* se llevó a cabo una encuesta en la que se preguntaba a los más informados si existía una literatura mexicana moderna. Las palabras de Mariano Azuela y Julio Jiménez Rueda pronto se lanzaron en contra de los maricones que estaban con la calentura de andar escribiendo.

Azuela —que ya andaba trepándose a los cuernos de la luna— hizo una pregunta durísima: «¿Qué saben ellos de esas enormes palpitaciones del alma nacional que están sacudiendo en estos mismos instantes a nuestra raza?», y para que quedara claro que la literatura era un asunto de machitos y proletarios, remató con una afirmación temeraria: «De la gleba mexicana se alzará, así lo deseamos, nuestro Máximo Gorki, el que venga a desgarrar nuestros oídos con su grito henchido de todas las angustias, de todos los anhelos, de todas las alegrías de nuestra raza».[69]

Si don Mariano les había atizado un fortísimo macanazo a los maricones, Julio Jiménez Rueda no se quedó atrás al negar que exis-

---

[68] «Los Anales», *El Machete*, México, septiembre de 1924.

[69] «¿Existe una literatura mexicana moderna», *El Universal Ilustrado*, México, 22 de enero de 1925. Las citas periodísticas de esta sección provienen de Antonio Saborit (coord.), *El Universal Ilustrado. Antología*, México, FCE / El Universal, 2017.

tiera una «literatura mexicana viril», aunque después matizó tantito el asunto diciendo que no todos los escritores, «para serlo de verdad, tienen que ser necesariamente "viriles" o profundos o inspirados».[70] Y para acabar de echarle mocos al atole, el solemnísimo Victoriano Salado Álvarez también les propinó un severo mandarriazo al decir que los jóvenes escritores se jactaban de «seguir unas modas de París que hace años están abolidas en París [...]. ¿Acaso miran esos señores lo que pasa en su alrededor? Toda esa sangre que se derrama, toda esta riqueza que se disloca, toda esta sociedad que se desquicia, ¿no les merecen más que desdén e incomprensión?»[71]

Novo y sus cuates no se quedaron con las manos cruzadas. A los golpes bajos se podía responder con páginas envenenadas, como *La Diegada*, en la que don Salvador demuestra —con todos los sonetos posibles— que Rivera, además de ser un cretino, era un cornudo irredento:

> Cuando no quede muro sin tu huella,
> recinto ni salón sin tu pintura,
> exposición que escape a tu censura,
> librillo sin tu martillo ni tu estrella,
>
> dejarás las ciudades por aquella
> suave, serena, mágica dulzura,
> que el rastrojo te ofrece en su verdura
> y en sus hojas la alfalfa que descuella.

---

[70] *Idem*. Es importante señalar que, en esta ocasión, a Jiménez Rueda le pusieron los puntos sobre las íes, al recordarle que en *El Universal Ilustrado* se había publicado una novela de a deveras viril: *Los de abajo*.

[71] «¿Existe una literatura mexicana moderna», *El Universal Ilustrado*, México, 29 de enero de 1925.

> Retirarás al campo tu cordura,
> y allí te mostrará la naturaleza,
> un oficio mejor que la pintura.
>
> Dispón el viaje ya. La lluvia empieza.
> Tórnese tu agrarismo agricultura,
> que ya puedes arar con la cabeza.[72]

Y, por si lo anterior no bastara, también contó la historia de sus sueños interrumpidos:

> Un suceso espantable es lo ocurrido;
> descendió del andamio tan cansado,
> que al granero se fue, soltó un mugido
> y púsose a roncar aletargado.
>
> Y una mosca inexperta e inocente,
> aficionada a mierda y a pantano,
> vino a revolotear sobre su frente.
>
> Despertó de su sueño soberano
> y al quererla aplastar —¡hado inclemente!—
> se empitonó, la palma de la mano.[73]

Al finalizar los años veinte no quedaba más remedio que declarar un empate. Los jotos extranjerizantes no se habían ido limpios de la contienda, pero sus agresores también quedaron

---

[72] Salvador Novo, *Sátira. El libro cabrón*, México, Diana, 1978.
[73] *Ibid.*, además, este poema puede encontrarse en Carlos Monsiváis (comp.), *Salvador Novo*, México, UNAM, 2009.

bastante manchados. A pesar de esto, las cosas no estaban tranquilas: en 1932 los Contemporáneos y sus enemigos volvieron a enfrentarse. En esta ocasión la bronca —por lo menos en las palabras— llegó más lejos. El asunto que provocó el enfrentamiento es obvio: el excesivo nacionalismo y la flaca virilidad de Novo y sus comparsas.[74]

Los Contemporáneos, de nueva cuenta, nada se tardaron en ponerles los puntos sobre las íes a los machos nacionalistas y persinados. Jorge Cuesta —que recién retachaba de Francia y se había juntado con la ex de Diego Rivera— le puso una zoquetiza de pronóstico reservado a Ermilo Abreu Gómez al afirmar que el nacionalismo sólo era una fatuidad que llevaba a pensar las miserias mexicanas como algo mucho más valioso que las riquezas extranjeras. Su mérito sólo era uno: esas pobrezas eran del país, y por esa razón debíamos sentirnos orgullosos de ellas (algo parecido a lo que sucede con el mariachi que forzosamente tiene que parecernos mejor que Mozart). Y nomás para rematar, terminó sus alegatos diciendo que «ningún Abreu Gómez logrará que cumpla el deber patriótico de embrutecerme con las obras representativas de la literatura mexicana».[75]

Las cosas siguieron subiendo de tono hasta que los súbditos de la gran rebelión se dieron cuenta de que en *Examen* —la revis-

---

[74] Uno de los mejores y más brillantes ensayos sobre esta polémica —que apenas se muestra en sus líneas más generales en estas páginas— es el de Guillermo Sheridan. «Entre la casa y la calle: la polémica de 1932 entre nacionalismo y cosmopolitismo literario», en Roberto Blancarte (comp.), *Cultura e identidad nacional*, México, FCE / Conaculta, 2007, pp. 578 y ss.

[75] En Carlos Monsiváis (comp.), *Jorge Cuesta*, México, Consejo Nacional de Recursos para la Atención de la Juventud / Editorial Terra Nova, 1985, pp. 39 y ss., y en Roger Bartra (comp.), *Anatomía del mexicano*, México, Debolsillo, 2013, p. 96.

ta que dirigía Cuesta— se habían publicado un par de capítulos de una novela que ofendía la moral y las buenas costumbres de la patria: la siempre inconclusa *Cariátide* de Rubén Salazar Mallén.[76] La prensa oficiosa puso el grito en el cielo, y gracias a un artículo de José Elguero exigió la cabeza del editor que difamaba a la patria y el fin de la revista que la deshonraba con los horrores que imprimía. Cuesta no se aguantó las ganas de ponerlo en su lugar y le contestó por escrito con palabras de fuego:

> Al Sr. Elguero no le importa la literatura ni el arte ni la decencia; le importa el escándalo, ese escándalo periodístico en que el Sr. Elguero es maestro de ruindad y de falta de escrúpulos [...] «la moral» que elabora el Sr. Elguero [es] mitad en la sacristía y mitad en la cantina; le importa defender, del modo más solapado, el prestigio público de la embriaguez, bien se la presente como una doctrina religiosa o bien como el Sr. Elguero la muestra; le importa denunciar como inmorales e indecorosos todos los principios [...] que traten de salvar al hombre de este dominio.[77]

El pleito siguió y al final *Examen* fue condenada al silencio. Sin embargo, los orgullos heridos y respaldados por la salud pública de la patria no se quedaron contentos. Los jotos y la jotería tenían que ser absolutamente proscritos por las leyes. El Congreso debía tomar cartas en el asunto. Manuel Maples Arce —un poeta vanguardista, viril y protegido por los caudillos— cuenta en sus memorias lo que sucedió en esos días (la cita es larguita, pero la tentación de ponerla casi completa es invencible):

---

[76] *Vid.* José Emilio Pacheco, «Delito y literatura: *Examen* y *Cariátide* (1932)», *Proceso*, 28 de junio de 1986.

[77] *Apud* Carlos Monsiváis (comp.), *Jorge Cuesta*, pp. 13 y ss.

[...] nos reunimos en el Salón Verde de la Cámara de Diputados para tratar el problema de los homosexuales en el teatro, en el arte y la literatura. Aunque hubo declaraciones reprobatorias, el diablo metió el dedo y ellos se quedaron más orondos que nunca, mientras que la gente se pregunta por qué se les permitía moverse con tanto desplante [...]. El espíritu de mafia les dio preponderancia. A veces emprendían verdadera persecución en contra de quienes se resistían a solidarizarse con sus intentos de hegemonía intelectual o se negaban a entrar en aquel manipodio. Fue la época de la incesante publicidad de Proust y Gide, en cuya obra se amparaban la comedia de los «maricones» y el cinismo de los pederastas.

Para escapar a toda responsabilidad adoptaron una posición neutra que les permitió sobrevivir por encima de todos los conflictos ideológicos que han conmovido al pueblo mexicano. Nunca fueron de derecha ni de izquierda. [...] A la sombra de protectores deseosos de aparecer como mecenas intelectuales, editaron, con el dinero de la nación, una antología en que los agraciados escribieron sus panegíricos, los unos sobre los otros.[78] Se declararon discípulos de Gide, pero en realidad eran simples beneficiarios de sus ideas, puesto que no supieron seguir su consejo.[79]

El comité de salud pública que exigían los conversos a la fe de los caudillos nunca llegó a funcionar. Pero vistas las cosas a la distancia, no existía ninguna razón de peso para que los jotos fue-

---

[78] Maples Arce se refiere a un libro de Jorge Cuesta: *Antología de la poesía mexicana moderna* (México, Contemporáneos, 1928), en la cual no salieron muy bien parados los autores viriles y nacionalistas.

[79] Manuel Maples Arce, *Soberana juventud. Memorias II*, México, Universidad Veracruzana, 2010, pp. 206-207.

ran irremediablemente condenados a la hoguera: si el gobierno revolucionario podía transformar a sus enemigos y a la literatura en lo que no eran —y si los mexicanos terminaron convenciéndose de que eran como ellos decían y que existía la tierra de la gran promesa—, los feminoides también podían ser incorporados al régimen que todo lo devoraba. En los años sesenta, cuando Novo ya estaba bastante domesticado e integrado, le decía «mi *Tlatoani*» a Gustavo Díaz Ordaz, mientras el trompudo le sonreía agradecido. El futuro, a pesar de los gritos y los sombrerazos, ya estaba trazado: todos formarían parte del gobierno de la bola y, quisiéranlo o no, terminarían siendo retratados en los murales y los cuadros que los supuestos vanguardias crearon para gozo y retozo de los caudillos.

VI

Las vanguardias y el autoritarismo

> *La fuerza intelectual de los obreros y los campesinos*
> *crece en la lucha por derrocar a la burguesía y sus acólitos,*
> *esos intelectuales de segunda fila y lacayos*
> *del capitalismo que se creen el cerebro de la nación.*
> *No son el cerebro de la nación. Son su mierda.*
>
> Carta de V. I. Lenin a Máximo Gorki,
> 15 de septiembre de 1919

Aunque aún no cumplía un año de vivir en México, los planes de Bertram D. Wolfe avanzaban con las velas hinchadas. Casi todos los días, en los largos ratos que le robaba a la chamba de profe que le había conseguido José Vasconcelos, él se acercaba a su objetivo: escribir la primera gran biografía del arte revolucionario mexicano. En aquellos momentos Wolfe estaba completamente seguro de que su libro sería un éxito de ventas.[1] Con un poco de suerte, los tiempos de andar con una mano por delante y la otra por detrás se terminarían gracias al maná de las regalías. Y por si esto

---

[1] Me refiero a su libro *Diego Rivera: His Life and Times*, Alfred Knopf, Nueva York, 1939. Sobre las expectativas de ventas que Wolfe tenía de la obra que estaba escribiendo, *vid.* Mauricio Tenorio Trillo, «Hablo de la ciudad». Los principios del siglo xx desde la Ciudad de México, México, FCE, 2017, p. 188.

no bastara para sentirse orgulloso, también estaba convencidísimo de que su enrojecida fe sería bendecida por las revolucionarias palabras de Diego Rivera, el gran berrendo que posaba como sumo pontífice de las vanguardias y el comunismo mexicano que —por lo menos en teoría— estaba a un tris de revelarse en las arcadias indígenas, en las imágenes del pueblo que sería redimido y en los morenos proletarios que auguraban los designios del realismo socialista en su versión más tropical. Los murales que Diego comenzaba a pintar en la Secretaría de Educación Pública eran la prueba fehaciente de que sus creencias y sus expectativas no estaban equivocadas: las diferencias entre los artistas mexicanos y los soviéticos eran prácticamente infinitesimales.

Si bien es cierto que los muralistas de este lado de la frontera quizá no se habían enterado de la reunión que en 1918 sostuvieron Anatoli Lunacharsky[2] y Lenin para acordar el desarrollo del «arte como medio de propaganda»,[3] ellos sí tenían claro que

[2] Anatoli Vasílievich Lunacharsky (1875-1933) fue nombrado Comisario de Instrucción Pública tras el triunfo de la revolución de 1917 y, entre otras funciones, tuvo a su cargo el control de la producción artística de la URSS. Este buen hombre, durante el ejercicio de su cargo, participó en algunas acciones delirantes, como el juicio del Estado soviético contra Dios por el delito de genocidio, el cual se llevó a cabo a partir de enero de 1918. Como la deidad no se presentó al proceso, Lunacharsky, el juez y los fiscales tuvieron que conformarse con colocar una Biblia en el banquillo de los acusados. El libro soportó sus alegatos sin meter las manos y, al final, Dios fue condenado a muerte. La sentencia se ejecutó cuando un pelotón disparó varias cargas contra el cielo. No hay noticias sobre la puntería de los soldados soviéticos y, por esta razón, tampoco está claro si la divinidad fue herida, está muerta o sigue vivita y coleando; de lo que sí hay noticia es de que, no mucho tiempo después de este fusilamiento, Anatoli tuvo que reconocer que se le había pasado la mano. Sobre este personaje, *vid.* Sheila Fitzpatrick, *Lunacharski y la organización soviética de la educación y de las artes (1917-1921)*, Madrid, Siglo XXI Editores, 2017.

[3] *Vid.* Anatoli Vasílievich Lunacharsky, *Las artes plásticas y la política artística en la Rusia revolucionaria*, Barcelona, Seix Barral, 1969.

debían seguir los pasos de los zelotes de la Unión Soviética que se enfrentarían en un duelo a muerte con los enemigos de «la causa». Es más, para garantizar el rumbo y la absoluta pureza de sus ideales, los mexicanos tampoco dudaban en imitar a la Asociación Rusa de Escritores Proletarios, la cual se encargaría de llevar a cabo las primeras purgas de los creadores que —tal vez sin saberlo ni temerlo— se oponían a la edificación de la patria grande del comunismo.[4]

Para Wolfe, la sola existencia del Sindicato de Obreros, Técnicos, Pintores y Escultores era la confirmación de que los fieles apóstoles de Diego habían abandonado el terrible aburguesamiento y se transformaban en proletarios por los cuatro costados: aquí y allá se afirmaba que ellos cobraban exactamente lo mismo que los albañiles y los ayudantes que se partían el lomo en los murales. Los sueños de igualdad absoluta estaban cumplidos. En México, según lo que se leía en los periódicos y las revistas que publicaba el gobierno, los privilegios de los artistas habían sido condenados a muerte, y los creadores ya sólo se dedicaban a la más importante de todas las obras: propagar las ideas revolucionarias y, gracias a su arte monumental, despertar la conciencia de clase del pueblo embrutecido. Ellos, a diferencia de los escritores que sólo narraban los horrores de la gran rebelión, eran los mejores propagandistas de la tierra de la gran promesa que anunciaban los caudillos mesiánicos. Los otros, los que pensaban en rutas distintas, se enfrentarían al juicio sumarísimo que condenó a los Contemporáneos por ser unos jotos extranjerizantes. El arte mexicano sólo podía estar marcado por el nacionalismo, el machismo a toda

---

[4] *Vid.* Isaiah Berlin, *La mentalidad soviética. La cultura rusa bajo el comunismo*, Barcelona, Galaxia Gutenbeg, 2009, pp. 57 y ss.

prueba, el gran drama de la bola y, por supuesto, el anuncio de la tierra de la gran promesa.

La razón que explicaba

su presencia en México no era un secreto:

Bertram y su esposa Ella habían llegado a finales de 1922 huyendo de Estados Unidos. El riesgo de que fueran a dar a la cárcel por sus actividades comunistas era muy alto y valía más que cambiaran de aires.[5] La revolución que ocurría al otro lado de la frontera, al igual que las prédicas de sus caudillos y las obras de sus empleados más fieles eran un imán casi irresistible para la pareja que terminó viviendo en el centro de la Ciudad de México. La peregrinación a la sagrada tierra soviética aún era imposible, y los Wolfe de buena gana se conformaron con el país vecino. Ni modo, hay veces que no se puede tener todo lo que se anhela. La ebullición de amor por la utopía soviética que se materializaba en las procesiones de artistas e intelectuales[6] debía esperar unos años para convertirse en realidad y que ellos pudieran peregrinar a Moscú para postrarse ante la momia de Lenin.

Todo parece indicar que a Bertram no le costaba mucho trabajo entrevistar a Diego Rivera. A él le encantaba hablar de sí mismo, una sola pregunta bastaba para que sus palabras se desbordaran y siguieran tejiendo los hilos del mito que construía a fuerza de desplantes, locuras, exageraciones e historias increíbles. Según lo que le contaba a cualquiera que se le pusiera enfrente, él —desde su más tierna infancia— era un revolucionario y un comecuras

[5] Daniela Spenser, «El tiempo de Ella Wolfe», *Nexos*, abril de 1991.
[6] *Vid.* Alberto Ruy Sánchez, *Tristeza de la verdad. André Gide regresa de Rusia*, México, Debolsillo, 2017.

con todas las de la ley: cuando apenas comenzaba a hablar, Diego le había dicho a su tía *Totola* que no tenía ningún caso rezarle a la virgen, ella sólo era un monigote que tenía las orejas tapadas. Unos pocos meses más tarde, Rivera confirmó su ateísmo al apoderarse del púlpito de una iglesia guanajuatense para gritarles «viejas imbéciles» a las beatas que se hincaban ante las imágenes que jamás escucharían sus súplicas.[7] Por supuesto que, además de esto, su nacimiento había sido anunciado por la furia de la naturaleza y, para acabar de rematar sus confesiones, él —sin ningún empacho— contaba que, antes de entrar a la escuela de primeras letras, ya había encabezado algunas marchas proletarias y dirigido a los masones de Guanajuato en su lucha contra los clérigos.[8] Ante estos hechos, la duda es imposible: su historia era perfecta, y sílaba a sílaba rimaba con las prédicas de los caudillos más atrabancados, aunque a la hora de la verdad Calles, Tejeda y Garrido Canabal lo superaban con creces. A pesar de esto, el pintor reclamaba su lugar como uno de los precursores de «la causa» que trataba de inventar un nuevo país y a sus patrones les encantaban sus desplantes. De poco o nada servía que algunos críticos de arte pensaran que él sólo era un mestizo que había salido de la nada, que a los soviéticos les resultara «poco comunista» y que, además, sus pinturas fueran aburridas, convencionales y sólo se dedicaran a mostrar al «indio de mañana».[9]

[7] Marte R. Gómez, *Textos inéditos. Diego y sus mujeres*, México, Colegio de Posgraduados / Gobierno del Estado de Tamaulipas / Conaculta, 2013, p. 72.
[8] Sobre las historias de infancia de Diego Rivera en Guanajuato, *vid.* José Luis Trueba Lara, «Hojarascas de la vieja rama», en Efraín Huerta *et al.*, *Diego Rivera, trazos del mito*, México, Artes de México / Conaculta / Fundación Organizados para Servir, 2015.
[9] *Vid.* Emilio Cecchi, *México*, Barcelona, Editorial Minúscula, 2007.

Nada de esto importaba, Diego era el gran publicista de su vida y sus creaciones. Incluso es difícil negarse a pensar que una buena parte de los escándalos nacionales e internacionales que protagonizaba no estaban calculados para ganar espacios en la prensa y promoverse como el santo patrono de la izquierda mexicana, como el artista que ponía a temblar a los capitalistas o, ya de perdis, como el visionario del mundo que estaba por llegar.[10]

Sin embargo, aquella tarde de 1923 Diego quizá era bastante más sincero que en otras ocasiones:

¡Ya estaba harto de pintar para la burguesía! —le dijo a Bertram Wolfe mientras asumía una de sus mejores poses—. La clase media

---

[10] Aunque los escándalos protagonizados por Diego son legión, vale la pena detenerse en uno de sus garbanzos de a libra: en mayo de 1933 —después de cobrar los 14 000 dólares que aún le debían— fue obligado a abandonar el edificio de los Rockefeller en Nueva York, y su mural fue incautado para enfrentar un triste destino. Según la versión oficial de los hechos —propalada por el mismo Rivera—, lo despidieron por pintar a Lenin y promover la revolución; sin embargo, todo parece indicar que la pérdida de su empleo tuvo otras causas: en sus trabajos de la SEP ya había pintado a John D. Rockefeller bebiendo un vasito de leche mientras que el resto de los comensales se alimentaba con los mensajes que llegaban de la bolsa de valores. Para los millonarios estadounidenses ese chiste era perdonable y era un asunto local, pero esto no implicaba que ellos estuvieran dispuestos a enfrentar sus burlas en su lugar de trabajo. El problema no era la presencia de Lenin, sino la pachanga de los millonarios en la que se adivinaba la silueta del rostro de Rockefeller. Así, aunque Rivera estaba terco en que «la burguesía tenía miedo de las posibilidades revolucionarias» de su mural (*vid*. Diego Rivera, «Nationalism and Art», *Workers Age*, Nueva York, 15 de junio de 1933), la verdad es que todo parece indicar que a los Rockefeller sólo les endiablaba que él llegara a su casa para burlarse de John D. (*vid*. Leah Dickerman, «Leftist Circuits», en Leah Dickerman y A. Indych-López, *Diego Rivera. Murals for the Museum of Modern Art*, Nueva York, Museum of Modern Arts, 2012). Este hecho me permite pensar que ese escándalo quizá fue calculado por Diego como un espléndido ardid publicitario que —sin mermar sus ingresos— estaba encaminado a reforzar su fama revolucionaria.

[tampoco] tiene gusto, y menos la clase media mexicana. Todo lo que querían eran retratos, el del varón, el de su esposa o el de su amante. Raro era el sujeto que aceptara ser pintado como yo lo veía. Si lo pintaba como él deseaba me resultaban burdas falsificaciones. [Y] si lo pintaba como yo quería, se negaba a pagarme. Desde el punto de vista artístico, era necesario buscarse otro cliente.[11]

Contra todo pronóstico, en esa entrevista la mentira y la exageración no se escucharon en las palabras del pintor. Gracias a su epifanía monetaria, ya era perfectamente claro que

no tenía más remedio que agenciarse un nuevo patrocinador,

y el gobierno revolucionario bien podía sustituir a los viejos mecenas o a los madamases porfiristas que lo becaron durante algunos años en Europa. La posibilidad de ser un vanguardista al estilo europeo parecía absolutamente cancelada.

A comienzos de los años veinte para Diego era claro que los nuevos ricachones y la burguesía del antiguo régimen no aceptarían ni promoverían una estética vanguardista. Su cubismo, por bueno que fuera, estaba condenado a la inanición. Ellos no toleraban la descomposición de su imagen, y el Estado se revelaba como el único cliente posible. Es más, con un poco de suerte, su nuevo patrón tal vez sería generoso y lo recompensaría como Dios manda. Sin embargo, él —al igual que los artistas más revolucionarios y alebrestados que lograron la consagración definitiva— jamás se negó a retratar a los fifís que le entregaban los cheques y los dólares que le permitían justificar su supuesta independencia y su actitud

---

[11] Bertram D. Wolfe, *La fabulosa vida de Diego Rivera*, México, Diana / SEP, 1986, p. 127.

bolchevique.[12] Una chamba por encargo —así fuera un mural en los hoteles en los que descansaba la burguesía o en uno de los edificios de los más torvos capitalistas estadounidenses— no podía quebrantar su fe revolucionaria. Ese dinero no manchaba la causa sagrada, y la sola presencia de sus obras seguramente llevaba la revolución tras las trincheras de los enemigos que cavaban su tumba cada vez que los contrataban. Diego y sus apóstoles tenían una comprobadísima conciencia de clase, y esa cualidad bastaba para que todas sus desviaciones y sus pecados fueran perdonados.

En el fondo, la situación de México no era muy diferente de la que ocurría en otros países: la demanda privada de obras vanguardistas era escasa, y los gobiernos revolucionarios de izquierda y derecha asumieron el papel de promotores, aunque al cabo de muy poco tiempo los regímenes totalitarios asesinaron, encarcelaron y mutilaron a los creadores que no se rindieron de una manera absoluta o que fueron delatados tras la mínima sospecha.[13]

Así pues, al inicio de los años veinte,

los caudillos eran los únicos que estaban dispuestos

a pagar por las obras de los creadores vanguardistas y, de puritito pilón, tampoco tenían problemas en permitir los coloradísimos discursos de algunos artistas, mientras no chocaran con los sagrados dictados del nacionalismo que se estaba construyendo. Nada

---

[12] Carlos Monsiváis, «*"Soy porque me parezco"*. El retrato en México en el siglo XX», en Enrique Florescano (coord.), *Espejo mexicano*, México, Conaculta / FCE / Fundación Miguel Alemán, 2002, p. 204.

[13] Sobre estas persecuciones y crímenes en la URSS *vid*. p. e. Vitali Shentalinski, *Esclavos de la libertad. Los archivos literarios del KGB*, Barcelona, Galaxia Guntenberg, 2006.

ni nadie —por muy pintor y aliado que fuera— podía oponerse a la nueva religión política. De esta manera, «mientras el Partido Comunista se formaba apenas o vivía en la clandestinidad, los muros oficiales se cubrieron de pinturas que profetizaban el fin del capitalismo, sin que nadie, ni los pintores ni los mecenas, se escandalizara».[14]

Debido a este hecho, no es descabellado pensar que los revolucionarios mexicanos llegaron bastante más lejos que los de otros lugares: mientras que en la Unión Soviética y la Italia fascista existían vanguardias que se sumaron los regímenes que buscaban arrasar el pasado —como ocurrió en los casos del constructivismo y el futurismo—,[15] en México el discurso de los artistas revolucionarios y de las vanguardias se creó gracias a la misa negra de los mandamases y sus apóstoles. Todo parece indicar que la escuela mexicana de pintura fue otro de los engendros del gobierno que inventaba el nacionalismo que daría paso al país autoritario.

Vistos a la distancia, los creadores mexicanos —una vez que se transformaron en burócratas con derecho a picaporte y las obras públicas— fueron mucho más dóciles que los de otras naciones: a diferencia de los artistas se enfrentaron a las primeras estatizaciones del régimen soviético, ellos no protestaron por la intromisión gubernamental en sus obras, y sin ningún problema justificaron el asesinato de ese «viejo insidioso, asesino y latifundista que era Carranza».[16] Además de esto, tampoco enfrentaron terribles

---

[14] Octavio Paz, «Los muralistas a primera vista», en *Obras completas. Los privilegios de la vista. Arte moderno universal. Arte de México*, México, FCE, 2014, t. IV, p. 569.

[15] *Vid.* p. e. Armando Cassigoli (comp.), *Antología del fascismo italiano*, México, UNAM, 1976.

[16] Diego Rivera, «La obra del pintor Diego Rivera», en *Diego Rivera, Obras. Textos de arte*, México, El Colegio Nacional, 1996, t. I, p. 117.

dilemas morales antes de lanzarse a los brazos de Álvaro Obregón, pues —según ellos— ese caudillo y sus seguidores eran apoyados por «una gran parte de las masas de obreros y campesinos».[17] Y, como ya estaban bastante jariosos con su romance, también se apuntaron para defender a balazos a su patrón de los militares delahuertistas que se alzaron en su contra, cuando él —transformado en el único elector— designó a Plutarco Elías Calles como su sucesor en la presidencia.

Jean Charlot cuenta que en esos días que olían a asonada y apuestas definitivas, los miembros del impoluto Sindicato de Obreros, Técnicos, Pintores y Escultores «estaban listos para enrolarse en el ejército de Obregón», y que —con ganas de llegar hasta las últimas consecuencias y echarse al plato a todos los contrarrevolucionarios que se les pusieran enfrente— Xavier Guerrero consiguió una oferta que no podía despreciarse. Al final, los artistas no se presentaron a los pocos combates que se libraron en contra de los delahuertistas, aunque su sindicato, gracias a la compra organizada por Guerrero, «se volvió propietario de un montón de armas cortas».[18] A la hora de la verdad, los más fieles empleados de los caudillos no llegaron tan lejos como los agraristas o los integrantes de la CROM que sí se sumaron a las tropas obregonistas... a ellos todo se les fue en desplantes.

Según los muralistas, la adquisición de las armas no había sido en vano: pronto llegaría la revolución que tanto anunciaban y ellos esta-

---

[17] *Ibidem.*
[18] Jean Charlot, *El Renacimiento del muralismo mexicano. 1920-1925*, México, Domés, 1985, p. 283; *vid.* Arturo López Rodríguez, «Hoz, martillo y pincel», en Guillermina Guadarrama Peña *et al.*, *Xavier Guerrero. 1896-1974*, México, Museo Nacional de Arte / Gobierno del Estado de Coahuila, 2012.

rían más que listos para los plomazos; sin embargo, después de mirar los resultados, no queda más remedio que aceptar que esas pistolas sólo se usaron para dispararse en sus pachangas. Con tres farolazos entre pecho y espalda, a cualquiera le daban ganas de jalar el gatillo, entre «los pintores revolucionarios —dice una de las hijas de Diego— [...] se había hecho una costumbre muy arraigada festejar los acontecimientos importantes de sus vidas "echando tiros al aire"».[19]

A pesar de que no le entraron a los plomazos, para que no quedara absolutamente ninguna duda de su fidelidad al régimen y al gobierno de la revolución, ellos —siguiendo a pies juntillas la más pura tradición decimonónica— publicaron un flamígero *Manifiesto* donde les ponían los puntos a las íes:

> A la raza indígena humillada durante siglos; a los soldados convertidos en verdugos por los pretorianos; a los obreros y campesinos azotados por la avaricia de los ricos; a los intelectuales que no estén envilecidos por la burguesía [...].

El triunfo de De la Huerta, [tanto] estética como socialmente, sería el triunfo del gusto de las mecanógrafas: la aceptación criolla y burguesa (que todo lo corrompe) de la música, de la pintura y de la literatura popular, el reinado de lo «pintoresco» [...]. En consecuencia, la contrarrevolución en México [es decir, el movimiento delahuertista] prolongará el dolor del pueblo y deprimirá su espíritu admirable.

Con anterioridad, los miembros del Sindicato de Pintores y Escultores nos adherimos a la candidatura del general don Plutarco

---

[19] Guadalupe Rivera y Marie-Pierre Colle, *Las fiestas de Diego y Frida*, México, Promexa, 1994, p. 32.

Elías Calles, por considerar que su personalidad definitivamente revolucionaria garantizaba en el gobierno de la República, más que ninguna otra, el mejoramiento de las clases productoras de México, adhesión que reiteramos en estos momentos con el convencimiento que nos dan los últimos acontecimientos político-militares, y nos ponemos a la disposición de su causa, que es la del pueblo, en la forma que se nos requiera.

Hacemos un llamamiento general a los intelectuales revolucionarios de México para que, olvidando su sentimentalismo y zanganería proverbiales por más de un siglo, se unan a nosotros en la lucha social y estético-educativa que realizamos. En nombre de toda la sangre vertida por el pueblo en 10 años de lucha y frente al cuartelazo reaccionario, hacemos un llamamiento urgente a todos los campesinos, obreros y soldados revolucionarios de México para que comprendiendo la importancia vital de la lucha que se avecina y olvidando diferencias de táctica, formemos un frente único para combatir al enemigo común.[20]

Contra lo que pudiera suponerse, los manifiestos incendiarios, las balaceras inexistentes y los enrolamientos que sólo ocurrieron de palabra no fueron las únicas muestras de lealtad a sus patrones. Cuando José Vasconcelos rompió con los caudillos de la gran rebelión y comenzó a atacar a Calles en su periódico *La Antorcha*, Diego no tuvo problemas para decidirse a favor de la ingratitud y la consigna: en el panel de *Los sabios* de los murales de la Secretaría de Educación Pública, Vasconcelos aparece retratado de espaldas mientras moja su pluma en una escupidera.

---

[20] «Manifiesto del Sindicato de Obreros, Técnicos, Pintores y Escultores», en Raquel Tibol (selec., prólogo y notas), *Palabras de Siqueiros*, México, FCE, 1996.

Él era un cobarde que no daba la cara, sólo era un contrarrevolucionario, un católico que traicionaba a «la causa» con los gargajos que escribía.[21]

Por si lo anterior no bastara para garantizar su entrega a los caudillos y al régimen, los artistas —sin patalear ni vociferar— también abandonaron los «ismos» extranjerizantes y se convirtieron en los voceros del gobierno que les permitía mantener sus bravuconadas sin tener que crear una *samizdat*. Gracias a su alianza, ellos tenían a su disposición los libros que publicaba la Secretaría de Educación Pública,[22] los titulares de los periódicos leales y, por supuesto, las páginas de las revistas gubernamentales.[23] A los propagandistas no les faltaban espacios para soltarle la rienda a su «conciencia crítica», la cual —aunque no lo quisieran ni lo sospecharan (en caso de que fueran más que ingenuos)— terminó por justificar a los caudillos y sus instituciones. A pesar de las poses que

---

[21] María Teresa Suárez Molina, «Un avatar político: José Vasconcelos», en Enrique Krauze *et al.*, *El Éxodo mexicano. Los héroes en la mira del arte*, México, Museo Nacional de Arte / UNAM, 2010, p. 221.

[22] *Vid.* p. e. Sarah Corona Berkin y Arnulfo de Santiago Gómez, *Niños y libros. Publicaciones infantiles de la Secretaría de Educación Pública*, México, SEP, 201, pp. 15-41.

[23] Los ejemplos de las revistas publicadas o financiadas por el gobierno donde los artistas revolucionarios ocuparon un lugar destacado son legión: *El Maestro*, *El Sembrador*, *Horizonte*, *El Maestro Rural* y muchas más que publicaron una gran cantidad de textos, portadas e ilustraciones en las que la escuela mexicana de pintura le daba gusto al régimen, mientras que sus integrantes ratificaban su condición de socialistas revoltosos. Los tirajes de algunas de estas publicaciones nos dan una idea de la permisividad que tenía el gobierno con sus artísticos empleados: *El Maestro* —según lo señala Javier Garciadiego— tenía un tiraje regular de 60 000 ejemplares, aunque en algunas ocasiones llegó a ser de 75 000 (*vid.* Javier Garciadiego, «La educación pública entre el porfiriato y la revolución: de Justo Sierra a Vasconcelos», en Javier Garciadiego, *Autores, editoriales, instituciones y libros. Estudios de historia intelectual*, México, El Colegio de México, 2015, n. p. 37).

anunciaban la revolución colorada y definitiva, los creadores y los intelectuales posrevolucionarios nunca se negaron a convertirse en los beneficiarios de las plazas y del erario.[24] Lo único bueno es que ellos sí tenían conciencia de clase y esto —por supuesto— les permitía hacer cualquier cosa con el visto bueno de la revolución inmaculada. En ese momento la duda ya no tenía cabida: «En la política gubernamental había una dosis considerable de oportunismo y lo mismo debe decirse de la actitud de los pintores. Unos y otros, los artistas y sus mecenas, encontraban ventajoso este compromiso».[25]

De esta manera, a comienzos de los años veinte, la situación era perfectamente clara para los caudillos:

si el nacionalismo se estaba inventando,

los artistas podían contribuir a edificarlo y también serían capaces de mostrar el drama significativo de la bola y del futuro perfecto que estaba a punto de ser parido. Ellos convertirían a la historia de México en una perífrasis del Éxodo, al tiempo que transformarían a los alzados en los integrantes del nuevo panteón donde los enfrentamientos, las traiciones y los asesinatos jamás ocurrieron. Los supuestos vanguardistas se convirtieron en algunos de los mejores promotores de la versión oficial de los hechos y en los grandes defensores de los mandamases que estaban en el candelero. Por esta causa, sus obras estaban situadas en el porvenir, en el «orgullo desmedido por el país que vendrá, [en] las tradiciones que lo poblarán, [en] el agradecimiento que se verterá hacia los

---

[24] Claudio Lomnitz, *La idea de la muerte en México*, México, FCE, 2006, p. 52.
[25] Octavio Paz, «Re/visiones: la pintura mural», en *Obras Completas*, vol. cit., p. 593.

hombres que desde los muros y los sindicatos lo gestaron sin claudicar jamás».[26]

Gracias a esas peculiaridades, el «realismo» que adoptaron el régimen y sus empleados más fieles se refería a una categoría muy distinta de lo verdadero: en los muros pintados y los lienzos sólo se mostraban los ideales, los pasados idílicos, el gran drama que protagonizaba el pueblo imaginado, y a esto se sumaba el sueño del porvenir que —según ellos— se encontraba a la vuelta de la esquina gracias a los mesías que seguían los pasos del Viejo Testamento o de una supuesta revelación marxista. Entre los discursos de los meros meros y los brochazos de los vanguardistas no había gran diferencia.

El desenlace de este matrimonio era previsible: los caudillos y los artistas harían todo lo necesario (y también lo innecesario) con tal de salvar y reivindicar a los hombres que se habían liberado del último faraón y que aún combatían a sus rivales. La vieja fe que estupidizaba al pueblo tenía que ser derrotada, entre otras cosas, gracias al más fanático de los comecuristos. El romance casi era perfecto y, a pesar de algunos problemas conyugales,[27] la pareja

---

[26] Carlos Monsiváis, «David Alfaro Siqueiros. Aquí te dejo la luz de enero», en Carlos Monsiváis, *Amor perdido*, México, Era, 1979, p. 104.

[27] Algunos ejemplos de los problemas maritales que vivieron los muralistas y los meros meros son los siguientes: en el «Árbol de la vida» que pintó Roberto Montenegro en el Colegio Máximo de San Pedro y San Pablo, José Vasconcelos le pidió que borrara la figura andrógina que estaba en el centro, debido a esto ella se transformó en un hombre con armadura; por su parte, Narciso Bassols —cuando estaba al frente de la Secretaría de Educación Pública— ordenó que rasparan los murales que el Dr. Atl había pintado en este edificio, pues su puritanismo socialista le impedía mirar a esos seres encuerados y que vivían en un mundo sin tractores. Además de estos casos, es importante señalar que entre Vasconcelos y Diego y sus apóstoles tampoco había grandes acuerdos: el hombre que soñaba con la antigua Grecia y Buda muy poco tenía en común con los propagandistas del régimen.

estaba muy bien avenida: los muralistas denunciaban las terribles acciones perpetradas por los sacerdotes católicos, y los desfanatizadores se encargaban de cobrarles la factura con todo y sus intereses lenoninos. Los crímenes que se habían cometido desde el siglo XVI tenían que ser castigados con tal de llegar a la tierra de la gran promesa. Salvador Novo —un poco en broma y tantito en serio— dejó en claro este juicio sumarísimo al afirmar que los murales eran «pinturas repulsivas, destinadas a despertar en el espectador, en lugar de emociones estéticas, una furia anarquista si se es pobre o, si se es rico, a hacer que sus rodillas tiemblen de miedo».[28]

Apenas unos cuantos clérigos, como fray Bartolomé de las Casas y un puñado de franciscanos, se salvaron de los juicios sumarísimos y no fueron condenados al infierno con tres pinceladas. Contra lo que pudiera suponerse, con los capitalistas la situación era distinta: ellos los denunciaban en sus murales y sus cuadros, mientras les extendían la mano para cobrarles por el retrato o el lienzo que recién les habían vendido. La revolución que jamás ocurrió tenía que financiarse, y nada mejor que hacerlo con el dinero de los enemigos, los cuales —si no tenían la suficiente lana— se tendrían que conformar con una litografía casi accesible.

Además de esto, para los mandamases, los brochazos y los libros que ilustraban cumplían otros fines de gran calado. A pesar de sus terribles arrebatos poéticos que se materializaban en versos espantérrimos o en su pasión por Vargas Vila, a Obregón le importaba muy poco el arte, pero la mera verdad es que se le quemaban las habas por presentar a su país como un territorio en el

---

[28] *Apud* Itzel Rodríguez Mortellaro, «Arte, tradición y Revolución. Muralismo, nacionalismo y patrimonio cultural», en Pablo Escalante Gonzalbo (coord.), *La idea de nuestro patrimonio histórico y cultural*, México, Conaculta, 2011, p. 270.

que las turbas y las matanzas habían quedado atrás. Patrocinar a los muralistas era una buena manera de prestigiar a la gran rebelión y abrirle la puerta al reconocimiento internacional de su gobierno. Una idea que en cierto sentido compartía con Vasconcelos, quien anhelaba despojar a la revolución de todo su primitivismo para rodearla de un extraño humanismo, aunque los resultados que se mostraban en las paredes jamás lo convencieron del todo.[29]

El «arte para todos, a condición de que todos fueran unos cuantos»,[30] estaba

a un tris de irrumpir

en los muros de los edificios públicos y las casas de los meros meros que seguían necios en fingir que eran parte del pueblo al que la revolución le había hecho justicia. Así, sin afrontar grandes problemas, las obras de la supuesta vanguardia —casi siempre reiterativas y endiosadas con un mundo inexistente— terminaron por olvidarse de sus verdaderos y supuestos destinatarios, justo como lo explicaba José Clemente Orozco en su *Autobiografía*:

> El arte proletario consistía en pinturas que representaban obreros trabajando, y que se suponían destinadas a los obreros. Pero eso fue un error, porque a un obrero que ha trabajado ocho horas en el taller no le resulta agradable volver a encontrar en su casa «obreros trabajando», sino algo diferente que no tenga que ver con el traba-

---

[29] *Vid.* Carlos Monsiváis, «La tradición del muralismo. La escuela mexicana de pintura», en Carlos Monsiváis, *Imágenes de la tradición viva*, México, FCE / Landucci / UNAM, 2006, p. 326.

[30] Xavier Villaurrutia, *apud* James Oles, *Arte y arquitectura en México*, México, Taurus, 2015, p. 257.

jo y que le sirva de descanso. Pero lo más grave es que el arte proletario fue comprado a muy buenos precios por los burgueses, contra los cuales se suponía iba dirigido.[31]

Contra lo que pudiera pensarse, Orozco no fue el único que se percató de la ausencia del público al que supuestamente eran destinadas aquellas creaciones, Rufino Tamayo —que sin ningún empacho calificó a esas propuestas como «pura demagogia»— también estaba seguro de una verdad de a kilo: aunque los murales incendiarios fueran una maravilla, al pueblo no lo quedaba de otra más que chambear para comer. Debido a esta pésima y contrarrevolucionaria costumbre, los campesinos y los proletarios casi siempre estaban fuera de los edificios públicos, y sólo en contadísimas ocasiones podían mirar las pinturas que los retrataban en sus mejores poses.[32] Esos lugares sólo eran para los caudillos y los burócratas, quienes tal vez creían que las paredes de sus oficinas mostraban el mundo que ya habían construido y que existía más allá de sus despachos. La distancia entre los poderosos y el pueblo no sólo era un asunto político, la estética también los separaba. Estamos frente a un hecho que claramente fue mostrado por Octavio Paz: «Muchos de los murales fueron pintados en venerables edificios de los siglos XVII y XVIII. Una intromisión, un abuso, como ponerle a la *Venus de Milo* un gorro frigio».[33]

Sin embargo, según Diego Rivera, la situación era completamente distinta, pues «todos los días aumentaba el número de

---

[31] José Clemente Orozco, *Autobiografía*, México, Era, 1981, p. 68.

[32] *Vid.* Cristina Pacheco, «Rufino Tamayo: mi único lenguaje es la pintura», en Cristina Pacheco, *La luz de México. Entrevistas con pintores y fotógrafos*, México, FCE, 1995, p. 572.

[33] Octavio Paz, «Re/visiones…», p. 585.

visitantes a la Secretaría» de Educación Pública, ya que los proletarios llegaban en masa para «burlarse de la burguesía» (requete *sic*), mientras que «el sencillo y honrado indio [...] encontraba [...] algo que podía reconocer».[34] A lo mejor Diego decía la verdad y todo esto sí ocurrió, pero no existe registro de las marchas de los obreros y las peregrinaciones indígenas que llegaban a contemplar sus obras. Probablemente en esos momentos los fotógrafos se habían ido a comer.

La pérdida de rumbo de los muralistas también era amamantada por

el pensamiento mágico

que los alejaba del sentido común. La fe en sus creaciones era tantito más que excesiva. Por alguna razón que me resulta incomprensible, ellos creían que cuando los campesinos y los proletarios observaran sus murales, tendrían un arrebato de conciencia de clase como el que mencionaba Novo, y de inmediato abandonarían sus taras proverbiales para sumarse a las acciones revolucionarias o, ya de perdis, harían todo lo necesario para parecerse al pueblo que retrataban. México sin un Día de Muertos a la manera de Rivera no tiene ningún sentido.

Según Luis Cardoza y Aragón, Diego estaba segurísimo de que su obra ejercía «una gran influencia en el ambiente psicológico, social y religioso de México».[35] Por esta razón, debido a la magia de las pinturas, los niños indígenas se transformarían en mexica-

---

[34] Diego Rivera, «The Guild Spirit in Mexican Art», *The Survey. Graphic Number*, vol. LII, núm. 3, mayo de 1924.

[35] Luis Cardoza y Aragón, *La nube y el reloj. Pintura mexicana contemporánea*, México, Landucci / UNAM, 2003, p. 249.

nitos pobres con trompos, matracas y piñatas, al tiempo que las mujeres mutarían en unas revoltosas que —gracias a Frida Kahlo— cambiarían las escobas por los fusiles, mientras que los varones vivirían en el mundo de la reforma agraria (con todo y tractores) y en las mieles de la colectivización de los medios de producción gracias al cooperativismo o las expropiaciones que impulsaban los caudillos. El capitalismo —siempre representado por los fuereños que seguían las enseñanzas del antisemitismo sin judíos— y los jotos —que revelaban algunos de los odios más profundos de Diego en los murales de la SEP— ya no tendrían cabida en el mundo perfecto que se proclamaba en las paredes. En ellas sólo le iba bien al pueblo que apenas se refería a unas cuantas personas que estaban dispuestas a asumir la revelación.[36]

Todo esto parece innegable; sin embargo, confieso que jamás he intentado llevar a cabo el experimento de poner a un proletario ante los murales para observar su inmediata transformación revolucionaria, pero me late que este proyecto científico no logrará sus fines. Algo me dice que la politización gracias a los muros pintados sólo es un mito genial y revela un camino tan equivocado como la creencia de que una acción guerrillera politiza a la gente.[37]

[36] El uso de la palabra pueblo como una voz que sólo se refiere a unas cuantas personas y segrega al resto de la población no sólo impactó al muralismo; como ya lo hemos visto en las páginas anteriores, esta noción también se revelaba en la xenofobia, en la eugenesia, en la mirada hacia los indígenas y, por supuesto, en la persecución a los homosexuales que no eran lo suficientemente viriles para estar a la altura de la revolución. Este uso de la palabra «pueblo» me obliga a recordar lo que Victor Klemperer señalaba en uno de sus libros sobre el nacionalsocialismo donde ocurrió algo muy parecido. *Vid.* Victor Klemperer, *LTI. La lengua del Tercer Reich. Apuntes de un filólogo*, Barcelona, Editorial Minúscula, 2001.

[37] La idea de los murales que politizan —que me parece tan insostenible como las ideas politizadoras del *Che* Guevara— aún tiene sus defensores a capa

Gracias a

la fe en el futuro y en el pueblo inmaculado (e inexistente),

los caudillos revolucionarios, los burgueses que tenían que estar en sintonía con sus nuevos socios políticos, y los coleccionistas gringos que estaban dispuestos a pagar por los cuadros y los murales que reflejaban al México mágico y bronco, pronto se convirtieron en los verdaderos destinatarios del arte de vanguardia.[38] Las masas aún estaban bastante idiotizadas y seguían con la necedad de no parecerse a los personajes que poblaban las paredes pintadas. Y para acabarla de fregar, tengo la impresión de que tampoco se arrobaban con las imágenes del paraíso que estaba a punto de alcanzarse. Por fortuna, siempre se podía encontrar una manera para llevarlas al edén que se estaba creando. No por casualidad en muchos lugares las campañas eugenésicas y desfanatizadoras avanzaban con

y espada: los libros de Eduardo Subirats (*El muralismo mexicano. Mito y esclarecimiento*, México, FCE, 2018) y de Irene Herner (*Siqueiros, del paraíso a la utopía*, México, Conaculta, 2004) son dos buenos ejemplos de esta actitud. A pesar de todas las virtudes revolucionarias que ellos encuentran y proclaman, me parece que estamos ante un hecho simpático: los autores de izquierda son capaces de encontrar la confirmación de sus ideas en cualquier cosa que se parezca a ellas, aunque en el fondo sólo sean parte del discurso de un gobierno autoritario. Tal vez, sólo tal vez, ellos —en la medida en que tienen conciencia de clase— son capaces de sentir arrebatos ante los murales que, me late, no podían conmover al pueblo idiotizado y carente de sus virtudes. Así pues, todo parece indicar que los murales —además de los clientes ya se mencionarán— también tenían como destinatarios a los izquierdistas que sí les entendían y que estaban convencidísimos de que el pueblo los comprendía.

[38] *Vid*. Joseph J. Rishel, «Al norte de la frontera: exposiciones y coleccionismo de arte mexicano en Estados Unidos», en Matthew Affron *et al.* (eds.), *Pinta la Revolución: arte moderno mexicano 1910-1950*, México, Secretaría de Cultura / Philadelphia Museum of Art, 2016.

toda su furia para conducir a la plebe imbécil a la tierra de la gran promesa. Y exactamente lo mismo sucedía con las misiones culturales que a toda costa trataban de desindigenizar a la indiada con tal de que los huarachudos se convirtieran en mexicanos a la altura de la bola.

Si para los caudillos el camino al paraíso y el papel de las vanguardias estaban claros, para Diego y sus seguidores la ruta también era precisa: a como diera lugar, ellos

tenían que convertirse en beneficiarios del sistema,

y sus obras estaban obligadas a contribuir a los proyectos del régimen y a crear el mito de la Revolución (con mayúscula, claro está).

Encontrar una justificación para los servicios que le prestarían a su nuevo amo no era un problema difícil de resolver: si ellos se autoproclamaban como vanguardistas y el gobierno era absolutamente revolucionario, su maridaje estaba condenado a la perfección.[39] El nacionalismo les aportaba a los artistas las imágenes del sacrificio, del combate liberador y del sueño de la reivindicación del pueblo esclavizado, mientras que los creadores —henchidos de supuestas ideas socialistas— estaban más que dispuestos a hacer suyo ese discurso que nada se tardaría en volverse una consigna. La idea de «no hay más ruta que la nuestra» es la rúbrica del matrimonio entre un régimen y sus propagandistas más fieles.

Los artistas revolucionarios —al igual que los mandamases— estaban convencidos del valor de la fórmula siniestra del Evangelio que era leído en la misa negra de los caudillos y en las

---

[39] *Vid.* Tzvetan Todorov, *La experiencia totalitaria*, Barcelona, Galaxia Gutenberg, 2010, p. 237.

prédicas de Gabriele D'Annunzio: «O estás con nosotros o estás en contra nuestra».[40] Las posibilidades de la sutileza y los otros caminos estaban canceladas. Si el gobierno era capaz de amputar a la disidencia y emprender la guerra en contra de sus opositores —como ocurrió con los delahuertistas y en la cristiada—, ellos también podían cortarles las manos a los que se negaran a seguir sus dictados. La escuela mexicana de pintura se convirtió en uno de los reflejos más fieles del autoritarismo gubernamental: en México sólo podía pintarse lo que ellos y los mandamases ordenaban, y si alguien osaba irse por otro lado, la condena no tardaría en alcanzarlo.

Así pues, a como diera lugar —y quizá

con ganas de matarse el hambre

o de salir en la foto que se publicaría al día siguiente en los periódicos— a los pintores les urgía formar parte de la revolución cultural y antropológica que se estaba iniciando, aunque ellos no se nutrían del socialismo que tanto anunciaban. Las visiones de la gran rebelión y sus instituciones, del pueblo y los proletarios cooptados por la CROM, la CTM o el partido oficial eran mucho más poderosas que *El capital* que jamás habían abierto. A ellos les bastaba con repetir las viejas fórmulas o con maravillarse ante las expropiaciones, los ejidos y las cooperativas que brotaban gracias a las dádivas del ogro filantrópico. Esas fórmulas —vistas a la distancia— casi resultan simpáticas y siempre olían a consigna, justo como se lee en uno de sus sobradísimos manifiestos, en el que —con el puño en alto— proclamaban:

[40] *Cfr.* Mateo 12:30.

Estamos de parte de aquellos que exigen la desaparición de un sistema antiguo y cruel, dentro del cual tú, trabajador del campo, produces alimentos para los gaznates de capataces y politicastros, mientras mueres de hambre; dentro del cual tú, trabajador de la ciudad, mueves las fábricas, tramas las telas y creas con tus manos las comodidades para rufianes y prostitutas, mientras tu cuerpo se arrastra y se congela; dentro del cual tú, soldado indio, abandonas heroicamente la tierra que trabajas y das tu vida interminablemente para destruir la miseria que se abate hace siglos sobre tu raza.

No sólo el trabajo noble, sino hasta la mínima expresión de la vida espiritual y física de nuestra raza, brota de lo nativo (y particularmente de lo indio). Su admirable y extraordinariamente peculiar talento para crear belleza: el arte del pueblo mexicano es la más sana expresión espiritual que hay en el mundo, y su tradición nuestra posesión más grande. Es grande porque siendo del pueblo es colectiva, y esto es porque nuestra meta estética fundamental es socializar la expresión artística que tiende a borrar totalmente el individualismo que es burgués.

[Por esto] repudiamos la llamada pintura de caballete [siempre y cuando no nos sea pagada por los fifís que quieren cuadros nuestros con tal de estar a la moda] y todo el arte de los círculos ultraintelectuales, porque es aristocrático, y glorificamos la expresión del Arte Monumental, porque es propiedad pública.[41]

No nos confundamos con la retórica de barrio. Aunque estas palabras parecen venir del más puro e incendiario de los discursos socialistas, en ellas sólo se revela el ferviente matrimonio de los

---

[41] «Manifiesto del Sindicato de Obreros, Técnicos, Pintores y Escultores», *El Machete*, México, 15 de julio de 1924.

muralistas con los caudillos: el sistema «antiguo y cruel» no era el gobierno de la revolución que estaba empeñado en la reforma agraria y la cooptación de los obreros, sino una entelequia que se refería al antiguo régimen o a los enemigos de «la causa» que estaban dispuestos a ponerle piedritas en el camino. Por su parte, los «capataces» y «los políticastros» tampoco eran los caudillos ni los líderes que —a la manera de Luis N. Morones o Vicente Lombardo Toledano— se desarrollaban bajo el amparo de los sonorenses y el cardenismo, ellos siempre eran los rivales de la revolución que estaba a punto de llegar a la tierra de la gran promesa. Su fe en el pueblo tampoco implicaba una ruptura ni la propuesta de un rumbo distinto: los artistas, si no querían perder el pan y los privilegios, estaban obligados a seguir los dictados del nacionalismo que, además de los indígenas imaginados, incluía a los mestizos y los proletarios idealizados. Que quede claro: sus consignas no eran un llamado a la revolución contra el gobierno de los caudillos, sólo reafirmaban su compromiso con el régimen que estaba dispuesto a pagar el arte por metros cuadrados o toneladas de bronce y cantera de Chiluca.

Incluso en los tiempos de *Tata* Cárdenas, cuando mejor le fue al Partido Comunista, era perfectamente claro que sus militantes —y muchos de los pintores más acelerados— no tenían muy claro qué diablos era el sacrosanto comunismo. Los libros que publicaba el partido —según las inquebrantables órdenes de su dirigencia— se debían leer y releer hasta que se comprendiera cada una de sus palabras, aunque ellas casi siempre eran las de sus líderes que, como Hernán Laborde, terminaron siendo purgados un poco más tarde. Los analfabetas —aunque estuvieran protegidos por su ignorancia inmaculada— tampoco podían salvarse del adoctrinamiento: ellos estaban obligados a escuchar las palabras de sus salvadores hasta que memorizaran la ideología que se rindió a fuerza de ser apapachada por el gobierno.[42] No olvidemos que «esas obras que se llamaban a sí mismas revolucionarias y que, en los casos de Rivera y Siqueiros, exponen un marxismo simplista y maniqueo, fueron encomendadas, patrocinadas y pagadas por un gobierno que nunca fue marxista y que había dejado de ser revolucionario».[43]

Las ideas de los artistas revolucionarios apenas eran consignas, y sus discursos pronto fueron superados por las palabras y las acciones de los caudillos. ¿Cómo ser socialista o comunista en un país donde el régimen era el verdadero dueño de las voces que proclamaban la revolución? ¿De qué manera se podía ser más atrabancado que Calles, Garrido Canabal, Tejeda o Cárdenas? ¿Acaso los pintores podían proclamarse más herejes y radicales que los desfanatizadores que les cortaban la lengua a los curas y organizaban quemas de santos y libros contrarrevolucionarios? ¿Qué podían ofrecer ellos si el gobierno protagonizaba el reparto agrario y la organización de los proletarios que a la menor provocación gritaban consignas revolucionarias? La izquierda había perdido su discurso, y los artistas ya sólo podían repetir los mensajes de los caudillos, a los cuales agregaban el aderezo de alguna prédica o el retrato de un comunista plenamente identificable. Nadie estaba en contra de que Marx, Lenin o Stalin posaran con Miguel Hidalgo, Benito Juárez o Emiliano Zapata. Al fin y al cabo todos habían sido revolucionarios. Para colmo de males, cuando Lázaro Cárdenas legalizó el Partido Comunista y les dio palmadas a sus militantes, la posibilidad de mantener la línea dura

---

[42] *Vid.* Sebastián Rivera Mir, «Editorial Popular y unidad a bajo costo: libros y folletos comunistas en el México cardenista», en Carlos Illades (coord.), *Camaradas. Nueva historia del comunismo en México*, México, FCE / Secretaría de Cultura, 2017.

[43] Octavio Paz, «Re/visiones...», p. 585.

y crear un discurso propio se hizo cada vez más difícil: el *Tata* siempre iba un paso adelante y convocaba a las masas con mayor éxito que los vanguardistas.

En realidad los pintores asalariados jamás se plantearon la posibilidad de tomar el poder, incluso renunciaron a hacerlo con tal de mantener sus empleos y transformarse en la conciencia crítica de la sociedad, aunque en algunos casos —como el de José Chávez Morado— también optaron por convertirse en los más fieles conversos del corporativismo cardenista.[44] Ellos, a pesar de sus bravuconadas y sus brevísimas estancias en el bote (que sin duda les servían para ratificar que eran absolutamente revolucionarios y que sus obras ponían a temblar al sistema que las financiaba), siempre eran bienvenidos en Palacio Nacional o en las oficinas de los señores secretarios, y —si no se pasaban demasiado de la raya— también eran premiados con la decoración de las obras públicas, los cargos, las plazas y las veneras.[45] El juego del radicalismo tenía

---

[44] *Vid.* p. e. Carlos Monsiváis, «José Chávez Morado: "Sólo soy un fanático del trabajo y del amor a mi mujer"», en *José Chávez Morado*, México, Banco Internacional, 1989, pp. 12 y ss.

[45] Un buen ejemplo de los reconocimientos gubernamentales que recibieron los muralistas es el Premio Nacional de Artes y Ciencias que les tocó a muchos de los iniciadores y a algunos de sus seguidores menos afortunados y disparejos en sus creaciones. Dos años después de que fue instaurado, José Clemente Orozco fue su ganador (1946), y tras él siguieron Diego Rivera (1950), David Alfaro Siqueiros (1966), Juan O'Gorman (1972) y José Chávez Morado (1974). Algo similar sucedió en El Colegio Nacional: al momento de su creación, Diego Rivera y José Clemente Orozco formaron parte de él. Pero no debe pensarse que el régimen se limitaba a premiar a sus propagandistas con estas acciones: la decoración de las obras públicas corrió casi al parejo de estos reconocimientos. Efectivamente, desde los tiempos de Álvaro Obregón se inició la costumbre de que cualquier edificio público debía tener su mural para mostrar el papel de las instituciones revolucionarias, en esos brochazos nunca se puso en duda que el paraíso ya estaba al alcance de la mano del pueblo o que apenas faltaban unas pocas semanas para llegar a él.

sus reglas, y los participantes las seguían a carta cabal. La oposición que posaba de combativa no era peligrosa, apenas era un buen negocio que no podía ponerse en riesgo.

De muy poco servía que la Liga de Escritores y Artistas Revolucionarios en su revista *Frente a Frente* se autodesignara como «una organización de frente único al servicio de la clase trabajadora contra el actual régimen capitalista», o que en sus artículos criticara el estreno de la *Sinfonía proletaria* de Carlos Chávez en el Palacio de Bellas Artes sin la asistencia de los obreros.[46] Ellos habían renunciado a la revolución y se conformaban con asumir la moralina o la estética de la derrota que bendecía y justificaba sus fracasos políticos. Los campesinos de rostros hieráticos, la niña que tristemente miraba al futuro y el proletario que arrastraba la cobija pronto serían reivindicados por el ogro filantrópico que se encarnaba en el Estado revolucionario. La razón arrogante de los muralistas no daba para más. Para ellos el único camino posible era acentuar y ensalzar la idea del martirio que debía ser compensado por el régimen o que llevaría a la gloria tras la muerte; en su mundo ya no cabía la idea de la toma del poder, para ellos apenas existía «la circularidad del martirio, sufrir y morir y renacer en el pueblo, resucitar con los ojos arrasados y los puños en alto en una manifestación de protesta».[47]

Por esta causa, al cabo de poco tiempo sus organizaciones —como el sacrosanto Sindicato de Obreros, Técnicos, Pintores y Escultores, la siempre idolatrada Liga de Escritores y Artistas Revolucionarios y el milenarista Taller de la Gráfica Popular— terminaron por asumir un papel que era tantito más que vergonzante:

---

[46] *Vid.* John Lear, «La Liga de Escritores y Artistas Revolucionarios: de la disidencia al frente popular», en Carlos Illades (coord.), *op. cit.*

[47] Carlos Monsiváis, «La vieja izquierda. Y si la naturaleza está contra Stalin, la naturaleza es reaccionaria», en Carlos Monsiváis, *Amor...*, p. 130

la Liga, por ejemplo, se convirtió en la agencia que se encargaba de conseguir empleos en la Secretaría de Educación Pública o en el Departamento de Prensa y Propaganda creado por Cárdenas. El sueldo seguro y los regalos significativos —como el edificio sede de la Liga o los contratos importantes— eran más que suficientes para que los artistas mutaran en aviadores y chambistas.[48] En realidad los pintores revolucionarios sólo eran unos asalariados que terminaron por provocar un terrible daño a la vida política del país: gracias a ellos el pensamiento independiente quedó mutilado y la crítica se transformó en una pantomima incapaz de proponer nuevos rumbos. Ellos formaban parte de los creadores de una vanguardia que actuaba como retaguardia mientras les soltaba la rienda a las consignas, a la retórica de barriada y a las actitudes que convirtieron a la oposición en un reflejo del gobierno al que supuestamente se enfrentaban.

A diferencia de lo que ocurrió en los regímenes totalitarios,

la aventura entre los artistas y los políticos autoritarios sí tuvo buenos resultados:

el arte se convirtió en propaganda y sus creadores mutaron en un grupo de burócratas que trataban de enfrentar a los enemigos del gobierno con tal de mantenerse en el candelero. Ellos eran el mejor augurio del apotegma del *Tlacuache* Garizurieta: «Vivir fuera del presupuesto es vivir en el error». Debido a esto, el arte revolucionario creó una ficción que seguía las consignas del poder y desdibujó la distancia que existe entre lo falso y lo verdadero,[49] al

---

[48] John Lear, *op. cit.*, p. 179.
[49] Carlos Monsiváis, «La toma del poder desde las imágenes (el socialismo y el arte en México)», en Ricardo Pérez Escamilla *et al.*, *Estética socialista en México*, México, Museo de Arte Carrillo Gil, s. f., p. 26.

tiempo que transformó a la política en una lucha entre el bien y el mal que contribuyó a sustituir a la posibilidad del debate y la democracia.[50] Sus mensajes —a fuerza de ser repetidos hasta el hartazgo y adquirir el miasma del queso rancio— se convirtieron en parte de los imaginarios y las certezas que alimentaban a los hijos de la revolución: México era igualito a los murales, aunque el país se empecinara en mostrar otras imágenes. Si la realidad estaba equivocada, peor para ella. Los mexicanos ya habían sido inventados junto con el nacionalismo que revelaba su única esencia.[51] En efecto, «los muralistas mexicanos se han convertido en santones. La gente mira sus pinturas como los devotos las imágenes sagradas. Sus muros se han vuelto no superficies pintadas que podemos ver, sino fetiches que debemos venerar».[52]

A pesar de las concesiones ideológicas —que al parecer no manchaban la conciencia de clase ni las cualidades de la crítica que presumía de furibunda—,

los artistas revolucionarios compartían una firme creencia con sus patrones:

ellos estaban plenamente convencidos de que había que destruir el pasado, aunque al final lo repitieran sin sentir vergüenza. Absolutamente todo lo que había ocurrido en el antiguo régimen tenía que ser arrasado, y si las relaciones entre los meros meros y la socie-

---

[50] Timothy Snyder, *Sobre la tiranía. Veinte lecciones que aprender del siglo XX*, Barcelona, Galaxia Gutenberg, 2017, p. 148.

[51] *Vid.* Ricardo Pérez Montfort, «"La Noche Mexicana". Hacia la invención de lo "genuinamente nacional": un México de inditos, tehuanas, chinas y charros», en Leonardo Martínez Carrizales (coord.), *El orden cultural de la Revolución Mexicana*, México, UAM, 2010, p. 165.

[52] Octavio Paz, «Re/visiones...», p. 585.

dad se transformaban de una manera radical, las antiguas maneras de mirar al mundo también habían perdido su sentido y, justo por eso, tenían que hallarse nuevas.[53] Los fines de los pintores —al igual que los de los caudillos— eran tan sublimes que, para lograrlos, cualquier medio era válido: las masas pasivas y embrutecidas tenían que ser redimidas por los revolucionarios y los creadores, aunque para ello sus obras se convirtieran en panfletos, en propaganda, en una repetición que rápidamente terminaría envejeciendo sin dignidad.[54] Lo único importante era ser revolucionario y apoyar a los mandameses, aunque de dientes para afuera pareciera otra cosa.

Si bien es cierto que este plan parecía perfecto y promisorio, la escuela mexicana terminó por enfrentarse a varios problemas de gran calado: salvo algunos casos excepcionales, sus ideas estéticas no estaban a la altura técnica de los nuevos tiempos, sus narraciones tampoco eran capaces de superar a la historia bíblica y la historiografía del antiguo régimen y, para acabarla de torcer, ellos —por consigna o por convencimiento— apuntalaron los mitos de la Revolución (con mayúscula) y del nacionalismo que a fuerza de ser repetido se convirtió en una verdad absoluta e indudable. Desde este punto de vista, las vanguardias mexicanas también pueden ser vistas como la retaguardia, como un uróboros perfecto. La certeza de que

no se podía imaginar un futuro

distinto del pasado idílico —o que fuera más allá de los sueños de los caudillos— cancelaba sus posibilidades revolucionarias.

[53] Eric Hobsbawm, *A la zaga. Decadencia y fracaso de las vanguardias del siglo XX*, Barcelona, Crítica, 1999, p. 9.
[54] *Cfr.* Tzvetan Todorov, *op. cit.*, p. 212.

Al igual que en otros países, el primer fracaso de las vanguardias mexicanas fue su imposibilidad para crear y utilizar una tecnología que fuera capaz de expresar los nuevos tiempos. Los artistas, a pesar de sus declaraciones y sus manifiestos, sólo recurrieron a las técnicas del pasado para hablar del presente y anunciar el futuro que supuestamente estaba a punto de llegar.[55] Su historia, por lo menos en este sentido, no es una revelación de la modernidad o del radicalismo, sino el recuento de la obsolescencia tecnológica y una herencia negada. Sin ganas de exagerar las cosas, no resulta extraño asumir que —al igual que las ideas xenófobas, eugenésicas, machistas e indigenistas— el muralismo de los revolucionarios también tenía su origen en el antiguo régimen que supuestamente debía ser arrasado. De nueva cuenta, el pasado se hacía presente para que los caudillos y sus empleados tuvieran la certeza de que el gatopardismo era su marca.

En 1910, después de que el Dr. Atl protagonizara una gran pataleta por el ninguneo a los artistas mexicanos en las fiestas del centenario de la independencia, el gobierno de don Porfirio le dio chance de que montara una exposición,[56] y que, además, los jóvenes creadores se encargaran de pintar unos «simpáticos frescos» en la Escuela Nacional Preparatoria. A finales de ese año el proyecto estaba más que listo y apalabrado con don Justo Sierra, quien en ese entonces chambeaba como secretario de Instrucción Pública; sin embargo, la bola impidió que se llevara a cabo. Si bien es cierto que el asunto quedó pospuesto, la idea del Dr. Atl se mantuvo firme: con mucha rumba y algo de razón, él se consideraba como el mayor experto en las técnicas que se emplearon las pare-

---

[55] Eric Hobsbawm, *op. cit.*, p. 14.
[56] *Vid.* Genaro García (dir.), *Crónica oficial de las fiestas del primer centenario de la independencia de México*, México, Talleres del Museo Nacional, 1911.

des renacentistas, y ellas se utilizarían en las obras de la vanguardia que se pintarían en la Preparatoria.[57] Por si esto no fuera suficiente, él quizá fue el primero que propuso la absoluta (y revolucionaria) fusión de la arquitectura, la pintura y la escultura; y, de puritito pilón, también creó una de las primeras organizaciones de los artistas que estaban más o menos dispuestos a exigir sus derechos y prebendas al gobierno.[58] En este sentido, no es casual que José Clemente Orozco afirmara que «el muralismo había encontrado la mesa puesta».[59]

Aunque sus poses y sus palabras anunciaban otra cosa, los vanguardistas no le hicieron el feo al legado del pasado lejano para adentrarse en el futuro: los murales de la Escuela Nacional Preparatoria se ejecutaron «a la encáustica, con los mismos elementos puros y el mismo proceso empleado en Grecia y en Italia en la antigüedad»[60] y, además, los pintores volvieron al fresco y los temas renacentistas, tal como ocurrió con la *Masacre en el Templo Mayor* de Jean Charlot, que de no ser por los aztecas y el *close up* es igualita a

---

[57] Durante su primera estancia en Europa a comienzos del siglo, el Dr. Atl pintó unos frescos en una villa romana que se encontraba en la Vía Flaminia y, tras su regreso a México, decoró un salón de la Escuela Nacional de Bellas Artes con sus recién creados atlcolors. Este salón albergaba la colección de Alejandro Luis Olavarrieta (vid. Olga Sáenz, *El símbolo y la acción. Vida y obra de Gerardo Murillo, Dr. Atl*, México, El Colegio Nacional, 2017, pp. 54, 55 y 111).

[58] Tras la exposición de los artistas mexicanos durante el centenario de la independencia y la aceptación de los murales que se pintarían en la Escuela Nacional Preparatoria por parte de Justo Sierra, los jóvenes nada se tardaron en crear la Agrupación de Pintores y Escultores Mexicanos (*Vid. El Imparcial*, México, 14 de octubre de 1910, y Olga Sáenz, *op. cit.*, p. 118).

[59] *Apud* Guillermina Guadarrama Peña, «Los pioneros del muralismo: la vanguardia», en Carmen Gaitán Rojo *et al.*, *Pioneros del muralismo. La vanguardia*, México, Conaculta / INBA, 2010, p. 24.

[60] Diego Rivera, «Las pinturas decorativas del Anfiteatro de la Preparatoria», *Boletín de la Secretaría de Educación Pública*, t. I, núm. 2, 1923.

La Batalla de San Romano de Paolo Uccello. Sin embargo, gracias a su henchido nacionalismo, ellos también trataron de emplear ciertas técnicas que —según Diego y sus apóstoles— recuperaban la más pura tradición prehispánica, como sucedió con la incorporación de la baba de nopal que le dio en la torre a muchas de sus obras que tuvieron que rehacerse. Ni modo, así es la vida, y eso es lo que pasa por no saber leer las lenguas prehispánicas.

La obsolescencia tecnológica del muralismo era clara y contradictoria: celebraba y anunciaba el futuro mientras volvía al pasado.[61] A ellos les ocurrió algo muy parecido a lo que les sucedió a los primeros fotógrafos, quienes —a pesar de que tenían en sus manos un nuevo medio— fueron incapaces de escapar de los cánones tradicionales del retrato y el paisaje, sólo que —en este caso— los supuestos vanguardistas ni siquiera tenían en sus manos un nuevo medio para mostrar sus discursos que contradecían las ideas de revolución y modernidad. No por casualidad Luis Cardoza y Aragón calificaba a Diego y sus seguidores como «los conservadores» que sólo poseían una ideología «tímida, sentimental y burguesa», pues sus pinturas le daban la «espalda a la realidad de México, [en medida que estaban] patrocinadas por el Estado para hacerle juego a su política».[62]

Las ideas de los frescos y la encáustica no fueron las únicas que los revoltosos encontraron en la mesa del pasado: los grandes cuadros de Saturnino Herrán[63] —al igual que las imágenes de Linati y de Theubet de Beauchamp, o las de los artistas que colaboraron en *Los mexi-*

---

[61] *Vid.* Rubén Gallo, *Máquinas de vanguardia. Tecnología, arte y literatura en el siglo XX*, México, Conaculta / Sexto Piso, 2014, p. 27.

[62] Luis Cardoza y Aragón, *op. cit.*, p. 230.

[63] *Vid.* p. e. Alicia Azuela, *Arte y poder. Renacimiento artístico y revolución social, México 1910-1945*, México, El Colegio de Michoacán / FCE, 2005.

canos pintados por sí mismos—[64] también les mostraban una buena parte del camino que habrían de recorrer. Ahí estaban las tradiciones anheladas con todo y sus flores de cempasúchil, los trabajadores esforzados que se partían el lomo por unos cuantos centavos, los tipos populares y los indígenas pachangueros que sólo debían ser retrazados para que rimaran a la perfección con los dictados del nacionalismo caudillil y la entronización de lo folclórico y lo mestizo.

Aunque la mesa estaba puesta, la incertidumbre y la confusión impidieron que los primeros muralistas encontraran los temas que se acercaran al nacionalismo y la modernidad que proclamaban. En sus obras iniciales, la impronta del espiritualismo, la teosofía, la masonería[65] y los viejos temas es mucho más notoria que las proclamas revolucionarias que casi brillan por su ausencia.[66] Hasta que Diego Rivera se topó con un óleo de Fernando Leal —el *Campamento zapatista*—, él y sus seguidores descubrieron los temas y los personajes que les permitirían unirse a las viejas tradiciones del siglo XIX.[67]

[64] *Vid. supra*, cap. II.
[65] Un buen ejemplo de la presencia de los símbolos masónicos en los murales de Rivera y sus apóstoles es el caso de los que se pintaron en la Escuela Nacional de Agricultura, *vid.* Susana Pliego Quijano, *Los murales de Diego Rivera en Chapingo: naturaleza fecunda*, México, UNAM, 2015.
[66] Es importante aclarar que *La trinchera* de José Clemente Orozco es posterior a los primeros murales de la Escuela Nacional Preparatoria. Los murales de Diego Rivera, Fernando Leal, Ramón Alva de la Canal, Fermín Revueltas, David Alfaro Siqueiros y Jean Charlot se iniciaron en 1922 y se concluyeron en 1924, mientras que aquella obra data de 1926, cuando estos muralistas ya andaban en otros lugares. Evidentemente, esto no implica que la claridad intelectual de Orozco fuera mucho más poderosa que la de sus compañeros en San Ildefonso, pues las obras con las que participó en la «primera camada» de la Escuela Nacional Preparatoria son bastante más interesantes y «comprometidas» que las de los otros muralistas.
[67] Alberto Argüello Grunstein, «Voluntad de cambio e identidad. Más allá del muralismo y sus consignas», en Carmen Gaitán Rojo, *op. cit.*, p. 61.

Si los murales nacían marcados por la obsolescencia tecnológica y

un discurso que ya olía a rancio,

¿de qué manera se podría justificar su carácter revolucionario? Además de la comunión con el credo de los caudillos, los artistas también le entraron a la misa negra que buscaba profanar los símbolos del pasado: las iglesias y las escuelas que nacieron jesuíticas se transformaron en los espacios que —por lo menos en teoría— destruían al fanatismo. Violar un templo era una manera de proclamarse revolucionario y sumarse los excesos que ocurrirían en Tabasco y Veracruz, o a los que reclamaron su cuota de sangre durante la cristiada.

Las profanaciones de los pintores eran el complemento perfecto de las prédicas de los mandamases y su viejo comecurismo. Sin embargo, esta misa negra también terminó por convertirse en una farsa o en los atentados que no tardaron en ser denunciados. Luis Cardoza y Aragón escribió a este respecto en 1936: «Más de un edificio hermoso en su desnudez ha sido manchado por la nueva pintura, que no es sino una repetición de lugares comunes. En su forma actual, este furor muralista es un mal negocio para los pintores, para el Estado; es una producción que no se debe proteger, sino combatir».[68] Carlos Mérida tampoco se quedó atrás, pues consideraba a este experimento como algo que «no siempre fue muy acertado, y muchos de aquellos genios indiscutibles en vez de pintar sólo ensuciaron las paredes [...] porque la arquitectura colonial no necesita pintura en las paredes».[69]

[68] Luis Cardoza y Aragón, «Nuevas consideraciones, la pintura mural mexicana», *El Nacional*, México, 8 de octubre de 1936.

[69] Cristina Pacheco, «Carlos Mérida: un pintor de todo un siglo», en Cristina Pacheco, *op. cit.*, pp. 399-400.

Ante estas declaraciones, Diego y sus apóstoles no se tentaron el alma para exigirle al gobierno que tomara cartas en este asunto profundamente contrarrevolucionario: el mismísimo presidente debía aplicarle el artículo 33 de la Constitución a Cardoza y devolverlo a Guatemala por haber puesto en duda los altísimos méritos de la misa negra del muralismo. La persecución a los Contemporáneos bien podía repetirse y, ahora sí, podría dar paso a un comité de salud pública que les diera en la torre a los que pensaban distinto. Aunque después de que no les hicieron caso, ellos se conformaron con pedirle al director de *El Nacional* que despidiera a ese «extranjero sin éxito».[70] Si los caudillos podían asesinar a sus oponentes, los artistas de la vanguardia tenían la capacidad de amputarles las manos y condenarlos al exilio o al hambre.

Aunque estos escollos tenían lo suyo, los muralistas también se enfrentaron a

la imposibilidad de crear una historia

acorde con sus ideas revolucionarias y pretendidamente socialistas. En una buena de sus obras —como ocurrió en el caso de las paredes del Palacio Nacional que fueron decoradas por Rivera—, ellos se conformaron con seguir los pasos de los clionautas del porfiriato, o con hacer suyas las narraciones bíblicas que justificaban al régimen. En el campo de la historiografía, los muros pintados también formaban parte de la retaguardia. En ellos, la interpretación marxista de la historia apenas es un fantasma, una consigna, una retórica que se conformaba con mostrar algunos retratos

---

[70] *Vid.* Luis Cardoza y Aragón, *El río. Novelas de caballerías*, México, FCE, 1986, p. 587.

que parecían levantiscos mientras que ellos y sus obras se inclinaban ante los meros meros.

Si se observan con cierto cuidado, los murales historicistas sólo nos revelan la periodización y la ideología que se construyó gracias al *México a través de los siglos*[71] y la gran obra de Justo Sierra.[72] Las presencias de Marx o de Lenin no deben confundirnos, sus creadores eran fervientes acólitos del pasado. Lo interesante de este caso no es que los muralistas siguieran los pasos de las creaciones del antiguo régimen como lo había hecho con sus tecnologías obsoletas, sino que sus propuestas tenían el mismo fin que las que se crearon en tiempos de Porfirio Díaz: si don Justo y los historiadores dirigidos por Riva Palacio habían justificado la inexorable llegada al poder de Díaz, los vanguardistas hicieron lo mismo con el régimen de los caudillos. La narración teleológica que conducía a los mexicanos a una sola meta volvía por sus fueros y anunciaba el fin de la historia: la gran rebelión era el anuncio del último capítulo del Éxodo, y tras ella sólo seguiría la maravillosa estática del paraíso. El cambio ya era imposible y los otros caminos estaban clausurados.

La inevitabilidad de la gran rebelión y del futuro promisorio no podían ponerse en duda y lo mismo sucedía con los regímenes de los caudillos y con el gobierno de las instituciones. La historia sólo tenía un rumbo y, si todo lo que había ocurrido en el pasado conducía a la tierra de la gran promesa, no exis-

---

[71] Vicente Riva Palacio (dir.), *México a través de los siglos. Historia general y completa del desenvolvimiento social, político, religioso, militar, científico y literario de México desde la antigüedad más remota hasta la época actual*, México / Barcelona, Ballescá y Cía. Editores / Espasa y Cía. Editores, 1882.

[72] Justo Sierra (dir.), *Evolución política del pueblo mexicano*, México, Porrúa, 2009.

tía absolutamente ninguna razón para oponerse al gobierno revolucionario. De nueva cuenta, las posibilidades de la discusión, de la propuesta de rumbos distintos y de la democracia no tenían cabida en este discurso teleológico: el futuro era inexorable y a los mexicanos no les quedaba más remedio que aceptarlo y sumarse a él.[73] Así pues, a cada llamado a la revolución y a cada retrato de los padres fundadores de la colorada religión sólo podía seguir la aceptación del régimen autoritario. En realidad, la historia de los murales se convirtió en un discurso ahistórico y se transformó en una prédica que exigía la sumisión a los caudillos y al gobierno.

Sin embargo, el discurso que anunciaba el futuro perfecto y denunciaba a los enemigos de «la causa» también tenía que resolver otro problema: sin

la creación del mito revolucionario,

todas sus prédicas perderían su sentido.

Durante poco más de una década los mexicanos habían padecido una gran escabechina y su idea de la bola nada tenía que ver con la lucha heroica que los llevaría al paraíso. A lo largo de esos años las matanzas, los fusilamientos, las violaciones, la rapiña y la necesidad de huir de las masacres fueron asuntos cotidianos. Mientras la fiesta de las balas estaba a todo lo que daba, nadie sabía qué era lo peor: si la llegada de los pelones o el ataque de los revolucionados.

La gran rebelión sólo era una desgracia, un trauma brutal y absoluto para la gran mayoría de los mexicanos. Los integrantes

---

[73] *Vid.* Timothy Snyder, *op. cit.*, pp. 144 y ss.

del antiguo régimen, los militares golpistas que se sumaron a Victoriano Huerta y los alzados de las distintas facciones se arrebataron la vida mientras se llevaban entre las patas a todos los que se les atravesaban. Los enemigos reales e imaginarios tenían que entregarse a la guadaña. Y por si esto no bastara para ensombrecer aquellos días, las enfermedades también cobraron una cuota mortal que ensombrecía la cifra de los caídos en las batallas: los carromatos que cargaban los cadáveres de las personas que no sobrevivieron a la gripe española o al tifo eran una imagen imposible de borrar.[74]

Después de una década de balazos, paredones y ahorcamientos, las muertes de los porfiristas y los huertistas podían ser justificadas por los alzados: ellas habían sido necesarias para terminar con los viejos faraones que esclavizaban al pueblo. Incluso las muertes que ocurrieron debido al hambre y las epidemias podían ser reivindicadas como parte de un drama significativo: la gran rebelión había reclamado esas vidas y los mexicanos se la ofrendaron con tal de llegar a la tierra de la gran promesa. Sin embargo, estas explicaciones —por convincentes que pudieran parecer— no alcanzaban para dar cuenta de los asesinatos que ocurrieron entre los revolucionarios. A mediados de los años veinte Zapata, Carranza, Villa y algunos de los que se habían pasado de sabrosos con Obregón ya bailaban con la huesuda. A todos los habían venadeado sin miramientos. Los sonorenses y sus seguidores eran los sobrevivientes, los que condenaron

---

[74] *Vid.* América Molina del Villar, *Guerra, tifo y cerco sanitario en la Ciudad de México. 1911-1917*, México, Publicaciones de la Casa Chata, 2016, y América Molina del Villar *et al.* (eds.), *El miedo a morir. Endemias, epidemias y pandemias en México: análisis de larga duración*. México, CIESAS / BUAP / Instituto de Investigaciones Dr. José María Luis Mora, 2013.

LA PATRIA Y LA MUERTE

Las ejecuciones y los cuerpos que se trataban de incinerar eran dos de las marcas que la bola dejaba a su paso.

Fuente: Elmer and Diane Powell Collection on Mexico and the Mexican Revolution, DeGolyer Library, Southern Methodist University.

a muerte a sus rivales y que, justo por esto, tenían el derecho a ser los mandamases.

Por esta razón, a la religión política que crearon los sobrevivientes y sus aliados pronto siguió la edificación del mito revolucionario, gracias al cual los enemigos, los asesinos y sus víctimas se convirtieron en parte de un solo movimiento sagrado que estaba a punto de liberar a los mexicanos. Si en el mundo real habían existido muchas rebeliones, demasiados caudillos y excesivos ajustes de cuentas, en el discurso de los meros meros y muralistas nada de esto había ocurrido: todos eran revolucionarios y «la causa» trocó en un monolito.

La creación de este mito implicaba —por lo menos— que los muros pintados llevaran a cabo

dos transmutaciones:

la revolución tenía que convertirse en una fuerza natural, en un movimiento que estaba predestinado a transformar el país gracias a una narración teleológica y, además, tenía que convertir a los alzados en un grupo homogéneo que estaba obligado al triunfo que inexorablemente conduciría al paraíso.[75] Los héroes de bronce estaban a punto de ser paridos y el mecanismo para su consagración también estaba decidido: ellos debían morir asesinados antes de ser santificados.

Los ejemplos de este proceso de santificación no son pocos: Emiliano Zapata, que era visto como el *Atila del Sur* o como el dirigente de una horda que sólo provocaría la siniestra orgía

---

[75] Thomas Benjamin, *La Revolución Mexicana. Memoria, mito e historia*, México, Taurus, 2003.

de las violaciones y la muerte,[76] poco a poco se convirtió en el ejemplo más acabado de la tradición popular de la bola o en el protagonista de las versiones más tropicales y extravagantes del socialismo a la mexicana. Es más, él se transformó en uno de los ingredientes fundamentales de las ideas del pueblo y la raza, de la heroicidad de los alzados, de la estética de la derrota, del indigenismo que lo vestía de manta aunque casi siempre anduviera con ropa mestiza y, por supuesto, también se volvió una de las figuras sagradas de la virilidad y el machismo que exigía la revolución triunfante.[77]

La iconografía de Zapata impide dudar de su seráfica mutación: Xavier Guerrero, en un grabado que fue publicado en *El Machete*, lo muestra rodeado con hoces, martillos y estrellas soviéticas; en las ilustraciones que Diego Rivera realizó para las convenciones de la Liga de Comunidades Agrarias y Sindicatos Campesinos del Estado de Tamaulipas,[78] el caudillo muerto y enterrado nutre las milpas de los ejidos, y exactamente lo mismo sucede con sus murales de Chapingo. Zapata era un Moisés que buscaba liberar al pueblo elegido de los faraones y su imagen también debía ser beatificada en los murales de la Secretaría de Educación Pública.[79]

[76] *Vid*. Ariel Arnal, *Atila de tinta y plata. Fotografía del zapatismo en la prensa de la Ciudad de México entre 1910 y 1915*, México, INAH / Conaculta, 2010.

[77] Luis Adrián Vargas Santiago, «Emiliano Zapata: cuerpo, tierra, cautiverio», en Enrique Krauze *et al.*, *op. cit.*

[78] *Vid. Primera convención de la Liga de Comunidades Agrarias y Sindicatos Campesinos del Estado de Tamaulipas*, México, s. p. i., 1926; *Segunda convención de la Liga de Comunidades Agrarias y Sindicatos Campesinos del Estado de Tamaulipas*, México, s. p. i., 1927, y *Tercera convención de la Liga de Comunidades Agrarias y Sindicatos Campesinos del Estado de Tamaulipas*, México, s. p. i., 1928.

[79] Sobre las imágenes que Rivera hizo para la Liga de Comunidades Agrarias y Sindicatos Campesinos del Estado de Tamaulipas, *vid*. Raquel Ti-

Algunos de los momentos de la mutación y la santificación de Emiliano Zapata en los murales de Diego Rivera. Tarjetas postales mexicanas de los años treinta.
Fuente: Elmer and Diane Powell Collection on Mexico and the Mexican Revolution, DeGolyer Library, Southern Methodist University.

Zapata no fue el único que fue transformado por las artes del mito revolucionario: Francisco I. Madero se convirtió en el apóstol de la democracia y su piochita dejaba en claro lo bien intencionado e ingenuo que era; Venustiano Carranza dejó de ser un «viejo insidioso, asesino y latifundista» para convertirse en el patriarca bíblico que se postraba ante la zarza ardiente para recibir la Constitución que salvaría a todos los mexicanos; mientras que a Francisco Villa —el último caudillo que fue reivindicado—

bol, *Diego Rivera. Gran ilustrador*, México, Editorial RM / Museo Nacional de Arte, 2007.

no le quedó más remedio que parecerse a Pedro Armendáriz, de otra manera resultaba impresentable ante todos los mexicanos y los fuereños. El México atrabancado y pachanguero necesitaba su presencia. Al final, sin que importaran las coloraturas ni los asesinatos, todos —o casi todos— se incorporaron al panteón revolucionario.

Este proceso, que tardó varias décadas en llevarse a cabo y que aún sigue incorporando héroes reivindicados por las fuerzas políticas que siempre están urgidas por tener un pasado heroico, tuvo uno de sus momentos estelares en la construcción del Monumento a la Revolución, el cual se levantó sobre las herrumbrosas estructuras del Palacio Legislativo que había proyectado Émile Bénard para Porfirio Díaz.[80] Al iniciarse los años treinta Carlos Obregón Santacilia no sólo hizo un buen negocio con esa estructura y las infinitas toneladas de cantera que compró en Chiluca, también creó el inmenso mausoleo que guardaría los restos de los enemigos irreconciliables bajo el amparo de unas esculturas casi nazis que representaban a la independencia, la Reforma, las leyes agrarias y las leyes proletarias. Y lo mismo ocurrió con el Muro de Honor del Congreso que lentamente fue sumando a los revolucionarios que se rehabilitaban a ojos de la historia oficial o que por lo menos ratificaban su presencia en las letras doradas.[81]

---

[80] *Vid.* Javier Pérez Siller y Martha Bénard Calva, *El sueño inconcluso de Émile Bénard y su Palacio Legislativo hoy Monumento a la Revolución*, México, Artes de México, 2009.

[81] En orden de aparición, los revolucionarios —y los que casi lo fueron— que forman parte del Muro de Honor del Palacio de San Lázaro son los siguientes: Francisco I. Madero (1925), Álvaro Obregón (1929), Felipe Carrillo Puerto (1930), Emiliano Zapata (1931), Venustiano Carranza (1931), Aquiles Serdán (1932), Belisario Domínguez (1936), Carmen Serdán (1948), Defensores de Veracruz en 1914 (1949), Constituyentes de 1917 (1950), Legisladores Mártires de

La Revolución (con una mayúscula bien ganada) había nacido y el pueblo mexicano por fin había sido inventado por los muralistas, los fotógrafos y los directores de cine que crearon una imagen indiscutible que aún nos llena de orgullo, aunque ella sólo es un sueño pesadillesco que niega la realidad y cancela los otros caminos con tal de seguir en busca del paraíso perdido al que nos llevarán los caudillos mesiánicos. Ese mito es una de las sombras que ocultan los crímenes del nacionalismo mexicano.

1913 (1954), Francisco Villa (1966), Lázaro Cárdenas (1976), Francisco J. Múgica (1984), Vicente Lombardo Toledano (1993), Isidro Favela (1996), Ricardo Flores Magón (2000).

Epílogo

> *Un nacionalista dirá que «eso no puede ocurrir aquí»,*
> *lo que equivale al primer paso hacia el desastre.*
>
> Timothy Snyder,
> *Sobre la tiranía*

La invención del pueblo y el sueño del paraíso quedaron tatuados en la vida cotidiana, dudar de ellos es una herejía que merece ser castigada. Los mexicanos, aunque sean distintos de lo que se espera, tienen la sagrada obligación de ser idénticos a las creaciones de los caudillos. Y si no lo logran, por lo menos deben disfrazarse de mexicanos y sentirse subyugados ante la presencia de la patriotería encarnada en los trompetazos de los mariachis y los farolazos de tequila. El grito de «¡viva México hijos de la chingada!» aún se escucha con orgullo entre los mestizos que se miran como seres idolatrados. Ellos sí son los mexicanos de a deveras, y quien lo dude tendrá que enfrentarlos en un duelo de albures o de trompadas. Ellos no son como la indiada que ofende la vista y que sólo está ahí para demostrar que las grandes obras del pasado prehispánico fueron creadas por extraterrestres o por seres que desaparecieron sin dejar huella. En este mundo casi perfecto, los horrores del nacionalismo fueron condenados a la amnesia y la ceguera, aunque a veces se asoman entre las palabras que no deberían pronunciarse. El orgullo patrio siempre debe ser inmaculado, y la certeza de que el nacionalismo es el veneno de la historia moderna está cancelada. A casi nadie le importa que se hayan perpetrado crímenes en su nombre, que los semejantes se hayan asesinado con singular alegría o que se haya perseguido a los que optaron por otros caminos. La patria y el nacionalismo reclamaban esas muertes y persecuciones.

Al cabo de casi un siglo las invenciones y los sueños de los triunfadores de la gran rebelión se transformaron en la sombra que no le teme a la oscuridad; ellos son el mito que fue confiscado por los triunfadores de la guerra y que se convirtió en la herencia más valiosa que recibieron los nuevos mandamases.[1] A pesar del fracaso de la revolución antropológica que trató de crear a los mexicanos a la altura de la gesta, la revolución cultural sí logró muchas victorias: el nacionalismo no puede ser puesto en duda y los que se atreven a ponerlo en entredicho sólo merecen la crítica y el silencio, ellos son los nuevos herejes que se niegan a avanzar hacia la tierra prometida. La impronta de la Atlántida morena como un mundo perfecto, la idolatría al mestizo y a los indígenas inexistentes que no desmerecen ante las imágenes de los murales, la certeza de que existen hombres todopoderosos y machos impolutos, el anticlericalismo que critica a la Iglesia mientras espera la llegada de un mesías, y las ansias de una justicia compensatoria siguen vivas.

---

[1] *Vid.* Gilbert M. Joseph y Daniel Nugent, «Cultura popular y formación del Estado en el México revolucionario» y Alan Knight «Armas y arcos en el paisaje revolucionario mexicano», en Gilbert M. Joseph y Daniel Nugent (comps.), *Aspectos cotidianos de la formación del Estado*, México, Era, 2002, pp. 43 y 98.

El ogro filantrópico no ha muerto, sólo espera una nueva misa negra para materializarse con toda su fuerza. Siempre habrá un faraón que se atreve a esclavizar y corromper al pueblo elegido, siempre existirán los extranjerizantes que ponen en peligro el rumbo de la patria y, obviamente, siempre estarán ahí los enemigos de la raza que deberán ser juzgados y eliminados.

Al cabo de varias décadas, el pueblo inventado se transformó en una realidad que está más allá de cualquier discusión, y sus más preclaros representantes asumieron una tesitura moral que negaba la posibilidad de que existiera una oposición a sus mandatos. Ellos —sin importar su coloratura política— no podían aceptar la existencia de la pluralidad; los caudillos mesiánicos siempre son sacerdotes, profetas y soberanos que miran el reflejo de su imagen en las masas que serán reivindicadas y conducidas al paraíso, al edén subvertido que se anuncia en sus discursos y sus acciones. Por eso, desde los tiempos en que se inventaba la nación, sus gobiernos se apropiaron del aparato estatal para convertir al clientelismo en un mecanismo de control y compensación.[2] Para los triunfadores de la gran rebelión la democracia era compleja, pero el pueblo imaginado siempre era sencillo de comprender y satisfacer.[3] Así, gracias al pueblo inventado que se transformaba en el Yahvé que los animaba, los caudillos cerraron los ojos ante la democracia para sostener que sus ideales iban más allá de la democracia y la justicia de las leyes.

La invención del pueblo y el sueño del paraíso no sólo dieron legitimidad a los caudillos, también transformaron a la gente: la

---

[2] *Vid.* Jan-Werner Müller, *¿Qué es el populismo?*, México, Grano de Sal, 2017.

[3] Ralf Dahrendorf, «Acht Amnerkungen zum Populismus», *Transit. Europäische Revue*, núm. 25, 2003.

nueva fe justificaba los horrores de la guerra y, además, la impulsaba a actuar en términos casi religiosos. Los súbditos de los caudillos habían ganado algo incomparable: la certeza de que, en algún momento, la última revolución les haría justicia. Una sola palabra del todopoderoso bastaría para sanar sus almas y librarlos de sus tormentos. Sin embargo, cuando la gran rebelión triunfó por completo y el edén comenzó a aplazarse para mejores momentos, la decepción poco a poco comenzó a filtrarse por los intersticios de la vida cotidiana: la realidad derrotó a los sueños y las ansias de paraíso, la melancolía volvió con toda su fuerza y las ansias de venganza se adueñaron de las almas.

La lección había sido clara y dolorosa: las revoluciones sólo destruyen un poder para crear uno nuevo; los insubordinados siempre terminan exigiendo la subordinación, y los privilegios destruidos se convierten en nuevas prebendas.[4] La imagen de la revolución rusa de 1917 es imprescindible: el régimen que nació como resultado de la lucha contra la desigualdad fue capaz de crear uno de los sistemas de privilegios más rígidos y complejos que han existido.[5] El fantasma de *La rebelión en la granja* aún recorre el mundo. En el fondo, la revolución se transformó en una restauración que, después de decepcionar a la mayoría, le apostaría a la llegada del nuevo mesías que abrirá las aguas del mar para llegar a la tierra de la gran promesa.

Enero-diciembre de 2018

[4] *Vid.* Gero von Randow, *Revoluciones. Cuando el pueblo se levanta*, Madrid, Turner, 2018.
[5] Masha Gessen, *El futuro es historia. Rusia y el regreso del totalitarismo*, Madrid, Turner, 2018, p. 55.

Fuentes

I. La misa negra y la invención de México

Libros y artículos

Albiñana, Salvador (ed.). *México ilustrado. Libros, revistas y carteles 1920-1950*, México, Editorial RM / Conaculta, 2015.
Ángeles, Felipe. *Teoría del tiro*, México, Talleres del Departamento de Estado Mayor, 1908.
Anguiano, Arturo. *El Estado y la política obrera del cardenismo*, México, Era, 1975.
Bartra, Roger (comp.). *Anatomía del mexicano*, México, DeBolsillo, 2013.
Bassols Batalla, Narciso. *El pensamiento político de Álvaro Obregón*, México, El Caballito, 1967.
Basurto, Jorge. *Cárdenas y el poder sindical*, México, Era, 1983.
Becker, Carl L. *La ciudad de Dios del siglo XVIII*, México, FCE, 1943.
Beezley, William. *Judas en el Jockey Club*, México, El Colegio de San Luis / CIESAS, 2010.
Benjamin, Thomas. *La revolución mexicana. Memoria, mito e historia*, México, Taurus, 2003.

Blasco Ibáñez, Vicente. *El militarismo mejicano. Estudios publicados en los principales diarios de los Estados Unidos*, Valencia, Prometeo, 1920.

Brenner, Anita. *Ídolos detrás de los altares*, México, Domés, 1929.

Bulnes, Francisco. *El verdadero Juárez y la verdad sobre la intervención y el imperio*, México / París, Librería de la Viuda de Ch. Bouret, 1904.

———. *Juárez y las revoluciones de Ayutla y de reforma*, México, Antigua Imprenta de Murguía, 1905.

Campobello, Nellie. «Cartucho», en Antonio Castro Leal (comp.), *La novela de la Revolución Mexicana*, México, Aguilar, 1974, t. I.

Canetti, Elías. *Masa y poder*, Madrid, Alianza Editorial, 2013.

Carr, Barry. *El movimiento obrero y la política en México. 1910-1929*, México, Era, 1982.

Castro, Pedro. «Antonio Díaz Soto y Gama, agrarista», *Polis: Investigación y Análisis Sociopolítico y Psicosocial*, núm. 2, 2002.

———. *Álvaro Obregón. Fuego y cenizas de la Revolución mexicana*, México, Era / Conaculta, 2009.

Cioran, E. M. *Historia y utopía*, Barcelona, Tusquets, 1988.

Clark, Marjorie Ruth. *La organización obrera en México*, México, Era, 1979.

Cockcroft, James D. *Precursores intelectuales de la revolución mexicana*, México, Siglo XXI Editores, 1971.

Cohn, Norman. *En pos del milenio: revolucionarios milenaristas y anarquistas místicos en la Edad Media*, Madrid, Alianza Editorial, 1981.

Cosío Villegas, Daniel. *El sistema político mexicano*, México, Joaquín Mortiz, 1972.

Díaz Soto y Gama, Antonio. *Historia del agrarismo en México*, México, Era / Conaculta / UAM, 2002.

Díaz Soto y Gama, Antonio. *La cuestión agraria en México*, México, El Caballito, 1976.

Dulles, John W. *Ayer en México. Una crónica de la Revolución (1919-1936)*, México, FCE, 2012.

Estados Unidos Mexicanos. Resumen del Censo General de Habitantes del 30 de noviembre de 1921, México, Talleres Gráficos de la Nación, 1928.

Gray, John. *Misa negra. La religión apocalíptica y la muerte de la utopía*, Barcelona, Paidós, 2008.

Guadarrama, Rocío. *Los sindicatos y la política en México: la CROM (1918-1928)*, México, Era, 1981.

Guzmán, Martín Luis. *El águila y la serpiente*, México, Academia Mexicana de la Lengua, 2016.

Hart, John M. *El anarquismo y la clase obrera mexicana, 1860-1931*, México, Siglo XXI Editores, 1984.

Illades, Carlos. *El marxismo en México. Una historia intelectual*, México, Taurus, 2018.

Katz, Friedrich. *Pancho Villa*, México, Era, 2012.

Knight, Alan. *La revolución cósmica. Utopía, regiones y resultados, México 1910-1940*, México, FCE, 2015.

Krauze, Enrique. «México en clave bíblica», en Enrique Krauze et al., *El éxodo mexicano. Los héroes en la mira del arte*, México, Museo Nacional de Arte / UNAM, 2010.

Licastro, Genaro. *Querétaro en la Revolución, 1914-1915. Diario*, México, Comisión de Historia de la Diócesis de Querétaro / Asociación de Libreros de Querétaro / Miguel Ferro Editor, 2010.

Lomnitz, Claudio. *La idea de la muerte en México*, México, FCE, 2006.

Malaparte, Curzio. *La piel*, Barcelona, Galaxia Gutenberg, 2010.

———. *Kaputt*, Barcelona, Galaxia Gutenberg, 2009.

«Manifiesto. El comité revolucionario de la Casa del Obrero Mundial», en Mario Contreras y Jesús Tamayo (comps.), *México en el siglo XX. 1913-1920. Textos y documentos*, México, UNAM, 1989, t. II.

Márquez Morfin, Lourdes. «Efectos demográficos de la pandemia de influenza en 1918-1920 a escala mundial», en América Molina del Villar *et al.* (eds.), *El miedo a morir. Endemias, epidemias y pandemias en México: análisis de larga duración*, México, CIESAS / BUAP / Instituto de Investigaciones Dr. José María Luis Mora, 2013.

Martínez Becerril, Marcial. «San Miguel Xicalco en la Revolución», en Guillermo Bonfil Batalla *et al.*, *Mi pueblo durante la Revolución*, México, INAH, 1985, t. I.

Medin, Tzvi. *El minimato presidencial. Historia política del maximato (1928-1935)*, México, Era, 1982.

Meyer, Eugenia (comp.). *Revolución e historia en la obra de Luis Cabrera*, México, FCE, 1994.

Molina del Villar, América. *Guerra, tifo y cerco sanitario en la Ciudad de México*, México, Publicaciones de la Casa Chata, 2016.

Monsiváis, Carlos. *El Estado laico y sus malquerientes*, México, Debate / UNAM, 2008.

———. *Las herencias ocultas de la reforma liberal del siglo XIX*, México, Debate, 2006.

———. «La moral es un árbol que da moras», *Letras Libres*, diciembre de 2000.

———, et al. *Sainete, drama y barbarie. Centenario de J. C. Orozco, 1883-1983*, México, INBA, 1983.

Nietzsche, Friedrich. *La gaya ciencia*, Madrid, Akal, 2001.

O'Gorman, Juan. *Autobiografía*, México, DGE Ediciones / UNAM, 2007.

Palafox del Río, Eliseo. «Semblanzas de Michoacán durante la Revolución», en Guillermo Bonfil Batalla *et al. Mi pueblo durante la Revolución*, México, INAH, 1985, t. III.

Paz, Octavio. *El ogro filantrópico*, México, Joaquín Mortiz, 1979.

Pérez Montfort, Ricardo. «"La Noche Mexicana". Hacia la invención de lo "genuinamente nacional": un México de inditos, tehuanas, chinas y charros», en Leonardo Martínez Carrizales (coord.), *El orden cultural de la Revolución Mexicana*, México, UAM, 2010.

Pesado, José Joaquín. *Poesías originales y traducidas*, México, Imprenta Escalante, 1886.

Pimienta-Lastra, Rodrigo, *et al*. «Evolución histórica de la población del Estado de México», *Quivera*, vol. 17, núm. 2, julio-diciembre de 2015.

Ramírez Hurtado, Luciano. «Al rescate de la memoria. Estudio iconográfico del grabado *La Convención de Aguascalientes, 10 de octubre de 1914*», *Relaciones Estudios de Historia y Sociedad*, núm. 148 bis, otoño de 2016.

Ramírez Plancarte, Francisco. *La Ciudad de México durante la Revolución constitucionalista*, México, Botas, 1941.

Randow, Gero von. *Revoluciones. Cuando el pueblo se levanta*, Madrid, Turner, 2018.

Ríos Molina, Andrés. *La locura durante la Revolución mexicana*, México, El Colegio de México, 2009.

Ruiz, Ramón Eduardo. *La revolución mexicana y el movimiento obrero. 1911-1923*, México, Era, 1981.

Sáenz, Olga. *El símbolo y la acción. Vida y obra de Gerardo Murillo, Dr. Atl*, México, El Colegio Nacional, 2017.

Sánchez Susarrey, Jaime. *El debate político e intelectual en México*, México, Grijalbo, 1993.

Sebald, W. G. *Sobre la historia natural de la destrucción*, Barcelona, Anagrama, 2003.

Silva, Federico. *México por Tacuba. Pasajes autobiográficos*, México, Conaculta, 2000.

Ulloa, Berta. *Historia de la Revolución Mexicana. La revolución escindida*, México, El Colegio de México, 1981.

Urías Horcasitas, Beatriz (comp.). *Rodulfo Brito Foucher. Escritos sobre la Revolución y la dictadura*, México, FCE / UNAM, 2015.

Usigli, Rodolfo. «Las máscaras de la hipocresía», en Roger Bartra (comp.), *Anatomía del mexicano*, México, DeBolsillo, 2013.

Vargas Sánchez, Eduardo. «La Ciudad de México de 1900 a 1920», en Guillermo Bonfil Batalla *et al.*, *Mi pueblo durante la Revolución*, México, INAH, 1985, t. I.

Vasconcelos, José. *Breve historia de México*, México, Botas, 1937.

Villadelángel Viñas, Gerardo (coord.). *El libro rojo. Continuación. 1868-1928*, México, FCE, 2008.

Villoro, Luis. *Estado plural, pluralidad de culturas*, México, Paidós, 1998.

Womack, John. *Zapata y la revolución mexicana*, México, Siglo XXI Editores, 1971.

Žižek, Slavoj. *Robespierre. Virtud y terror*, Madrid, Akal, 2010.

II. La siniestra pureza de la «raza mestiza»

Libros y artículos

Aguilar Rivera, Antonio. «La Constitución y sus enemigos», *Nexos*, febrero de 2017.

Alonso, Antonio. «La selección humana eugenésica y el futuro de México, en *Eugenesia. Higiene y Cultura Física para el Mejoramiento de la Raza*, t. VIII, núm. 73, 1946.

Anderson, Benedict. *Comunidades imaginadas. Reflexiones sobre el origen y la difusión del nacionalismo*, México, FCE, 1993.

Arias, Juan de Dios, et al. *Los mexicanos pintados por sí mismos*, México, Imprenta de M. Murguía y Compañía, 1854.

Bartov, Omer. *Borrados*, Barcelona, Malpaso, 2016.

Bartra, Armando (ed.). *Regeneración, 1900-1918. La corriente más radical de la revolución de 1910 a través de su periódico de combate*, México, Era, 1972.

Beezley, William. *Judas en el Jockey Club*, México, El Colegio de San Luis / CIESAS.

Bokser Liwerant, Judit. «El México de los años treinta: cardenismo, inmigración judía y antisemitismo», en Delia Salazar Anaya (coord.), *Xenofobia y xenofilia en la historia de México. Homenaje a Moisés González Navarro*, México, Secretaría de Gobernación / Centro de Estudios Migratorios / INAH / DGE Ediciones, 2006.

Botton Beja, Flora. «La persecusión de los chinos en México», *Estudios de Asia y África*, vol. XLIII, núm. 2, 2008.

Bulnes, Francisco. *Juárez y las revoluciones de Ayutla y de reforma*, México, Antigua Imprenta de Murguía, 1905.

Camba Ludlow, Úrsula. *Imaginarios ambiguos, realidades contradictorias. Conductas y representaciones de los negros y mulatos novohispanos, siglo XVI y XVII*, México, El Colegio de México, 2008.

Cedillo, Juan Alberto. *Los nazis en México*, México, Debate, 2007.

Chong, José Luis. *Historia general de los chinos en México. 1575-1975*, México, Turner, 2014.

Chou, Diego L. *Los chinos en hispanoamérica*, San José, Facultad Latinoamericana de Ciencias Sociales, 2002.

Clavijero, Francisco Xavier. *Historia antigua de México*, México, Porrúa, 1985.

Collier, Jane. «Liberalismo y racismo: dos caras de una misma moneda», *Dimensión Antropológica*, año 6, vol. 15, enero-abril de 1999.

Escalante Gonzalbo, Fernando. *Ciudadanos imaginarios. Memorial de los afanes y desventuras de la virtud y apología del vicio triunfante en la República Mexicana. Tratado de moral pública*, México, El Colegio de México, 1992.

Espinosa, José Ángel. *El ejemplo de Sonora*, México, s. p. i., 1932.

Gall, Olivia. «Discursos de odio antisemita en la historia contemporánea y el presente de México», *Desacatos*, núm. 51, 2016.

García Rojas, Irma Beatriz. «"El cuerno de la abundancia": mito e identidad en el discurso sobre la nación mexicana», *Revue Histoire de l'Amérique Latine*, vol. I, 2005.

García y Alba, Federico (dir.). *México y sus progresos. Álbum directorio del Estado de Sonora*, Hermosillo, Imprenta Oficial, 1905-1907.

Gleizer, Daniela. *El exilio incómodo*, México, El Colegio de México / UAM, 2011.

Gojman de Backal, Alicia. *Camisas, escudos y desfiles militares. Los Dorados y el antisemitismo en México (1934-1940)*, México, FCE / UNAM, 2000.

Gojman Godlberg, Alicia. «Ashkenazitas y sefaraditas frente a la xenofobia en los años treinta en México», en Delia Salazar Anaya (coord.), *Xenofobia y xenofilia en la historia de México. Homenaje a Moisés González Navarro*, México, Secretaría de Gobernación / Centro de Estudios Migratorios / INAH / DGE Ediciones, 2006.

González Navarro, Moisés. *Los extranjeros en México y los mexicanos en el extranjero, 1821-1970*, México, El Colegio de México, 1994, v. 3.

González Navarro, Moisés. «Efectos sociales de la crisis de 1929», en *Historia Mexicana*, vol. 19, núm. 4 (76), 1970.

———. «Xenofobia y xenofilia en la revolución mexicana», *Historia Mexicana*, vol. 18, núm. 4, 1969.

Granados, Luis Fernando. «Poco ruido y muchas nueces. Dos repúblicas y un imperio a mediados del siglo XIX», en Juan Ortiz Escamilla (coord.), *Guerra*, México, Secretaría de Cultura, 2018.

Gutman, Roy, y David Rieff (dirs.). *Crímenes de guerra. Lo que debemos saber*, Barcelona, Debate, 2003.

Hu-DeHart, Evelyn. «Coolies, Shopkeepers, Pioneers: The Chinese of Mexico and Peru (1849-1930)», *Amerasia*, núm. 15, 1989.

Ibarra García, Laura. «El concepto de igualdad en México (1810-1824)», *Relaciones*, vol. 37, núm. 145, 2016.

Katz Gugenheim, Ariela. «Las relaciones entre los judíos de México y de Estados Unidos. El Comité Mexicano contra el Racismo», *Historia Mexicana*, vol. LXII, núm. 2, 2012.

Linati, Claudio. *Trajes civiles, militares y religiosos de México (1828)*, México, Imprenta Universitaria, 1956.

Lombardo de Ruiz, Sonia. *Trajes y vistas de México en la mirada de Theubert de Beauchamp*, Barcelona, INAH / Conaculta, 2010.

Lomnitz, Claudio. *El antisemitismo y la ideología de la Revolución Mexicana*, México, FCE, 2010.

Mac Gregor Campuzano, Javier. «Orden y justicia: el Partido Fascista Mexicano 1922-1923», *Signos Históricos*, vol. 1, núm. 1, 1999.

Martínez Assad, Carlos. *Memoria de Líbano*, México, Océano, 2003.

———. «Contra la intolerancia, la razón», en *Estudios de Historia Moderna y Contemporánea de México*, vol. 22, 2001.

Meyer, Jean. «Iglesia romana y antisemitismo (1920-1940)», *Revista Mexicana de Ciencias Políticas y Sociales*, vol. LXI, núm. 26, 2016.

Montemayor, Carlos. *Los pueblos indios de México. Evolución histórica de su concepto y realidad social*, México, DeBolsillo, 2010.

Monteón González, Humberto, y José Luis Trueba Lara. *Chinos y antichinos en México. Documentos para su estudio*, Guadalajara, Gobierno del Estado de Jalisco, 1988.

Moreno Chávez, José Alberto. «Quemando Santos para iluminar conciencias. Desfanatización y resistencia al proyecto cultural garridista, 1924-1935», *Estudios de Historia Moderna y Contemporánea de México*, núm. 42, 2011.

Moreno Elizondo, Rodrigo. *El nacimiento de la tragedia. Criminalidad, desorden público y protesta popular en las fiestas de independencia. Ciudad de México: 1887-1900*, México, Instituto de Investigaciones Dr. José María Luis Mora / Consejo Nacional de Ciencia y Tecnología, 2015.

Navarrete, Federico. *Alfabeto del racismo mexicano*, México, Malpaso, 2017.

O'Gorman, Edumundo. *México. El trauma de su historia. Ducit amor patriae*, México, Conaculta, 2002.

Ortiz, Tadeo. *México considerado como nación independiente y libre, o sean algunas indicaciones sobre los deberes más esenciales de los mexicanos*, Burdeos, Imprenta de Carlos Lawalle Sobrino, 1832.

Ota Mishima, María Elena. «Las migraciones asiáticas en México», en *El poblamiento de México. Una visión historicodemográfica. México en el siglo XIX*, México, Secretaría de Gobernación / Consejo Nacional de Población, 1993.

Pani, Erika. *Para pertenecer a la gran familia mexicana: procesos de naturalización en el siglo XIX*, México, El Colegio de México, 2015.

Pérez Montfort, Ricardo. «Indigenismo, hispanismo y panamericanismo en la cultura popular mexicana de 1920 a 1940», en Roberto Blancarte (comp.), *Cultura e identidad Nacional*, México, Conaculta / FCE, 2015.

———. «Los camisas doradas», *Secuencia*, núm. 4, enero-abril de 1986.

Pérez Vejo, Tomás, y Marta Yolanda Quezada. *De novohispanos a mexicanos: retratos e identidad colectiva en una sociedad en transición*, México, INAH, 2009.

Postone, Moishe, y Eric Santer (coords.). «The Holocaust and the Trajectory of the Twentieth Century», en *Catastrophe and Meaning: The Holocaust in the Twentieth Century*, Chicago, University of Chicago Press, 2003.

Rabadán Figueroa, Macrina. «Discurso *vs.* realidad en las campañas antichinas en Sonora (1899-1932)», *Secuencia*, núm. 38, 1997.

Ramírez Zavala, Ana Laura. «La justificación higiénico-sanitaria en la campaña antichina», *Letras Históricas*, núm. 14, 2016.

Reynoso, Arturo. *Francisco Xavier Clavigero. El aliento del Espíritu*, México, Artes de México / FCE, 2018.

Sarrailh, Jean. *La España ilustrada de la segunda mitad del siglo XVIII*, México, FCE, 1957.

Savarino Roggero, Franco. «Nacionalismo en la distancia: los italianos emigrados y el fascismo en México (1922-1945)», *Pasado y Memoria. Revista de Historia Contemporánea*, núm. 9, 2012.

———. «Juego de ilusiones: Brasil, México y los "fascismos" latinoamericanos frente al fascismo italiano», *Historia Crítica*, núm. 37, 2009.

Sims, Harold D. *La expulsión de los españoles de México (1821-1828)*, México, FCE / SEP, 1985.

Snyder, Timothy. *Tierras de sangre. Europa entre Hitler y Stalin*, Barcelona, Galaxia Gutenberg, 2011.

Treviño Rangel, Javier. «Racismo y nación: comunidades imaginadas en México», *Estudios Sociológicos*, vol. 26, núm. 78, 2008.

Urías Horcasitas, Beatriz. *Historias secretas del racismo en México (1920-1950)*, México, Tusquets, 2007.

Uribe, Mónica. «La ultraderecha en México: el conservadurismo moderno», *El Cotidiano*, vol. 23, núm. 149, 2008.

Velázquez Morales, Catalina. *Los inmigrantes chinos en Baja California, 1920-1937*, Mexicali, Universidad Autónoma de Baja California, 2001.

Vera Estañol, Jorge. «La restauración constitucional», *Revista Mexicana. Semanario Ilustrado*, 1° de junio de 1919.

Villarroel, Hipólito. *Enfermedades políticas que padece la capital de esta Nueva España en casi todos los cuerpos de que se compone y remedios que se le deben aplicar para su curación si se quiere que sea útil al rey y al público*, México, Porrúa, 1979.

Yankelevich, Pablo. «Nuestra raza y las otras. A propósito de la inmigración en el México revolucionario», en Tomás Pérez Vejo y Pablo Yankelevich (coords.), *Raza y política en hispanoamérica*, México, Bonilla Artigas Editores / El Colegio de México / Iberoamericana Vervuet, 2017.

———. *¿Deseable o inconveniente? Las fronteras de la extranjería en el México posrevolucionario*, México, Bonilla Artigas Editores / INAH / Iberoamericana Vervuet, 2011.

———. «Nación y extranjería en el México revolucionario», *Cuicuilco*, vol. 11, núm. 31, mayo-agosto de 2004.

Periódicos

Diario de los Debates, Ciudad de México, 1930.
Diario Oficial, Ciudad de México, 1871.
El Diablito Rojo, Ciudad de México, 1901.
El Monitor Republicano, Ciudad de México, 1848.
El Siglo Diez y Nueve, Ciudad de México, 1871.
El Tráfico, Guaymas, Sonora, 1899.
El Universal, Ciudad de México, 1918 y 1937.

III. Un mexicano a la altura de la revolución

Libros y artículos

Altamirano, Ignacio Manuel. «La suprema ley», en *Obras completas. I. Discursos y brindis*, México, Conaculta, 1986.
Álvarez Barret, Luis. *El maestro Beauregard y la educación campechana*, Campeche, Gobierno del Estado de Campeche, 1969.
Amis, Martin. *Koba el temible. La risa y los veinte millones*, Barcelona, Anagrama, 2006.
Aréchiga Córdoba, Ernesto. «Educación, propaganda o "dictadura sanitaria". Estrategias discursivas de higiene y salubridad públicas en el México posrevolucionario, 1917-1945», *Estudios de Historia Moderna y Contemporánea de México*, núm. 33, 2007.
Bailón Vásquez, Fabiola. *Prostitución y lenocinio en México. Siglos XIX y XX*, México, Secretaría de Cultura / FCE, 2016.
Baralt, Blanche Z. de. «Feminismo eugénico», *El Diario*, 24 de diciembre de 1911.

Bartra, Roger. *La jaula de la melancolía. Identidad y metamorfosis del mexicano*, México, DeBolsillo, 2014.

Brito Rodríguez, Félix. «Alcohol, política, corrupción y prostitución en el Sinaloa Posrevolucionario», en Samuel Octavio Ojeda Gastélum y Matías Hiram Lazcano Armienta (coords.), *Historias de la revolución en Sinaloa*, México, Universidad Autónoma de Sinaloa, 2011.

Bulnes, Francisco. *El pulque. Estudio científico*, México, Antigua Imprenta de Murguía, 1909.

Burleigh, Michael. *Poder terrenal. Religión y política en Europa de la Revolución Francesa a la Primera Guerra Mundial*, México, Taurus, 2006.

Calendario nacionalista y enciclopedia nacional popular para el año de 1934. Edición especial, México, Talleres Gráficos de la Nación, 1935.

Canetti, Elías. *Masa y poder*, Madrid, Alianza Editorial, 2013.

Carrancá y Trujillo, Ramón. «Valor social del certificado pre-nupcial», *Revista Médica. Sindicato de Médicos y Profesionistas conexos del Estado de Puebla*, Puebla, vol. v, núm. 39, 1933.

Carrillo, Ana María. «La "civilización" del amor», en Pilar Gonzalbo Aizpuru (coord.), *Amor e historia. La expresión de los afectos en el mundo de ayer*, México, El Colegio de México, 2013.

Claeys, Gregory. *Utopía. Historia de una idea*, Madrid, Siruela, 2011.

«Código de moralidad de los niños que concurren a las escuelas primarias», *Boletín de la Secretaría de Educación Pública*, México, t. IV, núm. 7, 1925.

Creel, George. «The Scourge of Tabasco: Mexico's Hottest Dictator», *Collier's*, 23 de febrero de 1935.

Cruz Porchini, Dafne, *et al*. *Formando el cuerpo de la nación. El deporte en el México posrevolucionario (1920-1940)*, México, Conaculta / INBA / Museo Casa Estudio de Diego Rivera y Frida Kahlo, 2012.

Darwin, Charles. *On the Origin of Species by Means of Natural Selection, or the Preservation of Favoured Races in the Struggle for Life*, Londres, John Murray, 1859.

Davis, Ellis James. *Pyrna a Commune. Or Under the Ice*, Londres, Bickers & Son, 1875.

De Herediz, Carlos María. *Tabasco renace en Cristo*, México, J. Aguirre B, 1939.

De Zayas Enriquez, Rafael. *La redención de una raza. Estudio sociológico*, Veracruz, Tipografía de Rafael de Zayas, 1887.

«Decreto que restringe la prostitución», *Diario Oficial de la Federación*, 11 de noviembre de 1937.

Departamento Autónomo de Educación Física. *Programa de trabajos que desarrollará el propio Departamento durante el año de 1937 tanto en acción directa como en la que efectuará ligada con las demás secretarías y departamentos de Estado*, México, Departamento Autónomo de Educación Física, 1937.

Dromundo, Baltasar. *Tomás Garrido: su vida y su leyenda*, México, Guarania, 1953.

Dulles, John W. F. *Ayer en México. Una crónica de la Revolución (1919-1936)*, México, FCE, 2013.

«El cultivo del deporte es el mejor medio para hacer patria», *El Nacional*, México, 7 de junio de 1931.

Falcón, Romana, y Soledad García Morales. *La semilla en el surco. Adalberto Tejeda y el radicalismo en Veracruz. 1883-1960*, México, El Colegio de México / Gobierno del Estado de Veracruz, 1986.

Fell, Claude. *José Vasconcelos. Los años del águila. 1920-1925*, México, UNAM, 1989.

Gallo, Rubén. *Máquinas de vanguardia: tecnología, arte y literatura en el siglo XX*, México, Conaculta / Sexto Piso, 2014.

Galton, Francis. *Hereditary Genius: an Inquiry into its Laws and Consequences*, Londres, MacMillan & Co., 1869.

García Purón, Juan. *Curso de historia natural. Libro primero de zoología (reino animal)*, Nueva York, Appleton y Cía., 1889.

González Calzada, Manuel. *Tomás Garrido, al derecho y al revés*, México, Publicaciones y Ediciones Especiales, 1940.

Greene, Graham. *Caminos sin ley*, México, Conaculta, 1996.

Guerrero, Julio. *La génesis del crimen en México. Estudio de psiquiatría social*, México / París, Librería de la Viuda de Ch. Bouret, 1901.

Hernández, Francisco. *Higiene de la especie. Breves consideraciones sobre la stirpicultura humana*, México, Tipografía de Boulingny y Schmidt, 1910.

Hobbes, Thomas. *Leviatán, o la materia, forma y poder de una república eclesiástica y civil*, México, FCE, 2017.

Illades, Carlos. *Rhodakanaty y la formación del pensamiento socialista en México*, Barcelona, Anthropos / UAM, 2002.

——— (ed.). *Obras de Plotino Rhodakanaty*, México, UNAM, 1998.

Kirshner, Alan M. *Tomás Garrido Canabal y el movimiento de los Camisas Rojas*, México, SEP, 1976.

Knight, Alan. «Estado, revolución y cultura popular en los años treinta», en Marcos Tonatiuh Águila y Alberto Enríquez Perea (coords.), *Perspectivas sobre el cardenismo. Ensayos sobre economía, política y cultura en los años treinta*, México, UAM, 1996.

Kyn Taniya. «Estadio», *El Universal Ilustrado*, 28 de octubre de 1926.

Lechuga Cruz, Jorge Tirzo. *Coahuila en el Congreso Constituyente 1916-1917*, México, Gobierno de Coahuila / Instituto Nacional de Estudios de las Revoluciones de México / Secretaría de Cultura, 2017.

Ley sobre relaciones familiares expedida por el C. Venustiano Carranza. Primer Jefe del Ejército Constitucionalista y Encargado del Poder Ejecutivo, Puebla, Talleres Gráficos de La Prensa, 1917.

Lobato, José G. *Estudio químico-industrial de los varios productos del maguey mexicano y análisis químico del aguamiel y el pulque*, México, Oficina Tipográfica de la Secretaría de Fomento, 1884.

Lund, Joshua. *El Estado mestizo. Literatura y raza en México*, Barcelona, Malpaso, 2012.

Macías Richard, Carlos (pról. introd. y notas). *Plutarco Elías Calles: Pensamiento político y social. Antología (1913-1936)*, México, FCE / Instituto Nacional de Estudios Históricos de las Revoluciones de México / Fideicomiso Archivos Plutarco Elías Calles y Fernando Torreblanca, 1988.

Martínez Assad, Carlos. *El laboratorio de la Revolución, el Tabasco garridista*, México, Siglo XXI Editores, 1984.

Marx, Karl. «Tesis sobre Feuerbach», en C. Marx y F. Engels, *Obras escogidas*, Moscú, Editorial Progreso, 1980.

Melchor Barrera, Zoraya. «Eugenesia y salud pública en México y Jalisco posrevolucionarios», *Letras Históricas*, núm. 18, 2018.

Morel, Benedict August. *Traité des dégénérescence de l'*espèce humaine, París, Baillére, 1857.

Moreno de los Arcos, Roberto (comp.). *La polémica del darwinismo en México: siglo XIX. Testimonios*, México, UNAM, 1984.

Neuman, Franz. *Behemoth. Pensamiento y acción en el nacional socialismo (1933-1944)*, México, FCE, 1987.

Palabras y documentos públicos de Lázaro Cárdenas, 1928-1970: Informes de gobierno y mensajes presidenciales de Año Nuevo, 1928-1940, México, Siglo XXI Editores, 1978.

Pani, Alberto J. *La higiene en México*, México, Imprenta de José Ballescá, 1916.

Pérez Montfort, Ricardo. *Tolerancia y prohibición. Aproximaciones a la historia social y cultural de las drogas en México. 1840-1940*, México, Debate, 2016.

———. «Indigenismo, hispanismo y panamericanismo en la cultura popular mexicana de 1920 a 1940», en Roberto Blancarte (comp.), *Cultura e identidad nacional*, México, Conaculta / FCE, 2015.

Petzler, John. *Life in Utopia. Being a faithful and accurate description of the institutions that regulate labour, art, science, agriculture, education, habitation, matrimony, law, government, and religion, in this delightful region of human imagination*, Londres, Authors' Cooperative Pub. Co., 1890.

Pimentel, Francisco. *Memoria sobre las causas que han originado la situación actual de la raza indígena y medidas para remediarla*, México, Imprenta de Andrade y Escalante, 1864.

Plath, Guillermo. *Cartas de un médico a una joven madre*, Barcelona, Manuel Marín Editor, 1911.

Primeras nociones de ciencias físicas y naturales para uso de las escuelas primarias, México, F.D.T., 1925.

Raspaill, F. V. *Novísimo manual de la salud, o medicina y farmacia domésticas*, Madrid, Librería de don Leocadio López / Librería de Pablo Calleja y Cía., 1883.

«Reglamento de la Sección de Eugenesia e Higiene Mental», *Gaceta Oficial. Órgano oficial del Gobierno Constitucional del Estado de Veracruz-Llave*, Jalapa, 10 de diciembre de 1932.

Richmond, Douglas W. *La lucha nacionalista de Venustiano Carranza. 1893-1920*, México, FCE, 1986.

Romero Gil, Juan Manuel. «Las bebidas espirituosas en Sonora. Notas sobre su producción consumo e impuestos (1850-1920)», en Ernest Sánchez Santiró (ed.), *Cruda realidad. Producción, consumo y fiscalidad de las bebidas alcohólicas en México y América Latina. Siglos XVII-XX*, México, Instituto de Investigaciones Dr. José María Luis Mora, 2007.

Ruiz Abreu, Álvaro. «Greene y su visión desgarradora de México», en Álvaro Ruiz Abreu, *Viajeros en los andenes (México, 1910-1938)*, México, UAM, 2018.

Saade Granados, Marta. «¿Quiénes deben procrear? Los médicos eugenistas bajo el signo social (México, 1931-1940)», *Cuicuilco*, vol. 11, núm. 31, mayo-agosto de 2004.

Salazar Solano, Vidal. «La industria del bacanora: historia y tradición de resistencia en la sierra sonorense», *Región y Sociedad*, vol. XIX, núm. 39, 2007.

Santamarina, Rafael. «Conocimiento actual del niño mexicano desde el punto de vista médico-pedagógico», en *Memoria del Primer Congreso Mexicano del Niño*, México, El Universal, 1921.

Spencer, Herbert. *Principles of Biology*, Londres, Williams & Norgate, 1864-1867, 2 vols.

Stern, Alexandra. «Mestizofilia, biotipología y eugenesia en el México posrevolucionario: hacia una historia de la ciencia y el Estado, 1920-1960», *Relaciones*, vol. XXI, núm. 81, 2000.

Suárez y López Guazo, Laura Luz. «Evolucionismo y eugenesia en México», *Boletín Mexicano de Historia y Filosofía de la Medicina*, vol. 12, núm. 1, 2009.

―――. *Eugenesia y racismo en México*, México, UNAM, 2005.

Todorov, Tzvetan. *La experiencia totalitaria*, Barcelona, Galaxia Gutenberg, 2010.

Tuñón Pablos, Esperanza. *Mujeres que se organizan. El Frente Único Pro Derechos de la Mujer. 1935-1938*, México, UNAM / Miguel Ángel Porrúa, 1992.

Urías Horcasitas, Beatriz. «El "hombre nuevo" de la posrevolución», *Letras Libres*, año 9, núm. 101, 2007.

———. «Fisiología y moral en los estudios sobre las razas mexicanas», *Revista de Indias*, vol. LXV, núm. 234, 2005.

———. «Degeneracionismo e higiene mental en el México posrevolucionario (1920-1940)», *Frenia. Revista de historia de la psiquiatría*, vol. 4 núm. 2, 2004.

Uroz, Antonio. *La cuestión religiosa en México*, México, s. p. i., 1926.

Urzaiz, Eduardo. *Eugenia. Esbozo novelesco de costumbres futuras*, México, UNAM, 2006.

Valdés Vega, Carmen Imelda. «Sífilis y el secreto médico en México. Del Porfiriato a la Revolución», *Fuentes Humanísticas*, año 29, núm. 54, 2015.

Vasconcelos, José. *Textos sobre educación*, México, FCE / SEP, 1981.

Vázquez del Mercado, Angélica (comp.). *Infancia en la memoria. Cien años de educación básica en imágenes*, México, Conaculta / SEP / Marca de Agua Ediciones, 2010.

Vázquez Mantecón, María del Carmen. «¡Toros sí! ¡Toros no! Del tiempo cuando Benito Juárez prohibió las corridas de toros», *Historia Mexicana*, vol. 63, núm. 1 (249), 2013.

Periódicos

Diario Oficial de la Federación, Ciudad de México, 1937.
El Craneoscopio. Periódico Frenológico y Científico, México, 1874.
El Diario, Ciudad de México, 1911.
El Nacional, Ciudad de México, 1931.
Gaceta Oficial. Órgano oficial del Gobierno Constitucional del Estado de Veracruz-Llave, Jalapa, 1932.
Redención, Villahermosa, 1931.

IV. El indio bueno es el indio imaginado

Libros y artículos

Aguilar Rivera, José Antonio. «Moisés Sáenz y la escuela de la patria mexicana», en Moisés Sáenz. *México íntegro*, México, Conaculta, 2007.

Azuela de la Cueva, Alicia. «Las conmemoraciones cívicas: patria, pueblo y poder», en Enrique Florescano y Bárbara Santana Rocha (coords.), *La fiesta mexicana*, México, Secretaría de Cultura / FCE, 2016, 2 t.

Barabas, Alicia M. «La construcción del indio como bárbaro: de la etnografía al indigenismo», *Alteridades*, vol. 10, núm. 19, 2000.

Bartra, Roger (comp.). *Anatomía del mexicano*, México, DeBolsillo, 2013.

Berlin, Isaiah. *La mentalidad soviética. La cultura rusa bajo el comunismo*, Barcelona, Galaxia Gutenberg, 2009.

Brading, David. *Los orígenes del nacionalismo mexicano*, México, Era, 1980.

Bulnes, Francisco. *El verdadero Díaz y la revolución*, México, Eusebio Gómez de la Puente, 1920.

———. *El porvenir de las naciones hispano americanas ante las conquistas recientes de Europa y los Estados Unidos*, México, Imprenta de Mariano Nava, 1899.

Casas, Fray Bartolomé de las. *Tratados*, México, FCE, 1997, 2 t.

Castillo Ledón, Luis (prol. y comp.). *Antigua literatura indígena mexicana*, México, Cvltvra, 1917.

Castillo Ramírez, Guillermo. «Las representaciones de los grupos indígenas y el concepto de nación en *Forjando Patria* de Manuel Gamio», *Cuicuilco*, vol. 20, núm. 56, 2013.

———. «La propuesta de proyecto de nación de Gamio en *Forjando Patria (pro nacionalismo)* y la crítica del sistema jurídico-político mexicano de principios de siglo XX», *Desacatos*, núm. 43, 2013.

Cervantes Becerril, Freja I., y Pedro Valero Puertas. *La colección Cvltvra y los fundamentos de la edición mexicana moderna (1916-1923)*, México, Juan Pablos / Secretaría de Cultura, 2016.

Cosío Villegas, Daniel. *Memorias*, México, Joaquín Mortiz, 1976.

Crater. *Piedad para el indio*, México, Imprenta de Revista de Revistas, 1913.

Dr. Atl (coord.). *Las artes populares en México*, México, Cvltvra, 1921, 2 t.

Florescano, Enrique. «Etnia *vs.* Nación», *Nexos*, junio de 1999.

———. *Etnia, Estado y nación. Ensayo sobre las identidades colectivas en México*, México, Aguilar, 1998.

———. «Etnia *vs.* Nación», en: *Nexos*, junio de 1999.

Gamio, Manuel. *Forjando Patria (pro nacionalismo)*, México, Porrúa, 1960.

———. «Nacionalismo e internacionalismo», *Ethnos*, t. 1, núm. 2, 1923.

———. *La población del valle de Teotihuacan, El medio en que se ha desarrollado, su evolución étnica y social, iniciativas para procurar su mejoramiento*, México, Dirección de Antropología, 1922.

———. «Arqueología y nacionalidad», *La Vanguardia*, 30 de abril de 1915.

García Bravo, María Haydeé. «*Anthropologie du Mexique* y el régimen de indigeneidad racializada en México siglo XIX», *Interdisciplina*, vol. 4 núm. 9, 2016.

García y Alba, Federico (dir.). *México y sus progresos. Álbum directorio del Estado de Sonora*, Hermosillo, Imprenta Oficial, 1905-1907.

García, Genaro (dir.). *Crónica oficial de las fiestas del primer centenario de la independencia de México*, México, Talleres del Museo Nacional, 1911.

Garciadiego, Javier. «Una revolución con varias guerras», en Juan Ortiz Escamilla (coord.), *Guerra*, México, Secretaría de Cultura, 2018.

Gonzalvo A., Pilar. «La lectura de evangelización en la Nueva España», en Seminario de la Educación en México, *Historia de la lectura en México*, México, El Colegio de México, 2005.

Granados García, Aimer. «Francisco G. Cosmes y la definición de la "raza mexicana" durante el porfiriato», *Revista de la Universidad de México*, núm. 624, 2003.

Guerra, François-Xavier. *Modernidad e independencias, Ensayos sobre las revoluciones hispánicas*, México, FCE, 1992.

Guzmán, Martín Luis. *La querella de México*, México, Joaquín Mortiz, 2015.

Hale, Charles H. «La guerra con Estados Unidos y la crisis del pensamiento mexicano», *Secuencia*, vol. 16, 1960.

Hamy, E. T. *Anthropologie du Mexique*, París, Imprimerie Nationale, 1891.

Henríquez Ureña, Pedro. «La Revolución y la cultura en México», *Revista de Revistas*, 15 de marzo de 1924.

Hernández, Julio S. *Guía práctica del educador mexicano. Recopilación de artículos pedagógicos sobre educación, metodología, organización, disciplina, legislación, programas escolares, etc.*, México, Antigua Imprenta de Murguía, s. f.

Kenneth Turner, John. *México bárbaro*, México, Ediciones Gandhi, 2011.

Lanzagorta, José Ignacio. «Forjar patrias», *Nexos*, septiembre de 2016.

León, Nicolás. *Compendio de la historia general de México, desde los tiempos prehistóricos hasta el año de 1900*, México, Herrero Hermanos Editores, 1902.

López Caballero, Paula. «De cómo el pasado prehispánico se volvió el pasado de todos los mexicanos», en Pablo Escalante Gonzalbo (coord.), *La idea de nuestro patrimonio histórico y cultural*, México, Conaculta, 2011.

Loyo, Engracia. «La educación del pueblo», en Dorothy Tanck de Estrada (coord.), *La educación en México*, México, El Colegio de México, 2011.

———, y Anne Staples. «Fin del siglo y de un régimen», en Dorothy Tanck de Estrada (coord.), *La educación en México*, México, El Colegio de México, 2011.

Meyer, Eugenia. *John Kenneth Turner. Periodista de México*, México, Era, 2005.

Monry Nasr, Rebeca. *María Teresa de Landa. Una miss que no vio el universo*, México, INAH, 2018.

Montemayor, Carlos. *Los pueblos indios de México. Evolución histórica de su concepto y realidad social*, México, DeBolsillo, 2008.

Morales, Alfonso. *El país de las tandas. Teatro de revista 1900-1940*, México, Museo Nacional de Culturas Populares, 1984.

Motolinía [Jacinto de Benavente]. *Historia de los indios de la Nueva España*, Barcelona, Linkgua Ediciones, 2009.

Olmos, fray Andrés de. *Arte de la lengua mexicana, concluido en el Convento de San Andrés de Ueytlalpan en la Provincia de la Totonacapan que es de la Nueva España el 1º de enero de 1547*, México, UNAM, 2002.

———. *Tratado de hechicerías y sortilegios*, México, UNAM, 1990.

Parish, Helen-Rand, y Harold E. Weidman. *Las Casas en México. Historia y obra desconocidas*, México, FCE, 1992.

Peña, Guillermo de la. «La antropología, el indigenismo y la diversificación del patrimonio cultural mexicano», en Guillermo de la Peña (coord.), *La antropología y el patrimonio cultural de México*, México, Conaculta, 2011.

Pérez de Rivas, Andrés. *Historia de los triunfos de nuestra Santa Fe entre las gentes más bárbaras y fieras del nuevo orbe*, Madrid, Antonio Paredes, 1645.

Pérez Montfort, Ricardo. «Indigenismo, hispanismo y panamericanismo en la cultura popular mexicana de 1920 a 1940», en Roberto Blancarte (comp.), *Cultura e identidad nacional*, México, Conaculta / FCE, 2015.

———. «Nacionalismo y representación en el México posrevolucionario. La construcción de estereotipos nacionales», en Pablo Escalante Gonzalbo (coord.), *La idea de nuestro patrimonio histórico y cultural*, México, Conaculta, 2011.

———. «"La Noche Mexicana". Hacia la invención de lo "genuinamente nacional": un México de inditos, tehuanas, chinas y charros», en Leonardo Martínez Carrizales (coord.), *El orden cultural de la Revolución Mexicana*, México, UAM, 2010.

Pfefferkorn, Ignacio. *Descripción de la Provincia de Sonora*, Hermosillo, Gobierno del Estado de Sonora, 1984, 2 t.

Pimentel, Francisco. *Memoria sobre las causas que han originado la situación actual de la raza indígena de México y medios para remediarla*, México, Imprenta de Andrade y Escalante, 1864.

Ponce, Pedro. *Breve relación de los dioses y ritos de la gentilidad*, México, Imprenta del Museo Nacional, 1892.

Reynoso Jaime, Irving. «Manuel Gamio y las bases de la política indigenista en México», *Andamios*, vol. 10, núm. 22, 2013.

Ruiz, Apen. «La india bonita: nación raza y género en el México revolucionario», *Debate Feminista*, núm. 24, 2001.

———. «Nación y género en el México posrevolucionario: la India Bonita y Manuel Gamio», *Signos Históricos*, núm. 5, 2001.

Sáenz, Moisés. *México íntegro*, México, Conaculta, 2007.

Sámano Verdura, Karina. «De las indígenas necias y salvajes a las indias bonitas. Prolegómenos a la construcción de un estereotipo de las mujeres indígenas en el desarrollo de la antropología en México, 1890-1921», *Signos Históricos*, núm. 23, 2010.

Sepúlveda, Juan Ginés de. *Tratado sobre las justas causas de la guerra contra los indios*, México, FCE, 1987.

Sheridan Prieto, Cecilia. «Tierra de guerra en el norte de la Nueva España», en Juan Ortiz Escamilla (coord.), *Guerra*, México, Secretaría de Cultura, 2018.

Staples, Anne. «El entusiasmo por la independencia», en Dorothy Tanck de Estrada (coord.), *La educación en México*, México, El Colegio de México, 2011.

Urías Horcasitas, Beatríz. *Indígena y criminal. Interpretaciones del derecho y la antropología en México, 1871-1921*, México, Universidad Iberoamericana, 2000.

Villoro, Luis. *Estado plural, pluralidad de culturas*, México, Paidós, 1998.

———. *Los grandes momentos del indigenismo en México*, México, El Colegio de México, 1950.

Vocabulario en lengua zapoteca, hecho y recopilado por el muy reverendo padre fray Juan de Córdova, de la orden de los predicadores, que reside en esta Nueva España, México, Pedro Charte y Antonio Ricardo, 1578.

V. Una revolución de machos

Libros y artículos

Altamirano, Ignacio Manuel. *El Zarco (Episodios de la vida mexicana en 1861-1863)*, México, Establecimiento Editorial de J. Ballescá y Cía., 1901.

Arias, Juan de Dios, et al. *Los mexicanos pintados por sí mismos. Tipos y costumbres nacionales*, México, Imprenta de M. Murguía y Compañía, 1854.

Bartra, Roger (comp.). *Anatomía del mexicano*, México, DeBolsillo, 2013.

Berlin, Isaiah. *La mentalidad soviética. La cultura rusa bajo el comunismo*, Barcelona, Galaxia Gutenberg, 2009.

Blanco, José Joaquín. «Las piedritas en el zapato. Obsesiones, manías y supersticiones de la cultura mexicana del siglo XX», en Víctor Díaz Arciniega et al., *Del color local al estándar universal. Literatura y cultura*, México, INAH, 2010.

———. «Los años veinte», en Manuel Fernández Perera (coord.), *La literatura mexicana del siglo XX*, México, FCE / Conaculta / Universidad Veracruzana, 2008.

Bollmann, Stefan. *Mujeres y libros. Una pasión con consecuencias*, México, Seix Barral, 2015.

Bradu, Fabienne. «Antonieta Rivas Mercado y el Teatro Ulises», *Revista de la Universidad de México*, núm. 486, 1991.

Brito, Alejandro, et al. *¡Que se abra esa puerta! Sexualidad, sensualidad y erotismo*, México, Museo del Estanquillo, 2017.

Calderón de la Barca, Madame. *La vida en México durante una residencia de dos años en ese país*, México, Porrúa, 1977, 2 vols.

Castro, Pedro. Álvaro Obregón. Fuego y cenizas de la Revolución Mexicana, México, Era / Conaculta, 2009.

Código penal para el Distrito Federal y Territorio de la Baja California, sobre delitos del fuero común, y para toda la República Mexicana sobre delitos contra la federación, Chihuahua, Librería de Donato Miramontes, 1893.

Cuesta, Jorge (comp.). *Antología de la poesía mexicana moderna*, México, Contemporáneos, 1928.

Day Lewis, C. (ed.). *The Mind in Chains: Socialism and the Cultural Revolution*, Londres, Frederick Muller, 1937.

Díaz Frene, Jaddiel, y Ángel Cedeño Vanegas. *Antonio Vanegas Arroyo, andanzas de un editor popular (1880-1901)*, México, El Colegio de México, 2017.

Durand Alcántara, Carlos Humberto. «El derecho agrario zapatista (el tránsito entre lo clasista y lo étnico)», *Alegatos*, núm. 43, 1999.

«El feminismo se impone», *La Guacamaya*, México, 25 de julio de 1907.

El matrimonio, pleito en verso entre T. Guerrero y R. Sepúlveda, Madrid, Imprenta de la Viuda e Hijos de Galiano, 1873.

El Primer Congreso Feminista de Yucatán convocado por el C. Gobernador del Estado, Gral. D. Salvador Alvarado y reunido en el teatro «Peón Contreras» de esta ciudad del 13 al 16 de enero de 1916. Anales de esa memorable asamblea, Mérida, Talleres Tipográficos del Ateneo Peninsular, 1916.

Fabre, Luis Felipe. *Escribir con caca*, México, Sexto Piso, 2017.

Fernández Perera, Manuel. «Los años treinta», en Manuel Fernández Perera (coord.), *La literatura mexicana del siglo xx*, México, FCE / Conaculta / Universidad Veracruzana, 2008.

Frías, Heriberto. *Los piratas del boulevard*, México, Conaculta, 2009.

Granados, Aimer. «La literatura mexicana durante la Revolución: entre el nacionalismo y el cosmopolitismo», en Carlos Illades y Georg Leidenberger (coords.), *Polémicas intelectuales del México moderno*, México, Conaculta / UAM, 2008.

Hadatty Mora, Yanna. *Prensa y literatura para la revolución. La novela semanal de* El Universal Ilustrado, México, UNAM / El Universal, 2016.

INEGI, *Estadísticas históricas de México*, México, INEGI, 2000.

«La muger viril», *El Museo Yucateco. Periódico científico y literario*, Campeche, 1841, t. I.

«Los Anales», *El Machete*, México, septiembre de 1924.

Lozano Armendarez, Teresa. *La criminalidad en la Ciudad de México, 1800-1821*, México, UNAM, 1987.

Maples Arce, Manuel. *Soberana juventud. Memorias II*, México, Universidad Veracruzana, 2010.

Martínez Assad, Carlos. «¿Por qué el film "La Sombra del Caudillo" fue censurado por el ejército mexicano durante más de 30 años?», *Relatos e Historias de México*, núm. 95.

Mason Austin, Maude. *En Yucatán*, México, Conaculta, 2005.

McKee Irwin, Robert. «*Los cuarenta y uno*: la novela perdida de Eduardo Castrejón», en Eduardo Castrejón, *Los cuarenta y uno: novela crítico-social*, México, UNAM, 2013.

Mendoza, Vicente T. *Lírica narrativa de México. El corrido*, México, UNAM, 1964.

Mercey, Madame de. *La mujer cristiana, desde su nacimiento hasta su muerte*, Madrid, Salvador Sánchez Rubio Editor, 1865.

Miranda Guerrero, Roberto. «Exploraciones históricas sobre la masculinidad», *La Ventana. Revista de Estudios de Género*, núm. 8, 1998.

Monsiváis, Carlos. «El mundo soslayado (Donde se mezclan la confesión y la proclama», en Salvador Novo, *La estatua de sal*, México, Conaculta, 2002.

Monsiváis, Carlos. *Las esencias viajeras*, México, FCE / Conaculta, 2012.

Monsiváis, Carlos. «Los 41 y la gran redada», en Eduardo Castrejón, *Los cuarenta y uno: novela crítico-social*, México, UNAM, 2013.

——— (comp.). *Salvador Novo*, México, UNAM, 2009.

———. *Salvador Novo. Lo marginal en el centro*, México, Era, 2004.

———. «Los iguales, los semejantes, los (hasta hace un minuto) perfectos desconocidos. (A cien años de la redada de los 41)», *Debate feminista*, año 12, vol. 24, 2001.

——— (comp). *Jorge Cuesta*, México, Consejo Nacional de Recursos para la Atención de la Juventud / Editorial Terra Nova, 1985.

Mraz, John. *México en sus imágenes*, México, Artes de México / Conaculta / BUAP, 2014.

Muñoz, Rafael F. «¡Vámonos con Pancho Villa!», en Antonio Castro Leal (comp.). *La novela de la Revolución Mexicana*, México, Aguilar, 1974, t. II.

Narro Robles, José, y David Moctezuma Navarro. «Analfabetismo en México: una deuda social», *Revista Internacional de Estadística y geografía*, vol. 3, núm. 3, 2012.

Novo, Salvador. *La estatua de sal*, México, Conaculta, 2002.

———. *Sátira. El libro cabrón*, México, Diana, 1978.

———. «¡Ya viene Pancho Pistolas!», *El Universal Ilustrado*, México, 26 de julio de 1923.

Pacheco, José Emilio. «Delito y literatura: *Examen* y *Cariátide* (1932)», *Proceso*, 28 de junio de 1986.

Palomares, Justino N. *Anecdotario de la Revolución*, México, s. p. i., 1957.

Parra, Max. *Writing Pancho Villa's Revolution: rebels in the literary imagination of Mexico*, Austin, University of Texas Press, 2005.

Portal, Marta. «El exilio madrileño de Martín Luis Guzmán», *Anales de Literatura Hispanoamericana*, núm. 22, 1993.

Pulido Esteva, Diego. «Las meseras en la Ciudad de México, 1875-1910», en Elisa Speckman Guerra y Fabiola Bailón Vázquez (coords.), *Vicio, prostitución y delito. Mujeres transgresoras en los siglos XIX y XX*, México, UNAM, 2016.

Ráulica, R. P. Ventura de. *La mujer católica*, México, Imprenta de la Biblioteca de Jurisprudencia, 1874.

Robleto, Hernán. *Obregón, Toral y la madre Conchita*, México, Botas, 1935.

Rodríguez Sánchez, Nathaly. «Esas mujeres con corte a lo muchacho y con las piernas al aire. Las pelonas y la transformación de la feminidad en la Ciudad de México en la década de los veinte», en Pilar Gonzalbo Aizpuru y Leticia Mayer Celis (eds.), *Conflicto, resistencia y negociación en la historia*, México, El Colegio de México, 2016.

Romero, José Rubén. «Álvaro Obregón», en José Rubén Romero *et al.*, *Obregón, aspectos de su vida*, Cvltvra, México, 1935.

Saborit, Antonio (coord.). *El Universal Ilustrado. Antología*, México, FCE / El Universal, 2017.

Sartorius, Carl Christian. *México hacia 1850*, México, Conaculta, 1990.

Schneider, Luis Mario. «El tema homosexual en la nueva narrativa mexicana», *Casa del Tiempo*, vols. 49-50, 1985.

Sheridan, Guillermo. «Entre la casa y la calle: la polémica de 1932 entre nacionalismo y cosmopolitismo literario», en Roberto Blancarte (comp.), *Cultura e identidad nacional*, México, FCE / Conaculta, 2007.

———. *Los Contemporáneos ayer*, México, FCE, 1985.

Shuessler, Michael. «El "Baile de los 41": leyenda urbana y punto de partida de la homocultura mexicana», en Carlos Illades y Georg Leidenberger (coords.), *Polémicas intelectuales del México moderno*, México, Conaculta / UAM, 2008.

Staffe, Baronesa. *Mis secretos para agradar y para ser amada*, Madrid, Saturnino Calleja Editor, 1876.

Steiner, George. «El erudito traidor», en Robert Boyers (ed. y comp.), *George Steiner en* The New Yorker, México, FCE / Siruela, 2009.

Taracena, Alfonso. *Jose Vasconcelos*, México, Porrúa, 1982.

Tramar, Condesa de. *El trato social. Costumbres de la sociedad moderna en todas las circunstancias de la vida*, París / México, Librería de la Viuda de Ch. Bouret, 1915.

Urquizo, Francisco L. *Símbolos y números*, México, Costa-Amic, 1965.

Vargas Vila, J. M. *La conquista de Bizancio*, París / México, Librería de la Viuda de Ch. Bouret, 1910.

Vázquez Santana, Higinio. *Historia de la canción mexicana, canciones, cantares y corridos coleccionados y comentados por...*, México, Talleres Gráficos de la Nación, 1931.

«Vigilia», *La Guacamaya*, México, 28 de diciembre de 1905.

VI. LAS VANGUARDIAS Y EL AUTORITARISMO

Libros y artículos

Argüello Grunstein, Alberto. «Voluntad de cambio e identidad. Más allá del muralismo y sus consignas», en Carmen Gaitán Rojo *et al.*, *Pioneros del muralismo. La vanguardia*, México, Conaculta / INBA, 2010.

Arnal, Ariel. *Atila de tinta y plata. Fotografía del zapatismo en la prensa de la Ciudad de México entre 1910 y 1915*, México, INAH / Conaculta, 2010.

Azuela, Alicia. *Arte y poder. Renacimiento artístico y revolución social, México 1910-1945*, México, El Colegio de Michoacán / FCE, 2005.

Benjamin, Thomas. *La Revolución Mexicana. Memoria, mito e historia*, México, Taurus, 2003.

Berlin, Isaiah. *La mentalidad soviética. La cultura rusa bajo el comunismo*, Barcelona, Galaxia Gutenberg, 2009.

Cardoza y Aragón, Luis. *La nube y el reloj. Pintura mexicana contemporánea*, México, Landucci / UNAM, 2003.

——. *El río. Novelas de caballerías*, México, FCE, 1986.

——. «Nuevas consideraciones, la pintura mural mexicana», *El Nacional*, México, 8 de octubre de 1936.

Cassigoli, Armando (comp.). *Antología del fascismo italiano*, México, Universidad Nacional Autónoma de México, 1976.

Cecchi, Emilio. *México*, Barcelona, Minúscula, 2007

Charlot, Jean. *El Renacimiento del muralismo mexicano. 1920-1925*, México, Domés, 1985.

Corona Berkin, Sarah, y Arnulfo de Santiago Gómez. *Niños y libros. Publicaciones infantiles de la Secretaría de Educación Pública*, México, SEP, 2010.

Dickerman, Leah. «Leftist Circuits», en Leah Dickerman y A. Indych-López, *Diego Rivera. Murals for the Museum of Modern Art*, Nueva York, Museum of Modern Arts, 2012.

Fitzpatrick, Sheila. *Lunacharski y la organización soviética de la educación y de las artes (1917-1921)*, Madrid, Siglo XXI Editores, 2017.

Gallo, Rubén. *Máquinas de vanguardia. Tecnología, arte y literatura en el siglo XX*, México, Conaculta / Sexto Piso, 2014.

García, Genaro (dir.). *Crónica oficial de las fiestas del primer centenario de la independencia de México*, México, Talleres del Museo Nacional, 1911.

Garciadiego, Javier. «La educación pública entre el porfiriato y la revolución: de Justo Sierra a Vasconcelos», en Javier Garciadiego, *Autores, editoriales, instituciones y libros. Estudios de historia intelectual*, México, El Colegio de México, 2015.

Gómez, Marte R. *Textos inéditos. Diego y sus mujeres*, México, Colegio de Posgraduados / Gobierno del Estado de Tamaulipas / Conaculta, 2013.

Guadarrama Peña, Guillermina. «Los pioneros del muralismo: la vanguardia», en Carmen Gaitán Rojo *et al.*, *Pioneros del muralismo. La vanguardia*, México, Conaculta / INBA, 2010.

Herner, Irene. *Siqueiros, del paraíso a la utopía*, México, Conaculta, 2004.

Hobsbawm, Eric. *A la zaga. Decadencia y fracaso de las vanguardias del siglo XX*, Barcelona, Crítica, 1999.

Klemperer, Victor. *LTI. La lengua del Tercer Reich. Apuntes de un filólogo*, Barcelona, Editorial Minúscula, 2001.

Lear, John. «La Liga de Escritores y Artistas Revolucionarios: de la disidencia al frente popular», en Carlos Illades (coord.), *Camaradas. Nueva historia del comunismo en México*, México, FCE / Secretaría de Cultura, 2017.

Lomnitz, Claudio. *La idea de la muerte en México*, México, FCE, 2006.

López Rodríguez, Arturo. «Hoz, martllo y pincel», en Guillermina Guadarrama Peña *et al.*, *Xavier Guerrero. 1896-1974*, México, Museo Nacional de Arte / Gobierno del Estado de Coahuila, 2012.

Lunacharsky, Anatoli Vasílievich. *Las artes plásticas y la política artística en la Rusia revolucionaria*, Barcelona, Seix Barral, 1969.

Molina del Villar, América. *Guerra, tifo y cerco sanitario en la Ciudad de México. 1911-1917*, México, Publicaciones de la Casa Chata, 2016.

Molina del Villar, América et al. (eds.). *El miedo a morir. Endemias, epidemias y pandemias en México: análisis de larga duración*, México, CIESAS / BUAP / Instituto de Investigaciones Dr. José María Luis Mora, 2013.

Monsiváis, Carlos. «La tradición del muralismo. La escuela mexicana de pintura», en Carlos Monsiváis, *Imágenes de la tradición viva*, México, FCE / Landucci / UNAM, 2006.

———. *«"Soy porque me parezco"*. El retrato en México en el siglo XX», en Enrique Florescano (coord.), *Espejo mexicano*, México, Conaculta / FCE / Fundación Miguel Alemán, 2002.

———. «José Chávez Morado: "Sólo soy un fanático del trabajo y del amor a mi mujer"», en *José Chávez Morado*, México, Banco Internacional, 1989.

———. «David Alfaro Siqueiros. Aquí te dejo la luz de enero», en Carlos Monsiváis, *Amor perdido*, México, Era, 1979.

———. «La vieja izquierda. Y si la naturaleza está contra Stalin, la naturaleza es reaccionaria», en Carlos Monsiváis, *Amor perdido*, México, Era, 1979.

———. «La toma del poder desde las imágenes (el socialismo y el arte en México)», en Ricardo Pérez Escamilla et al., *Estética socialista en México*, México, Museo de Arte Carrillo Gil, s. f.

Oles, James. *Arte y arquitectura en México*, México, Taurus, 2015.

Orozco, José Clemente. *Autobiografía*, México, Era, 1981.

Pacheco, Cristina. *La luz de México. Entrevistas con pintores y fotógrafos*, México, FCE, 1995.

Paz, Octavio. «Los muralistas a primera vista», en *Obras completas. Los privilegios de la vista. Arte moderno universal. Arte de México*, México, FCE, 2014, t. IV.

———. «Re/visiones: la pintura mural», en *Obras completas. Los privilegios de la vista. Arte moderno universal. Arte de México*, México, FCE, 2014, t. IV.

Pérez Montfort, Ricardo. «"La Noche Mexicana". Hacia la invención de lo "genuinamente nacional": un México de inditos, tehuanas, chinas y charros», en Leonardo Martínez Carrizales (coord.), *El orden cultural de la Revolución Mexicana*, México, UAM, 2010.

Pérez Siller, Javier, y Martha Bénard Calva, *El sueño inconcluso de Émile Bénard y su Palacio Legislativo hoy Monumento a la Revolución*, México, Artes de México, 2009.

Pliego Quijano, Susana. *Los murales de Diego Rivera en Chapingo: naturaleza fecunda*, México, UNAM, 2015.

Primera convención de la Liga de Comunidades Agrarias y Sindicatos Campesinos del Estado de Tamaulipas, México, s. p. i., 1926.

Rishel, Joseph J. «Al norte de la frontera: exposiciones y coleccionismo de arte mexicano en Estados Unidos», en Matthew Affron *et al.* (eds.), *Pinta la Revolución: arte moderno mexicano 1910-1950*, México, Secretaría de Cultura / Philadelphia Museum of Art, 2016.

Riva Palacio, Vicente (dir.). *México a través de los siglos. Historia general y completa del desenvolvimiento social, político, religioso, militar, científico y literario de México desde la antigüedad más remota hasta la época actual*, México / Barcelona, Bellesca y Cía. Editores / Espasa y Cía. Editores, 1882.

Rivera Mir, Sebastián. «Editorial Popular y unidad a bajo costo: libros y folletos comunistas en el México cardenista», en Carlos Illades (coord.), *Camaradas. Nueva historia del comunismo en México*, México, FCE / Secretaría de Cultura, 2017.

Rivera, Diego. «La obra del pintor Diego Rivera», en Diego Rivera, *Obras. Textos de arte*, México, El Colegio Nacional, 1996, t. I.

———. «Nationalism and Art», *Workers Age*, Nueva York, 15 de junio de 1933.

———. «The Guild Spirit in Mexican Art», *The Survey. Graphic Number*, vol. LII, núm. 3, mayo de 1924.

———. «Las pinturas decorativas del Anfiteatro de la Preparatoria», *Boletín de la Secretaría de Educación Pública*, t. I, núm. 2, 1923.

Rivera, Guadalupe, y Marie-Pierre Colle. *Las fiestas de Diego y Frida*, México, Promexa, 1994.

Rodríguez Mortellaro, Itzel. «Arte, tradición y Revolución. Muralismo, nacionalismo y patrimonio cultural», en Pablo Escalante Gonzalbo (coord.), *La idea de nuestro patrimonio histórico y cultural*, México, Conaculta, 2011.

Ruy Sánchez, Alberto. *Tristeza de la verdad. André Gide regresa de Rusia*, México, DeBolsillo, 2017.

Sáenz, Olga. *El símbolo y la acción. Vida y obra de Gerardo Murillo, Dr. Atl*, México, El Colegio Nacional, 2017.

Segunda convención de la Liga de Comunidades Agrarias y Sindicatos Campesinos del Estado de Tamaulipas, México, s. p. i., 1927.

Shentalinski, Vitali. *Esclavos de la libertad. Los archivos literarios del KGB*, Barcelona, Galaxia Guntenberg, 2006.

Sierra, Justo (dir.). *Evolución política del pueblo mexicano*, México, Porrúa, 2009.

Snyder, Timothy. *Sobre la tiranía. Veinte lecciones que aprender del siglo XX*, Barcelona, Galaxia Gutenberg, 2017.

Spenser, Daniela. «El tiempo de Ella Wolfe», *Nexos*, abril de 1991.

Suárez Molina, María Teresa. «Un avatar político: José Vasconcelos», en Enrique Krauze *et al.*, *El Éxodo mexicano. Los héroes en la mira del arte*, México, Museo Nacional de Arte / UNAM, 2010.

Subirats, Eduardo. *El muralismo mexicano. Mito y esclarecimiento*, México, FCE, 2018.

Tenorio Trillo, Mauricio. «*Hablo de la ciudad*». *Los principios del siglo XX desde la Ciudad de México*, México, FCE, 2017.

Tercera convención de la Liga de Comunidades Agrarias y Sindicatos Campesinos del Estado de Tamaulipas, México, s. p. i., 1928.

Tibol, Raquel. *Diego Rivera. Gran ilustrador*, México, Editorial RM / Museo Nacional de Arte, 2007.

——— (selec., prólogo y notas). *Palabras de Siqueiros*, México, FCE, 1996.

Todorov, Tzvetan. *La experiencia totalitaria*, Barcelona, Galaxia Gutenberg, 2010.

Trueba Lara, José Luis. «Hojarascas de la vieja rama», en Efraín Huerta *et al.*, *Diego Rivera, trazos del mito*, México, Artes de México / Conaculta / Fundación Organizados para Servir, 2015.

Vargas Santiago, Luis Adrián. «Emiliano Zapata: cuerpo, tierra, cautiverio», en Enrique Krauze *et al.*, *El Éxodo mexicano. Los héroes en la mira del arte*, México, Museo Nacional de Arte / UNAM, 2010.

Wolfe, Bertram D. *La fabulosa vida de Diego Rivera*, México, Diana / SEP, 1986.

———. *Diego Rivera: His Life and Times*, Alfred Knopf, Nueva York, 1939.

Epílogo

Libros y artículos

Dahrendorf, Ralf. «Acht Amnerkungen zum Populismus», *Transit. Europäische Revue*, núm. 25, 2003.
Gessen, Masha. *El futuro es historia. Rusia y el regreso del totalitarismo*, Madrid, Turner, 2018.
Joseph, Gilbert M., y Daniel Nugent. «Cultura popular y formación del Estado en el México revolucionario», en Gilbert M. Joseph y Daniel Nugent (comps.), *Aspectos cotidianos de la formación del Estado*, México, Era, 2002.
Knight, Alan. «Armas y arcos en el paisaje revolucionario mexicano», en Gilbert M. Joseph y Daniel Nugent (comps.), *Aspectos cotidianos de la formación del Estado*, México, Era, 2002.
Müller, Jan-Werner. *¿Qué es el populismo?*, México, Grano de Sal, 2017.
Randow, Gero von. *Revoluciones. Cuando el pueblo se levanta*, Madrid, Turner, 2018.

La patria y la muerte de José Luis Trueba Lara
se terminó de imprimir en julio de 2019
en los talleres de
Litográfica Ingramex, S.A. de C.V.
Centeno 162-1, Col. Granjas Esmeralda, C.P. 09810,
Ciudad de México.